natürlich oekom!

Mit diesem Buch halten Sie ein echtes Stück Nachhaltigkeit in den Händen. Durch Ihren Kauf unterstützen Sie eine Produktion mit hohen ökologischen Ansprüchen:

- mineralölfreie Druckfarben
- Verzicht auf Plastikfolie
- Kompensation aller CO_2-Emissionen
- kurze Transportwege – in Deutschland gedruckt

Weitere Informationen unter www.natürlich-oekom.de und #natürlichoekom

Klimaneutral
Verlag
ClimatePartner.com/53585-1805-1001

Bibliografische Information der Deutschen Nationalbibliothek:
Die Deutsche Nationalbibliothek verzeichnet diese Publikation in der Deutschen Nationalbibliografie; detaillierte bibliografische Daten sind im Internet über www.dnb.de abrufbar.

oekom verlag, Gesellschaft für ökologische Kommunikation mbH
Waltherstraße 29, 80337 München

Typografie und Satz: Tobias Wantzen, Bremen
Lektorat: Laura Kohlrausch, Manuel Schneider, oekom verlag
Korrektorat: Silvia Stammen
Druck: GGP Media GmbH

Printed in Germany

ISBN 978-3-96238-248-3

FSC
www.fsc.org
MIX
Papier aus verantwortungsvollen Quellen
FSC® C014496

Harald Lesch
Karlheinz A. Geißler
Jonas Geißler

Alles eine Frage der Zeit

Warum die »Zeit ist Geld«-Logik
Mensch und Natur
teuer zu stehen kommt

Inhalt

Vorwort

Zeit wird's!

In diesem Buch geht es um nachhaltige und damit zukunftsfähige Formen des Lebens auf dem Planeten Erde. Es ist zum Glück nicht das erste Buch zu diesem Thema: Zuhauf gibt es Sachbücher, Ratgeber, Blogs und Kongresse, die nach Lebens- und Wirtschaftsformen suchen, die den Planeten nicht zerstören. Was muss eigentlich zur Dringlichkeit des Schutzes der Umwelt noch gesagt werden, das Zeitgenossen und Zeitgenossinnen, die mit offenen Augen und Ohren durchs Leben gehen, nicht bereits wüssten und das nicht all überall thematisiert und diskutiert wird?

Wir wollen dem Streben nach einer zukunftsfähigen Welt ein wichtiges und zugleich oft übersehenes Teil hinzufügen – es ist die »ZEIT«.

Ohne auch von Zeit zu reden kann man nicht wirklich über Nachhaltigkeit sprechen. Bereits die erste bekannte Definition von Nachhaltigkeit, zu Beginn des 18. Jahrhunderts von Hans Carl von Carlowitz, einem sächsischen Oberberghauptmann, niedergeschrieben, betont die zeitliche Komponente. Mit Blick auf eine drohende Holzkrise ermahnte Carlowitz, es solle nur so viel Wald geschlagen werden, wie auch wieder nachwächst. Auch heute noch definieren wir Nachhaltigkeit als ein Tun, bei dem nur so viele Ressourcen beansprucht werden, wie im Verbrauchszeitraum auch wieder nachwachsen oder regenerieren können. Sichergestellt werden soll damit eine zukünftige Nutzung dieser Ressourcen. Ob etwas nachhaltig ist oder nicht, entscheidet sich also erst durch die Berücksichtigung der Zeitlichkeit, wie etwa der Regenerationszyklen der Ökosysteme oder der Veränderungsverläufe in der Um- und Mitwelt.

Ohne Zeit keine Nachhaltigkeit – und doch wird die Zeit, wenn wir über unseren Lebensstil und unsere Wirtschaftsweise sprechen, häufig auf die drohende Zukunft reduziert –, »damit zukünftige Generationen nicht für unser ausbeuterisches Tun büßen müssen«. Das ist zweifelsohne richtig und wichtig, aber der zeitliche Blick in die Vergangenheit oder die Zukunft greifen zu kurz. Statt ihn auf dieses *memento futuri* zu beschränken, sollten wir uns anschauen, wie eng unser Umgang mit Zeit mit der herrschenden Verschleißkultur zusammenhängt.

Das Thema »Zeit« ist daher für Lösungen im Umgang mit unseren ökosozialen Problemen unverzichtbar, auch weil es für deren Entstehung eine bedeutsame Ursache ist. Unsere Entkopplung von der Natur – die Annahme, dass wir über sie verfügen können – ist die Folge eines kulturellen Zeitverständnisses, das mit der mechanischen Uhr Verbreitung fand.

Unsere Wissenschaftskultur verleitet uns dazu, die der Uhr zugrunde liegenden Messvorgänge als universell gültige Maße anzusehen – Zeit ist, was die Zeiger der Uhr signalisieren, überall und immer gleich. Was die Uhr anzeigt, ist aber keineswegs »die Wahrheit« über die Zeit. Tatsächlich gibt es unendlich viele Zeitqualitäten, Zeitmuster und Eigenzeiten. Uhrzeit ist gerade, die Zeiten der Natur sind krumm. Selbst die Physik ist sich nicht so einig über die Zeit, wie dies unterstellt wird.

Dass wir diese Vielfalt der Zeiten nicht mehr sehen und leben und die Monokultur der Uhrzeit zu einem Gesetz machen, erklärt auch die kognitive Dissonanz, die unser Dasein bestimmt: Einerseits besitzen wir das wissenschaftlich gut fundierte und gesellschaftlich breit geteilte Wissen, dass unser gegenwärtiger Lebensstil bei gleichzeitig wachsender Weltbevölkerung sicher in Katastrophen ungeahnten Ausmaßes führen wird. Andererseits folgt unser tagtägliches Handeln weithin ganz anderen Prioritäten.

Wenn wir die Natur schützen wollen, müssen wir ihr zunächst ihre eigenen Zeiten wieder zugestehen. Und das gilt nicht nur für unsere Umwelt, sondern auch für uns selbst als Wesen der Natur, deren Körper nach eigenen Rhythmen funktionieren. Voraussetzung für den Zugang zu den rechten Zeitmaßen ist die Befreiung unseres Zeithandelns aus der Umklammerung der »Zeit ist Geld«-Diktate. Zeitwohlstand, elementarer Baustein eines guten Lebens, ist nur auf diesem Wege realistisch.

Mit diesem Buch laden wir Sie auf eine Reise in die Geschichte unseres Umgangs mit Zeit ein. Diese zeigt, wie drastisch sich unser Leben mit der mechanischen Uhr geändert hat und wie eng die Uhrenlogik mit den rapide zunehmenden ökologischen Krisen zusammenhängt. Die Reise geht auch in die Gegenwart, in der die Menschen durch Zeitverdichtung immer mehr in ein und derselben Zeiteinheit zu erledigen versuchen und dadurch den Ressourcenverbrauch weiter anheizen. Wir wagen einen Blick in die Physik, jene Disziplin, die den Menschen die Zeit erklären soll, selbst aber kein eindeutiges Bild von dieser faszinierenden Dimension hat. Wir betrachten den bunten Strauß an Zeitvielfalt, den die menschliche und nicht menschliche Natur zu bieten hat, von Schnelligkeit bis Langsamkeit, von Wiederholung übers Warten bis zur Pause. Und schließlich zeigen wir Wege in eine nachhaltige Zeitkultur auf, in der das Diktat der Verrechnung von Zeit in Geld überwunden ist und wir nicht länger uns und unsere Umwelt verschleißen.

Sie sehen: Nichts hat keine Zeit, alles aber hat seine Zeit!

Verändern wir unser Verhältnis und Verständnis zur Zeit, dann fördern wir die Zukunftsfähigkeit unserer Lebensformen. Es wird wirklich Zeit!

Harald Lesch

Karlheinz A. Geißler

Jonas Geißler

Kapitel 1

Die Krisen der Gegenwart

»Unsere Zeit«, die Gegenwart, ist wie keine andere von ökologischen Krisen gezeichnet. Schon vor der Corona-Krise, und vermutlich noch lange nach ihr, dominiert das Wort »Krise« die täglichen Nachrichten.

Laut Wikipedia bezeichnet eine Krise im Allgemeinen einen Höhepunkt oder Wendepunkt einer gefährlichen Konfliktentwicklung in einem natürlichen oder sozialen System, dem eine massive und problematische Funktionsstörung über einen gewissen Zeitraum vorausging, die eher kürzer als länger andauert. Die mit dem Wendepunkt verknüpfte Entscheidungssituation bietet in der Regel sowohl die Chance zur Lösung der Konflikte als auch die Möglichkeit zu deren Verschärfung. Dass es sich hierbei um einen Wendepunkt handelt, kann jedoch oft erst festgestellt werden, nachdem die Krise abgewendet oder beendet wurde. Nimmt die Entwicklung hingegen einen dauerhaft negativen Verlauf, so spricht man von einer Katastrophe.

So weit, so gut. Dann machen wir doch mal einen Spaziergang durch das Gruselkabinett moderner Gesellschaften, die sich so sicher sind, dass alles immer verfügbar ist: Energie, Materie und Umwelt.

Die Krise der Energie

Im Westen, in den industrialisierten Gesellschaften, die am deutlichsten von der Globalisierung profitieren, sind wir Meister darin, ökologische Katastrophen zu verdrängen. Das fällt uns (noch) leicht, denn wir lösen die Katastrophen mit unserem Lebensstil woanders aus. Dieses »Woanders« ist meistens weit weg, irgendwo in Afrika, Südamerika oder Asien. Manchmal auch auf den Ozeanen zwischen den Kontinenten. Wie wir das tun? Nun, indem wir mit unserem Lebensstil in einem Ausmaß Energie verbrauchen, wie man es sich kaum vorzustellen vermag. Nur um mal einen Eindruck zu gewinnen: Wer auf einem Fahrradergometer zehn Stunden lang 100 Watt gestrampelt hat, hat gerade einmal eine Kilowattstunde an Energie freigesetzt. Die Deutschen verbrauchen jeden Tag und pro Person aber über 100 Kilowattstunden an Energie!

In dieser Energiemenge steckt alles, was wir tun: wie wir heizen, wie wir uns bewegen, wie wir kommunizieren, die Industrieproduktion, alles. Unsere Art des Wohnens, Essens, Trinkens und Reisens macht »Energiesklaven« nötig. Denn diese Energiemenge holen wir aus Kohle, Öl und Gas, inzwischen auch aus Sonne, Wind und Biomasse. Letztere Energiequellen sind heimisch, die Anlagen stehen bei uns im Land. Aber die fossilen Ressourcen, die holen wir aus der ganzen Welt zu uns. Diese fossilen Ressourcen sind vor rund 300 Millionen Jahren entstanden, in den Erdzeitaltern Karbon und Perm, durch Ablagerung und Pressung der Biomasse (alles, was damals gelebt hat) im Erdboden. Im Vergleich dazu ist es atemberaubend, wie schnell wir den gespeicherten Kohlenstoff, den wir seit rund 200 Jahren aus dem Boden wieder herausholen, verbrauchen: Wofür die Natur über eine Million Jahre zur Herstellung gebraucht hat, das verbrauchen wir in einem einzigen Jahr. Unser Energiehunger ist enorm, angefacht zu Lande, zu Wasser und in der Luft durch unsere Mobilität, Produktivität und ein sich stetig hebendes Wohlstandslevel. Seit Jahrzehnten gibt es keine Einschränkungen mehr im Energieangebot, deshalb verbrauchen wir ungebremst und unreflektiert immer mehr.

Hätten wir seit 1973 jedes Jahr eine Ölkrise mit mehreren autofreien Sonntagen erlebt, dann wären unsere Autos heute sicher deutlich leichter, kleiner und insgesamt sparsamer – vielleicht hätten wir sogar weniger. Allein die Vorstellung, Mitte der siebziger Jahre hätte mehr als ein Fünftel aller Pkw-Neuzulassungen aus riesigen allradgetriebenen Luxuslimousinen (SUVs) bestanden, wäre angesichts der damaligen Ölpreise nachgerade unvorstellbar.

Es ist also gerade die scheinbar grenzenlose Verfügbarkeit der Ressourcen, die unseren Energieverbrauch immer weiter hat anwachsen lassen. Man könnte es zugespitzt auch so formulieren: Wir haben Energie-Adipositas, wir sind energetisch »verfettet«. Als Physiker kann ich mir eine kleine Rechnung nicht verkneifen: Bei einem ungebremsten Energiewachstum von vier Prozent jährlich (wie bisher, vor der Corona-Pandemie) und dem derzeitigen Energieumsatz von zehn Billionen Watt (10^{13}) – der Gesamtenergieverbrauch der Menschheit geteilt durch die Anzahl der Sekunden eines Jahres –, wird es nur rund 800 Jahre dauern, bis die Leuchtkraft der Sonne (10^{26} Watt) erreicht sein wird. Das ist natürlich physikalisch unmöglich, aber es zeigt unseren Energiehunger.

Dabei sind die wirklich großen Menschenmengen bis jetzt noch gar nicht an der globalen Energieorgie beteiligt. Indien und China liegen pro Kopf noch bei etwa 30 beziehungsweise 70 Kilowattstunden pro Tag und pro Person. Wenn diese beiden Länder einmal den westlichen Lebensstil praktizieren, dann werden globale Wachstumsraten von vier Prozent pro Jahr weit überschritten.

Obwohl also die Aussichten wirklich bedrückend sind, hat man seit Längerem nichts mehr von der Energiekrise gehört. In Deutschland hat sich trotz intensiver technischer Entwicklungen, Optimierungen und Effizienzsteigerungen der sogenannte Endenergieverbrauch seit 30 Jahren nicht mehr verringert. Die Geräte, Maschinen, Strukturen werden zwar immer sparsamer, aber wir setzen dafür immer mehr davon ein. Letztlich leben wir auf einem dermaßen luxuriösen Energieniveau, dass wir es unter keinen Umständen aufrechterhalten können. Alle, die sich mit diesem Thema auseinandersetzen, wissen das. Niemand macht sich da irgendwelche Illusionen. Wir verbrauchen zu viel Energie. Aber was passiert? Nichts! Die nächste Stufe der Energiekrise, die Katastrophe, ist längst unser normaler Dauerbegleiter geworden. Und über das Normale, das Sowieso, spricht man nicht.

Bei vielen meiner Vorträge und Gespräche zum Thema Energie stellte sich heraus, dass die meisten das Thema Energie überhaupt nicht mit einer kritischen oder gar katastrophalen Entwicklung verbinden. Das wir so viel Energie verbrauchen, wird uns gar nicht klar. Es bedrückt uns nicht, denn wir bezahlen einfach dafür. Energie wird gekauft, vor allem diese besonders hochwertige Form, die elektrische Energie. Und die ist eben da, die kommt aus der Steckdose, immer und zuverlässig, nicht zu viel und nicht zu wenig, in der richtigen Menge und Form, normalerweise als 240-Volt-Wechselspannung, für unsere Herde in unseren Hochleistungsküchen sogar als 380 Volt. Auch unsere Bewegungsenergie, sei es zu Lande, zu Wasser oder in der Luft, kaufen wir ein. Wer Geld besitzt, besitzt auch Energie – so das Prinzip. Deutschland ist reich, kann sich genügend Stoffe leisten, die sich in Bewegungsenergie oder elektrische Energie umwandeln lassen. Und weil das so ist, erkennen wir das Krisenhafte gar nicht. Die obengenannte Kilowattstunde kostet für den Kunden nur 30 Cent. Für zehn

Stunden Radeln bei 100 Watt bekämen Sie nur 30 Cent! Wobei das meiste davon Steuern und Abgaben sind. Die Produktion selbst bezahlen wir mit nur wenigen Cent.

Und dann das noch: Seit zwei Jahrzehnten verbrauchen wir mit Computern aller Art immer mehr elektrische Energie. Diese sogenannte Digitalisierung hat sich in sämtlichen Lebensbereichen inzwischen so sehr ausgebreitet, dass sie einen nicht unwesentlichen Teil unseres Energieverbrauches darstellt. Dank des World Wide Web, des sogenannten Internets, sind heute Milliarden Menschen miteinander vernetzt. Und die globalen Kommunikationsströme, soziale Plattformen, digitale Unterhaltungsindustrien und viele andere Anwendungen, Steuerungs- und Kontrolldienstleistungen verbrauchen massenhaft Energie. Eine Studie hat ergeben, dass das Internet in Jahr 2012 4,6 Prozent des weltweiten Stromverbrauchs ausgemacht hat.[1] Damit wäre das Internet im internationalen Ländervergleich Platz sechs hinter China, den USA, der EU, Indien und Japan. Das liegt auch daran, dass immer mehr Geräte mit dem Internet verbunden werden. Es gibt smarte Textilien wie Kopfkissen, die vibrieren, wenn Menschen nachts schnarchen, Kühlschrank-Kameras, die erfassen, welche Lebensmittel im Kühlschrank liegen und ob deren Mindesthaltbarkeitsdatum abgelaufen ist, oder eine vernetzte Kaffeetasse, die die Temperatur von Getränken misst und sie gegebenenfalls warm hält. Seit 2018 gibt es sogar eine Dusche mit Sprachassistent. Durch dieses sogenannte Internet of Things rechnen Experten mit einem Mehrenergieaufwand von 70 Terawattstunden pro Jahr in der EU.[2] Das sind mehr als zehn Prozent der derzeitigen Bruttostromerzeugung in Deutschland und mehr Strom, als Deutschland gerade mit Wind- und Solarkraft erzeugt.

Den meisten Strom verbrauchen in den letzten Jahren aber Videostreaming-Angebote. Sie erzeugen einen immensen Datenverkehr. Für eine Stunde Netflix mit Full-HD-Auflösung werden etwa drei Gigabyte Daten verbraucht – eine 30-Watt-Lampe kann mit dieser Energie circa 36 Minuten brennen. Dazu kommt natürlich noch der Verbrauch des Laptops, Computers oder Fernsehers und gegebenenfalls eines Bildschirms. Die allgemeine Erwartung ist, dass die immer intensivere Digitalisierung in vielen Ländern den Verbrauch an elektrischer Energie drastisch erhöhen wird.

Nur dann, wenn es weltweit gelingt, den Energieverbrauch so schnell wie möglichst vollständig durch erneuerbare Energiequellen zu decken, führt dieser Energiehunger nicht zur Katastrophe einer massiven Erhitzung des Klimas. Allerdings sind wir sogar im hochentwickelten, reichen Deutschland weit davon entfernt, unseren Primärenergiebedarf durch erneuerbare Energien zu decken. In Zahlen ist es weniger als ein Fünftel, den Rest besorgen fossile Quellen und die Kernenergie. Man kann sich leicht vorstellen, wie schwer es für ärmere Länder sein wird, die Ziele des Pariser Klimaabkommens zu erfüllen.

Die Krise der Materie

Dass die Ressourcen auf der Erde begrenzt sind, wurde von einer breiten Öffentlichkeit erstmals 1972 durch einen aufrüttelnden Bericht wahrgenommen. Damals erschien im Auftrag des Expertengremiums »Club of Rome« die Studie *Die Grenzen des Wachstums*, die zeigte, wie die Menschheit die Umwelt überfordert. Seitdem ist die Diskussion um die Endlichkeit von Rohstoffen und die fatalen Folgen der Umweltzerstörung nicht mehr abgeebbt – und trotzdem steigt unser Rohstoffverbrauch immer noch stetig an.

Ein Forscherteam vom Helmholtz-Zentrum für Umweltforschung (UFZ) in Leipzig hat sich genauer angesehen, wie es derzeit um die Verfügbarkeit der wichtigsten Ressourcen auf der Erde steht. Neben den Klassikern Kohle, Erdöl und Erdgas untersuchten die Forscher vor allem erneuerbare Ressourcen. Mit dabei: die Milch- und Fleischproduktion, der Fischfang, die Ernten bei Getreide und Gemüse, das Grundwasser. Hinzu kamen in der Betrachtung unter anderem die Entwicklung der Fläche an Ackerland, der Einsatz von Dünger, die Siedlungsdichte, das Bevölkerungs- und Wirtschaftswachstum. Insgesamt betrachteten die Forscher die Daten von 27 Ressourcen, die zentral für das Überleben unserer Gesellschaften sind. Das Ergebnis der Berechnungen, in die Zahlen aus zahlreichen nationalen und internationalen Datenbanken einflossen: 21 der betrachteten Ressourcen haben ihren Peak schon überschritten.

Überraschend ist, dass dies nicht bei den fossilen Energieträgern eingetreten ist, sondern vor allem bei Ressourcen, die mit der Produktion von Nahrungsmitteln zu tun haben und die als »erneuerbar« gelten. »Peak« bedeutet in diesem Fall nicht unbedingt, dass zum Beispiel die Fläche an Ackerland in Zukunft abnimmt, sondern dass neue Flächen nicht mehr in der Größe und Geschwindigkeit erschlossen werden wie früher. Sprich: Wachstum gibt es durchaus noch, allerdings ist es gebremst und schwächer als früher. Manchmal herrscht auch Stagnation, wie bei den Anbauflächen für Weizen oder Reis. Beinahe unheimlich ist, dass bis auf die Fläche von Ackerland (die schon 1950 ihren Wachstumshorizont erreichte) alle Peaks mit großer Wahrscheinlichkeit um das Jahr 2006 herum aufgetreten sind. Die Grenzen des Wachstums haben aber keineswegs nur die Länder des globalen Südens überschritten. Auch in Großbritannien beispielsweise nimmt der Ertrag in der Landwirtschaft pro Hektar ab, weil die Böden durch Jahrhunderte immer intensiverer Landwirtschaft ausgelaugt sind.

Der US-Umweltforscher Lester Brown hat etwa in seinem Buch *Voller Planet, leere Teller* dargelegt, wie Ackerflächen und sauberes Wasser weltweit knapper werden. Eine Erklärung für die beobachteten Peaks könnte sein, dass sich auch das Bevölkerungswachstum global abgeschwächt hat. Allerdings führen Wirtschaftswachstum und steigender Konsum in Schwellenländern dazu, dass trotz eines geringeren Bevölkerungswachstums die Nachfrage nach Lebensmitteln, Energie und Ressourcen unvermindert steigt.

Zwar ist theoretisch jede Ressource ersetzbar: Wenn das Öl zu Ende geht, könnten Autos zum Beispiel auch mit Erdgas fahren, fehlt der Stahl, kann man Autos auch aus Carbon bauen. In der Biologie stimme das aber nicht, so die Studie. Man könne etwa die Gesamtmenge an Getreide nicht einfach durch Reis ersetzen – das liegt alleine schon wegen der unterschiedlichen klimatischen Anbaubedingungen auf der Hand. Jeder einzelne Rohstoff muss also in einem nachhaltigen Gleichgewicht gelassen werden, wenn auch noch unsere Nachfahren genug Nahrung haben sollen.

Da die Anzahl der Menschen und ihre Nachfrage nach Lebensmitteln schneller wächst als die Ernten, Fischfänge und Ackerfläche, könnte man sich fragen, warum es heute trotzdem weniger Hunger auf der Welt gibt als vor zwanzig Jahren. Offenbar geht die Menschheit mit den Ressourcen, die sie gewinnt, effizienter um. Es gehen heute weniger Nahrungsmittel bereits vor dem Konsum verloren. In der Tat ist das eine der Hoffnungen für die Zukunft. Zwar sind die Möglichkeiten für weiteres Wachstum begrenzt, wenn aber zum Beispiel die Verschwendung von Lebensmitteln reduziert wird, kann am Ende die auf den Tellern verfügbare Menge an Lebensmitteln noch um einiges steigen. Rund ein Drittel der Nahrungsmittel gehen heute zwischen Feld und Verkauf verloren oder landen bei den Verbrauchern im Müll.

An einer sehr wichtigen anderen Ressource lässt sich das Krisenhafte der Materieverfügbarkeit leicht verstehen: Denken wir mal über Trinkwasser nach!

Wir in Deutschland können uns kaum vorstellen, was es bedeutet, wenn Wasser zum Luxusgut wird. Bei uns ist Wasser zum Trinken immer da. Wenn keine Flaschen im Haus sind, dann drehen wir eben den Wasserhahn auf. In anderen Ländern sieht das völlig anders aus. Der Thinktank »World Resource Institute« (WRI) hat untersucht, wie es um die Wasserressourcen in 189 Staaten steht, und dazu Daten aus den Jahren von 1960 bis 2014 ausgewertet. Laut ihrer Studie lebt ein Viertel der Weltbevölkerung in Regionen, denen Wassermangel droht. Besonders stark betroffen sind demnach Staaten im Nahen Osten und Nordafrika, in denen es ohnehin sehr trocken ist. Am schlimmsten ist die Lage in Katar, Israel und im Libanon. Insgesamt leiden 17 Staaten an extrem hohem Wasserstress. Die Forscher verglichen, wie viel Wasser genutzt wird und wie viel nachkommt. In den am stärksten betroffenen Ländern beanspruchen Landwirtschaft, Industrie und Gemeinden jährlich mindestens 80 Prozent des zur Verfügung stehenden Wassers. Gibt es in diesen Regionen zusätzliche Dürren, kommen die Reserven an ihre Grenzen, warnt das WRI. Besondere Sorge bereiten den Forschern die knappen Wasserreserven in Indien. Mit 1,3 Milliarden Einwohnern hat der Staat mehr als dreimal mehr Einwohner als die restlichen 16 Staaten mit extrem hohem Wasserstress zusammen. Und da Dürren durch die Klimakrise weiter zunehmen, könnten Nachrichten über extreme Dürren künftig noch häufiger werden.

Zu den Staaten mit extrem hohem Wasserstress kommen noch weitere Staaten mit »lediglich« hohem Risiko hinzu. Dort werden jährlich zwischen 40 und 80 Prozent der verfügbaren Wasserressourcen entnommen. Insgesamt lebt damit sogar ein Drittel der Weltbevölkerung in Gegenden mit extrem hohem oder hohem Wasserstress. Deutschland landet im Ranking übrigens in der mittleren Kategorie auf Platz 62. Hierzulande werden laut der Studie 20 bis 40 Prozent der Wasserreserven genutzt. Allerdings gibt es auch Regionen in Deutschland, in denen der Wasserstress hoch ist. Das betrifft einen breiten Streifen, der sich von Norden über Bremen, Hannover, Leipzig und Stuttgart nach Süden zieht.

In den nächsten Jahrzehnten wird sich die Lage noch verschärfen, denn in den letzten 50 Jahren hat sich die entnommene Grundwassermenge mehr als verdoppelt. In Anbetracht der wachsenden Weltbevölkerung und des zunehmenden Wohlstands gibt es keinen Grund anzunehmen, dass der Wasserbedarf in den nächsten Jahren wieder sinkt, ganz im Gegenteil.

Sogar auf elementarem Level kann man unseren gefährlichen Rohstoffhunger beobachten, etwa beim Phosphor. Phosphor ist eine wichtige Grundlage allen irdischen Lebens. Ohne Phosphor funktioniert kein biologischer Organismus, keine Zelle, keine Pflanze, kein Tier, und es ist ein entscheidender Bestandteil in Pflanzendüngern. Für Phosphor gibt es keine Alternative. Es ist ein echtes chemisches Element und lässt sich durch nichts ersetzen oder reproduzieren. Gewonnen wird es aus Mineralien wie Apatit. Etwa 160 Millionen Tonnen Phosphat werden im Moment auf der Welt pro Jahr abgebaut. Die weltweiten Vorräte würden theoretisch etwa 100 Jahre reichen, wenn man beim heutigen Verbrauch bliebe. Doch Phosphatdünger dürfte schon schneller, in rund 20 Jahren, knapp werden. Grund dafür ist, dass der geförderte Phosphor zunehmend an Qualität verliert, es also aufwendiger und damit teurer wird, ihn von Verunreinigungen zu befreien. Mit der wachsenden Weltbevölkerung und dem steigenden Nahrungsbedarf wird zudem die Nachfrage nach Phosphor steigen.

Gewaltige Düngemittelmengen ermöglichten erst die Bevölkerungsexplosion der letzten Jahrzehnte und den Wohlstand in den Industrienationen. Weltweit erzielt die Landwirtschaft nur durch den intensiven Einsatz von Phosphatdüngern die notwendigen Ernteerträge für die knapp acht Milliarden Menschen, die inzwischen auf der Erde leben. Aber durch maßlose Verschwendung von Düngemitteln und vielen Alltagsprodukten landen große Mengen Phosphor unwiederbringlich in den Ozeanen. Heute werden etwa 80 Prozent des geförderten Phosphors zu Düngemitteln verarbeitet, doch es entstehen auch neue Konkurrenzen dort, wo man Phosphor anders nutzen und einsetzen kann, wie beispielsweise zur Herstellung von Batterien für Elektroautos.

Die weltweiten Konsequenzen der bevorstehenden Phosphorverknappung sind leicht prognostizierbar: Die Preise für Düngemittel werden explodieren und dadurch die Getreideproduktion massiv verteuern. Lebensmittel werden zum Luxusartikel. Es scheint nur eine sinnvolle Strategie zu geben, um dem drohenden Phosphatmangel zu begegnen: Gerade dort, wo keine natürlichen Phosphatgesteine vorhanden sind, werden Recycling und Einsparen immer wichtiger. Der lebenswichtige Rohstoff fällt in hohen Mengen im Abwasser an, denn Tier und Mensch scheiden Phosphor aus. Mit neuen, modernen Methoden kann man bis zu 90 Prozent des Phosphors aus dem Abwasser und Klärschlamm zurückgewinnen. Gerade in Ländern mit intensiver Landwirtschaft und Tierhaltung wird ein regelrechter Phosphatüberschuss produziert – in Form von Gülle. Und die Recyclingverfahren von Phosphor sind bekannt und funktionieren gut.

So könnte man immer weiter machen, mit vielen anderen Rohstoffen, Elementen und Materialien. Fast alle unsere Nutz- und Versorgungskreisläufe sind »auf Kante genäht« und verdrängen die grundlegende Tatsache, dass von allem nur endlich viel da ist. Und je geringer die Reserven werden, umso schwerer wird es, sie zu heben, zu bergen, an die Oberfläche zu bringen.

Schon im Jahr 2010 fragte Andrew Revkin, Umweltjournalist bei der New York Times: »Was kommt zuerst: Peak-Alles oder Peak-Wir?« Es ging ihm um die Frage, ob der Ressourcenverbrauch der Menschheit und die damit einhergehende Umweltzerstörung erst aufhören zu wachsen, wenn die Weltbevölkerung stagniert (was für Mitte dieses Jahrtausends vorhergesagt wird), oder ob wir unseren Ressourcenhunger schon vorher irgendwie in den Griff kriegen.

Es gibt objektive biologische Grenzen, die den Ressourcenverbrauch begrenzen. Wenn eine Ressource »erneuerbar« ist, bedeutet das noch lange nicht, dass sie unerschöpflich ist. Zwar kann die Menschheit das Wachstum durch neue Technologien wieder beschleunigen oder neue Ressourcen verfügbar machen, zum Beispiel durch neu gezüchtete Getreidesorten, die signifikant höhere Ernten ermöglichen; ähnlich wie neue Technologien immer neue Ölvorkommen erschließen. Die gigantischen Schieferöl-Reservoire in den USA zum Beispiel waren vor zehn Jahren technologisch schlicht unzugänglich. Aber wie die Erdölförderung zeigt, kommen diese Technologien meist mit einem hohen Preis, ökonomisch und ökologisch. Und den Peak selbst machen die neuen Technologien nicht obsolet – aufgeschoben ist nicht aufgehoben.

Die Krise der Materie kann nur dann gelöst werden, wenn Rohstoffe nicht schneller verbraucht werden als sie entstehen. Um dies zu gewährleisten, müssen Kreislaufprozesse zum Normalverfahren werden, die rohstoffschonend, energiesparend und somit über ihre Zeit hinaus nachhaltig wirksam werden, überall auf der Welt. Wir können Rohstoffe nur in dem Maße und in der Geschwindigkeit aus der Umwelt entnehmen, in der sie auch wieder entstehen oder zurückgewonnen werden können. Weil wir davon aber meilenweit entfernt sind und wir unsere materiellen Abfälle stattdessen in alle drei Dimensionen gepumpt haben, rennen wir der Katastrophe entgegen.

Die Krise des Klimas

Kommen wir jetzt zum Elefanten in der Teufelsküche der Katastrophen, dem Klimawandel. Wobei, Wandel klingt so positiv, erinnern Sie sich noch: Wandel durch Annäherung? Brandt und Bahr und die guten alten Zeiten der 60er und 70er des 20. Jahrhunderts. Aber gerade damals wurde der Stoff in die Atmosphäre gepumpt, der uns heute die Erde heiß machen könnte, sie auf jeden Fall gerade global erwärmt. Damals vor über 50 Jahren hätten alle es wissen können und haben es vielleicht sogar gewusst, aber sie haben nichts getan, was uns heute helfen könnte. Das Klima und seine Folgen, das ist die Mutter aller Katastrophen, nicht für die Erde, aber für uns.

Klima gibt es eigentlich gar nicht, es ist eine Erfindung der Statistik. Klima ist das über drei Jahrzehnte gemittelte Wetter. Wie kann eine statistische Größe in eine kritische, ja sogar katastrophale Lage geraten? Eine merkwürdige Situation, dass sich die ganze Welt inzwischen damit auseinandersetzt, wo das doch eigentlich nur ein statistischer Mittelwert ist.

Fangen wir also mal vorne an, am Anfang. Das Klima hat mit dem Wetter zu tun. Wetter ist das atmosphärische Geschehen über unseren Köpfen. Ob es regnet oder schneit, die Sonne scheint, der Wind nur weht oder gar stürmt, das ist das Wetter. Der Volksmund hat sich dafür Bauernregeln ausgedacht, die das Wetter schon einmal über Zeiträume länger als einen Tag beschreiben: »Ist der Mai kühl und nass, füllt's dem Bauern Scheun und Fass.« Aber auch Begriffe wie die Hundstage im Sommer zwischen Ende Juli und Ende August, die Eisheiligen für die letzten Frostnächte im Frühjahr oder der Siebenschläfer am 27. Juni, der angeblich darüber entscheidet, wie das Wetter in den darauffolgenden sieben Wochen werden wird. Bei all diesen Bezeichnungen werden traditionelle Erfahrungen der Landbevölkerung in Begriffen und Schlagwörtern zusammengefasst.

Der Begriff Klima geht da viel weiter, er bezeichnet das Wetter von Jahrzehnten und beschreibt damit die großräumigen Veränderungen von Wetterereignissen. Klima enthält die Schwankungen des Wetters, die Langzeitperspektive. Und genau hier zeigen sich die für uns Menschen katastrophalen Anzeichen. Wir sind nämlich in unseren Klimazonen im allgemeinen gut an das zwar mit Jahreszeiten wechselnde, aber ansonsten doch eher stabile Wetter angepasst. In Norwegen ist es normalerweise kühler als in Sizilien. In der Sahara regnet es normalerweise weniger als in Großbritannien. Und wenn es in Moskau 20 Grad hat, während es in Madrid schneit, dann kann man das nicht als normales europäisches Wetter bezeichnen. Die moderne Häufung von extremen Wetterereignissen wie monatelangen Dürren oder wochenlangen Regenfällen, häufigen Stürmen und starken Temperaturschwankungen innerhalb weniger Tage verweist darauf, dass die Luftströmungen im Austausch zwischen Atmosphäre, Flüssen, Meeren und Kontinenten aus den Fugen geraten zu sein scheinen.

Die Gründe kennen wir inzwischen: Die Steigerung der Konzentration der Gase Kohlendioxid und Methan in der Atmosphäre haben zu einer globalen Erwärmung geführt. Die Temperatur der Erde wird zunächst von der Sonne bestimmt, ihre sichtbare Strahlung erwärmt die Erde. Ohne die Atmosphäre hätte unser Planet trotzdem nur eine Temperatur von ca. minus 18 Grad Celsius. Einige Moleküle in der Atmosphäre verfügen über die Eigenschaft, effizient die Wärmestrahlung der Erdoberfläche zu absorbieren und quasi als Wärmelampe sowohl in den Weltraum als auch zurück auf die Erdoberfläche zu strahlen. Erst durch diesen wärmenden Effekt der Atmosphäre erreicht die Erde im Durchschnitt plus 15 Grad Celsius. Ohne den menschlichen Einfluss auf die atmosphärische Zusammensetzung sind es vor allem der Wasserdampf und das auf natürlichem Wege auftretende Kohlendioxid, die für diese Erwärmung sorgen. Der weitaus größte Teil der Atmosphäre, zu 79 Prozent bestehend aus Stickstoff und zu knapp 21 Prozent aus Sauerstoff, hat mit diesem sogenannten Treibhauseffekt nichts zu tun, denn die Moleküle dieser Elemente absorbieren die Wärmestrahlung nicht. Nur die sehr kleinen Konzentrationen an treibhausaktiven Gasen sind also für die wärmende Wirkung der Atmosphäre verantwortlich.

Leider erhöhen sich diese kleinen Konzentrationen aber stetig, und zwar wegen dem, was wir auf der Erde so treiben. Der menschengemachte Anteil lässt sich heute eindeutig anhand von Kohlenstoffanalysen der Luft beweisen. Er stammt nämlich aus fossilen Ressourcen, also Kohle, Erdöl und Erdgas, die wir für unsere Mobilität, die Industrie, elektrischen Strom, Heizung und anderes seit über 200 Jahren in immer größerer Menge verwenden und verbrennen. Der Kohlenstoff in diesen Stoffen wurde vor vielen Millionen Jahren im Boden als Sediment abgelagert und enthält deshalb keinen radioaktiv zerfallenden Kohlenstoff der Sorte ^{14}C mehr. ^{14}C zerfällt mit einer Halbwertszeit von 5.730 Jahren in Stickstoff. Nach zehn Halbwertszeiten ist davon fast nichts mehr enthalten, nach einigen Millionen Jahren gar nichts mehr. Außerdem stammt der Kohlenstoff in den fossilen Ressourcen aus der Fotosynthese von Pflanzen der Erdurzeit. Und die Fotosynthese, also die Verwandlung von Sonnenlicht, Wasser und Kohlenstoff in Zuckermoleküle und Sauerstoff, bevorzugt das leichteste stabile Kohlenstoffisotop ^{12}C anstelle des ebenfalls stabilen ^{13}C. Mit anderen Worten: Aus den Analysen der Anteile der verschiedenen Kohlenstoffisotope lässt sich ohne jedes Wenn und Aber nachweisen, dass sich die Luftzusammensetzung seit Beginn der Industrialisierung durch die menschliche Verbrennung von Kohle, Öl und Gas drastisch geändert hat und zwar in Richtung deutlich erhöhter Kohlendioxidkonzentrationen. Damit hat sich die Treibhauswirkung der Atmosphäre natürlich verstärkt – mehr »Wärmelampen«-Moleküle ergeben mehr Wärme.

Die katastrophale Perspektive dieser Entwicklung ergibt sich nun leider aus der Kombination des menschengemachten Einflusses auf das Klima und der Reaktionsnetzwerke der Natur. So finden wir heute praktisch alle Bereiche der Natur erheblich und nachhaltig durch die globale Erwärmung beeinflusst, in meist nicht mehr umkehrbaren Veränderungen, die für uns Menschen gar nicht gut aussehen. Ein paar Beispiele:

1. Aufgrund erhöhter Luft- und Wassertemperaturen schrumpfen Eisflächen überall auf der Welt: Arktis und Antarktis sowie Gletscher auf Grönland, im Himalaya, den Anden und den Alpen. Schrumpfende Eisflächen werden zu Wasser, und dieses Wasser bedroht einerseits Küstenstädte, fehlt aber andererseits kommenden Generationen, die auf stetiges Trinkwasser aus Gletschern angewiesen sind.

   Dazu kommt ein Rückkopplungseffekt: Eis ist weiß, Wasser aber ist dunkel – Eis reflektiert Sonnenstrahlung, Wasser absorbiert Sonnenstrahlung. Geringere Reflektivität bei gleichzeitigem Anstieg der Energieabsorption erhöht die Temperatur weiter, was zu stärkerer Eisschmelze führt, die dann die Temperatur weiter erhöht. Und so weiter und so fort. Tendenz Katastrophe!
2. Der seit vielen Jahrtausenden durchgefrorene Permafrostboden in Sibirien, Nordamerika und Skandinavien taut bei höheren Temperaturen auf. Dabei tritt Methan aus der Erdoberfläche und steigt auf in die Atmosphäre. Methan

hat zwar eine geringere Aufenthaltsdauer in der Atmosphäre als Kohlendioxid, ist aber circa 25-mal effektiver für den Treibhauseffekt. Mehr Methan in der Atmosphäre bedeutet also mehr Erwärmung, weil der Treibhauseffekt stärker wird. Höhere Temperaturen bedeuten mehr auftauende Permafrostböden, das bedeutet mehr Methan ...

3. Die globale Erwärmung erwärmt auch die Ozeane. Noch wird etwa 90 Prozent der Effekte der globalen Erwärmung durch die Ozeane gepuffert. Bei immer weiter ansteigenden Wassertemperaturen können die Ozeane allerdings immer weniger Kohlendioxid aufnehmen. Also wird es noch wärmer, was auch die Meere immer wärmer werden lässt.

   Das aufgelöste Kohlendioxid lässt übrigens die Meeresgewässer immer saurer werden, was alle Lebewesen im Wasser mit Kalkschalen, unter anderem ökologische Netzwerke wie Korallenriffe, zerstört. Eine verheerende kleine »Nebenwirkung«.

Neben diesen drei Phänomenen (Eisschmelze, Tauen des Permafrosts und Meereserwärmung) ließen sich noch etliche andere Prozesse beschreiben, die alle die gleiche Katastrophenstruktur besitzen: Immer beginnt es mit menschlichen Einflüssen und materiellen Einträgen in natürliche Kreisläufe. Diese natürlichen Prozessketten reagieren und verstärken die Manipulationen der Menschen zu immer stärkeren Effekten. Das Ganze muss, wenn es so weiterläuft, in einer Katastrophe enden.

Im Endeffekt läuft unsere »number of days above deadly threshold« (»Anzahl der Tage über der tödlichen Grenze«) langsam ab. In einer bahnbrechenden Untersuchung haben Wissenschaftler 2017 gezeigt, wie bei einem Weiter-wie-bisher-Szenario die Welt in den nächsten 50 bis 70 Jahren aussehen wird: Weite Teile des Planeten werden so warm werden, dass die Zahl der tödlichen Tage so stark anwächst, dass dort niemand mehr leben kann. Betroffen davon ist praktisch der gesamte Gürtel um den Äquator, in einer Breite von je rund 2.000 Kilometern nach Norden und Süden. Diese Szenarien orientieren sich an grundlegenden physikalischen Grenzen für die Fähigkeit unseres Körpers, seine Temperatur durch Schwitzen bei circa 37 Grad Celsius halten zu können. Diese sogenannte Kühlgrenztemperatur ist eine absolute Grenze, die von der Lufttemperatur und der Luftfeuchtigkeit abhängig ist. Ist es relativ trocken, so wie in Wüsten, dann kann die Lufttemperatur über 50 Grad sein, das kann man überstehen. Mit steigender Luftfeuchtigkeit wird die Transpiration durch Schwitzen allerdings immer schwieriger, die Kühlgrenztemperatur sinkt bei 50 Prozent Luftfeuchtigkeit auf 35 Grad. Höhere Temperaturen sind für alle Menschen tödlich, aber bereits bei geringeren Temperaturen beginnt das Sterben. In 2003 sind in der Sommerhitze in Europa 70.000 Menschen mehr als normal verstorben, obwohl wir weit unter der Kühlgrenztemperatur lagen. Hier zeigen sich die sehr drastischen Konsequenzen der globalen Erwärmung am »eigenen Leib« der Menschheit. Wir werden diesen Sprung zur Heißzeit nicht aushalten.

Die Klima- und Sozialforschung spricht schon längst von Kipppunkten, von Momenten ohne Wiederkehr. Wenn es uns nicht gelingt, uns von den Klippen des Scheiterns wieder zu entfernen, werden alle diese Mechanismen uns in den Abgrund eines völlig unberechenbaren Klimas stürzen. Dürren, Hungersnöte, Wasserknappheit, Kriege – alles, was das apokalyptische Herz begehrt.

Die Krise des Lebens

War da noch was? Leider ja ... Wir stehen längst mitten in einer weiteren Krise, die mindestens ebenso weitreichend und dramatisch ist wie die Klimakrise: der drastische Rückgang der biologischen Vielfalt. Die Vielfalt des Lebens in allen seinen Formen schrumpft mit einem ungeheuren Tempo.

Gehen wir auch hier erst mal einen Schritt zurück: Die biologische Vielfalt, auch »Biodiversität« genannt, umfasst sowohl die Vielfalt an Arten als auch die genetische Vielfalt innerhalb der einzelnen Tier- und Pflanzenarten und zusätzlich die Vielfalt von Lebensräumen. Alle drei Bereiche sind eng miteinander verknüpft und wirken aufeinander ein – verschwinden Ökosysteme, geht auch die Artenvielfalt zurück; gibt es innerhalb einer Art nicht genügend genetische Vielfalt, könnten ihre Mitglieder durch eine einzige Krankheit ausradiert werden; stirbt eine Art, bricht im schlimmsten Fall ein komplettes Ökosystem zusammen, das auf sie angewiesen ist (etwa weil seine Mitglieder sich von dieser Art ernähren). Solange es besteht, macht dieses Netzwerk der biologischen Vielfalt die Erde zu einem einzigartigen, bewohnbaren Raum, auch für die Menschheit.

Es gibt keine konkreten Zahlen darüber, wie viele Arten auf unserer Erde wirklich existieren. Einem 2019 veröffentlichten UN-Bericht zufolge gibt es geschätzt acht Millionen Tier- und Pflanzenarten weltweit, von denen allerdings etwa eine Million vom Aussterben bedroht sind. Experten sprechen bereits vom sechsten Massenaussterben der Geschichte. Frühere Aussterbeereignisse der Erdgeschichte, auch Faunenwechsel genannt, löschten zwischen 60 und 95 Prozent aller Arten aus. Es dauert Millionen von Jahren, bis sich Ökosysteme von solchen Ereignissen erholen.

Aber brauchen wir all diese Vielfalt überhaupt, reichen uns nicht die paar Pflanzen und Tiere, die wir essen? Wir vergessen oft einige ganz grundlegende Tatsachen unseres Lebens. Die belebte Natur stellt nämlich das Fundament für Leben, wie wir es kennen, überhaupt erst bereit. Zunächst wären da die sogenannten Basisleistungen: Sie stellen die »unterstützenden« Prozesse in der Natur dar und bilden die Voraussetzung für alles andere. Dies umfasst unter anderem den Wasser- und Nährstoffkreislauf oder den Abbau organischer Substanzen durch Kleinstlebewesen und Mikroorganismen (Bodenbildung). Vor allem die Photosynthese zählt zu dieser Kategorie – wohl der bedeutendste biochemische Prozess der Erde. Durch ihn bilden nicht nur Pflanzen ihre Biomasse, die wiederum den meisten tierischen Lebewesen einschließlich des Menschen als Nahrungs- und Energiequelle dient. Bei der Photosynthese entsteht auch Sauerstoff, der erst die Entwicklung höherer Lebensformen auf der Erde ermöglicht hat.

Darauf bauen dann andere essenzielle Ökosystemleistungen auf: Bestäubende Insekten etwa sind für die Reproduktion von Pflanzen unerlässlich und sichern unsere Nahrungsmittelproduktion. Gesunde Wälder und Ozeane sind Kohlenstoffsenken, gesunde Ökosysteme an Ufern schützen uns vor Überschwemmungen und so weiter.

Die Lebensgrundlagen gegenwärtiger und zukünftiger Generationen hängen daher direkt von einem guten Zustand der Ökosysteme ab. Werden Ökosysteme oder ihre Bestandteile nachhaltig geschädigt, geht damit auch eine Gefährdung der von der Natur bereitgestellten Ökosystemleistungen einher.

Biologische Vielfalt gilt darüber hinaus als Versicherung für die Herausforderungen der Zukunft: Je ausgeprägter die Vielfalt an Genen, Arten und Lebensräumen ist, desto besser kann sich die Natur an veränderte Lebensbedingungen anpassen. Besonders in Zeiten des Klimawandels ist es im wahrsten Sinne des Wortes überlebenswichtig, dieses Anpassungspotenzial aufrechtzuerhalten.

Da lebende Organismen in dynamischen Ökosystemen interagieren, kann das Verschwinden einer Art weitreichende Auswirkungen auf die Nahrungskette haben. Es ist unmöglich, genau zu wissen, welche Folgen ein Massenaussterben für den Menschen hätte. Relativ klar benennen lassen sich allerdings die Hauptursachen für den Verlust der Biodiversität: Da sind zum einen die Landnutzungsänderungen (zum Beispiel Abholzung, intensive Monokulturen, Urbanisierung) und die direkte Ausbeutung der Ressourcen etwa durch Jagd und Überfischung. Der Klimawandel mit seinem Anpassungsdruck und die daraus resultierende Veränderung der Arten und der Invasion von Fremdarten gehören ebenfalls dazu. Zudem sind Umweltverschmutzung zu Wasser, zu Lande und in der Luft durch giftige Abfälle aller Art und die intensive Nutzung von Pestiziden und Insektiziden Killer der biologischen Vielfalt.

Mit anderen Worten: unsere Art zu leben tötet Leben. Das ist keine Krise, das ist eine Katastrophe, denn auch wir Menschen sind Lebewesen. Der drastische Rückgang der biologischen Vielfalt bedroht uns direkt.

Die Krise des Realismus

Ich sehe Sie jetzt vor mir. Sie denken »Was für ein Weltuntergangsszenario! So schlimm wird das schon nicht werden, da gibt es doch Möglichkeiten, vor allem technische Möglichkeiten. Sind wir doch mal Realisten, der Markt, Innovation, Technik und Forschung, das wird uns doch aus dieser Krise führen. Da liegt doch auch eine Chance der Neuerung, der Änderung, des Anfangs, der großen Transformation. Da sind doch Aussichten, gute Aussichten, das sagt uns doch unsere Erfahrung aus den letzten Jahrzehnten«. Überall herrscht die Hoffnung auf *die* technische Lösung, die große Hilfe, die auf der Wissenschaft begründet all unsere Probleme, Krisen und katastrophenartigen Entwicklungen auflöst.

Wissenschaft und ihre Begleiterin, die Technik, entstammen in ihrer modernen Form der philosophischen Haltung des kritischen Rationalismus, der sich der Aufklärung verdankt. Der kritische Rationalismus besagt: Mithilfe des eigenen Verstandes und der eigenen Vernunft sind die Probleme der Welt erkennbar, erforschbar, berechenbar – und damit kontrollierbar und natürlich ziel- und zweckgerichtet manipulierbar. Das ständige intensive und strengen Regeln folgende Wechselspiel von Experiment und Theorie mit seiner prognostischen Hypothesenstruktur ist der Grund für den überragenden Triumph der Technik – als in Maschinen gegossene Wissenschaft. »Wir wissen, was wir tun!«, ist die Devise. Ja, wir wissen es sogar sehr genau, denn ansonsten könnten wir die künstlichen Materialien, die Maschinen und Prozesskreisläufe, die uns in Energie-, Materie- und Umweltkrisen und Katastrophen geführt haben, gar nicht entwickeln, bauen und regulieren. Es ist ja gerade die unglaubliche Durchschlags- und Erklärungskraft der modernen Wissenschaften wie Physik, Chemie, Biologie, die in ihren technisch umgesetzten Formen genau zu dieser modernen Welt geführt hat. Die Physik regelt die Energie und Materiezufuhr, die Chemie macht die Metamorphosen der Materie in Kunststoffe möglich und die Biologie lässt heute Pflanzen und Tiere so wachsen, wie wir das wollen. Die Erfolge des rational begründeten Wissenschaftsbetriebes sind also der Grund für unsere Probleme.

Aber Achtung: Sie sind der Grund, nicht die Ursache. Die Ursachen für unsere Ressourcenengpässe, aus denen es keinen Ausgang gibt, der liegt in der leider nur unvollständigen Übersetzung der Erkenntnisse über die Natur. Denn Physik, Chemie und Biologie haben längst und immer wieder laut auf die planetaren Grenzen hingewiesen, haben die natürlichen

Kreisläufe offengelegt, die ökologischen Konsequenzen zu Lande, zu Wasser und in der Luft der Öffentlichkeit präsentiert. Nur: Gehört haben diese Warnungen sehr wenige.

Zu unserer Rationalität, die sich in Form von Wissenschaft als so kreativ und originell erweist, die selbst die Grenzen der Erkenntnis und des Kosmos thematisiert und untersucht, zu dieser Vernunftbegabung gehört aber eben auch deren Nutzung. Das epochale Unternehmen Wissenschaft wird weltweit genutzt für den Erwerb von Macht und Geld. Die Monetarisierung sämtlicher Dimensionen der uns empirisch zugänglichen Welt – Energie, Materie und Umwelt, aber eben auch Raum und Zeit – ist das große Problem des Rationalismus. Es wird deshalb nötig sein, die Zwiespältigkeit unseres Handelns und Erkennens wahrzunehmen und einzuhegen, aufmerksam zu untersuchen und, wenn es sein muss, auch normativ zu beschränken.

Betrachtet man den Reigen der Krisen, dieses Panoptikum der menschlichen Gedankenlosigkeit, einmal gesammelt, dann sticht ein gemeinsamer Nenner heraus: Immer ordnen wir Menschen hier natürliche Prozesse unserem eigenen Beschleunigungswahn unter. Die Rhythmen der Natur können diesem herrischen Taktschlag nicht folgen – der Planet kann nicht in derselben Geschwindigkeit regenerieren. Sind all diese Krisen also vielleicht letztendlich eine Frage der Zeit?

Wir sollten uns anschauen, was es auf sich hat mit dieser Dimension, die sich unserer Beeinflussung schon immer entzogen hat und die auch heute trotz all unserer Versuche, sie zu domestizieren, sie zu messen, zu verdichten, zu Geld zu machen und sogar zu sparen, einfach vergeht: der Zeit.

Kapitel 2

Zeit – Uhr – Krise

So viele Krisen und keine Zeit, sie zu lösen? Wer so denkt, hat das Pferd von hinten aufgezäumt. Denn Zeit ist immer da, ein Leben außerhalb des Zeitlichen gibt es nicht. Nur wenn man die Dimension der Zeit genauer betrachtet, versteht man auch die Stellung des Menschen in der Natur und die Miseren, die er dort anrichtet. Sprechen wir von einer Umweltkrise (oder vielen), dann sprechen wir, das wird meist übersehen, auch und vor allem von einer Zeitkrise. Oder vielmehr: einer Zei*ten*krise.

Alle Krisen, die das Leben auf diesem Planeten gefährden, werden von einem zentralen Missverständnis befeuert – dem, dass es nur *eine* Zeit gäbe, und zwar die, die die Uhr uns anzeigt. Tatsächlich gibt es unendlich viele Zeiten: Die Zeit, die ein Baum braucht, um zu wachsen und dabei Kohlenstoff im Boden zu speichern; die Zeit, die eine Generation Heuschrecken braucht, um zu schlüpfen, Nachkommen zu erzeugen und zu sterben; die Zeit, die ein Dinosaurierkörper brauchte, um unter der Erde zu Rohöl zu werden und die Zeit, die ich nachts schlafen muss. Wir haben vergessen, dass jedes System und Individuum seine eigenen Zeitmuster und Zyklen hat, die sich nicht nach dem Sekundenzeiger einer Uhr richten.

Seit der Mensch die Zeit nicht mehr am eigenen Leib erfährt, sondern am Ziffernblatt der Uhr oder am Bildschirm seines Smartphones abliest, hat er sich von der zeitlichen Vielfalt und den rhythmischen Zeitmustern der Natur sowie dem zyklischen Geschehen am Himmel entkoppelt. Mit dem Aufkommen der mechanischen Uhr breitete sich ein Denken aus, das in der Zeit eine grenzenlos steuerungsfähige Größe sieht. Dies kommt einer kopernikanischen Wende gleich: Die Zeigeruhr kündigte den Naturvertrag mit der Zeit auf. Unsere Zeitwahrnehmung, unser Zeitverstehen und unser Umgang mit Zeit entfernten sich nach dieser Wende mehr und mehr vom zeitlichen Geschehen der äußeren und der inneren Natur, um sich einer beherrschbaren und berechenbaren Zeit, die wir »Uhrzeit« nennen, zu unterwerfen.

Der Mensch greift seither in die Natur und deren Zeitprogramme ein, um diese nach seiner (Uhr-)Zeitvorstellung und seinen Beherrschungsabsichten zu konstruieren und zu designen. Außer Acht bleiben dabei immer öfters die Systemgrenzen der Natur. Was die Natur in Tausenden von Jahren an Werten geschaffen hat, wird so in kürzester Zeit verwertet und in doppeltem Sinne »verbrannt«.

In den ökologischen Krisen, die wir Menschen heraufbeschworen haben, kollidieren die Zeiten unserer ökonomischen Aktivitäten mit den Zeitprogrammen und den Zeitmustern des menschlichen Körpers und mit den Systemzeiten der uns umgebenden Natur. Für die kapitalistische Ökonomie, die keinem Naturgesetz, sondern dem Willen der Gesellschaft unterworfen ist, ist die Natur eine zeitlose, eine ewig sprudelnde Quelle ihrer Produktivität, für die nicht gesorgt werden muss. Das Kapital verhält sich gegenüber der Natur, den rhythmischen Zeitmustern der Natur und den kosmischen Zyklen weitestgehend gleichgültig. Wäre dem nicht so, wären »Bewahrung« und »Bestandserhaltung« wichtige Themen.

Gerechtfertigt und begründet wird solcher räuberischer Wirtschaftsstil mit der neoklassischen Wachstumstheorie, die sich bis zum heutigen Tag auf den überholten Zeitbegriff der klassischen Physik stützt: *Die absolute, wahre und mathematische Zeit verfließt an sich und vermöge ihrer Natur gleichförmig und ohne Beziehung auf irgendeinen äußeren Gegenstand.* Die Zeiten der Natur spielen in diesem tonangebenden, sozial konstruierten Ökonomiemodell keine Rolle, weil es sich einzig auf die von Natur leer gefegte abstrakte Zeit der Uhr, die sich zur Verrechnung von Zeit in Arbeitszeit eignet, stützt. Die Zeitmaße der Natur und deren Zeitqualitäten gehen bei der Verwandlung von Zeit in das alles mit allem vergleichbar machende Geld verloren.

Diese Gleichsetzung von Zeit mit Geld sorgte dafür, dass die zentrale Bedeutung der System- und Eigenzeiten in ökologischen und kulturellen Kontexten weitestgehend übersehen beziehungsweise absichtlich ignoriert werden, obgleich das Wohlergehen einer Gesellschaft und der sie umgebenden Natur notwendigerweise auf die Anerkennung und Berücksichtigung der verschiedenen ökologisch relevanten Systemzeiten angewiesen ist. Dafür zahlen nicht nur die heute lebenden Menschen, sondern vor allem die Natur und die künftigen Generationen einen hohen Preis.

Will man die Krisen unserer Zeit bewältigen, kommt man also nicht umhin, die natürlichen System- und Eigenzeiten wieder in die Wirtschafts- und Gesellschaftssysteme einzubeziehen. Dies käme uns auch ganz persönlich zu Gute, denn bei einem Leben, das wir als ein »gutes« bezeichnen würden, geht es in erster Linie um das Verständnis der natürlichen und kulturellen Zeitmuster und deren gegenseitiger Bedingtheiten. Schaffen wir es, in unserem Handeln den verschiedenen Zeitdynamiken Raum zu geben, räumen wir automatisch auch uns selbst und unseren Mitmenschen die Zeiten ein, die sie für ein gutes Leben brauchen.

Die Einbeziehung der Dimension »Zeit« in das strukturell-politische und das individuelle Alltagshandeln, vor allem in ökonomische Entscheidungen, ist daher die unverzichtbare Voraussetzung für einen nachhaltigeren Lebensstil. Dies trifft auf den Umgang mit der Natur gleichermaßen zu wie auf die Entwicklung und die Pflege sozialer Beziehungen.

Was ist eigentlich Zeit?

Ohne Zeit geht gar nichts. Doch was ist das eigentlich, »Zeit«? Wir reden von ihr, als handle es sich um eine nahe Bekannte. Klar, Zeit ist Zeit, wer macht sich schon viele Gedanken darüber, und wer hat überhaupt Zeit dazu? Seit mehr als 2.500 Jahren suchen die Menschen nach einer Antwort, und bis heute hat man keine gefunden, mit der alle leben könnten. Es sei denn, man gibt sich mit der inhaltlich etwas dürftigen Auskunft der Sprachwissenschaftler zufrieden, Zeit sei ein einsilbiges Substantiv. Wer wollte das bestreiten? Mit der Frage »Was ist Zeit?« lassen sich die klügsten Menschen in Verlegenheit bringen. Alle wissen wir, was eine Uhr ist und dass mit ihr die Zeit gemessen werden kann. Was es aber ist, das die Uhr da misst, das ist so wenig fassbar wie der Wind.

Warum denken Menschen über Zeit nach, und warum vermeiden sie es aber auch ganz gerne? Weil das Denken über Zeit jenen Boden lockert, auf dem wir stehen. Das kann das Leben verändern, ungewiss ist wohin. Es lohnt sich jedoch, der Selbstverständlichkeit »Zeit«, der wir unser Leben zu verdanken haben, die uns dieses aber auch wieder nimmt, hin und wieder gedanklich nachzuspüren.

Der Mensch hat nun mal keine treuere Freundin als die Zeit. Sie begleitet ihn durch sein Dasein, vom ersten bis zum letzten Atemzug. Begreifbar, verständlich und in Umrissen erkennbar wird »Zeit« jedoch erst in dem Augenblick, in dem man sich, aus welchen Gründen auch immer, Gedanken über sie macht. Tut man es, verliert man die Uhr rasch aus den Augen und anschließend auch aus dem Sinn – ein Beweis dafür, dass die Uhr etwas völlig anderes ist als die Zeit.

Was also ist Zeit? Der Mathematiker Johann Heinrich Lambert schrieb einmal an Immanuel Kant: »Die beste Definition wird wohl immer die sein, dass Zeit Zeit ist.« Nicht allzuviel schlauer fühlt man sich, wenn man die Erklärungsversuche der Vertreter unterschiedlicher Wissenschaftsdisziplinen anschaut: Die Physiker halten die Zeit für »eine hartnäckige Illusion« – Einstein zumindest. Das hat er vielleicht vom Nichtphysiker Leo Tolstoi, der von der »Zeit« als der »Illusion des Lebens« sprach. Existenzphilosophen wie Martin Heidegger sprechen von der Zeit als »Sein zum Tode«. Die Ökonomen, die schon mal gerne ihre Modelle für die Wirklichkeit halten, behaupten, »Zeit sei Geld«, und erklären sie auf diesem Weg zu einem wichtigen »Rohstoff«. Politiker sehen in der Zeit vor allem die Dauer einer Legislaturperiode. Jede Disziplin hat ihre eigene Definition. Wer sich an den Versuch macht, eine allgemeingültige Antwort auf die Frage »Was ist Zeit?« zu finden, muss schon zur Selbstüberschätzung neigen.

»Zeit« ist also ein äußerst verwickeltes Rätsel, und aller Voraussicht nach bleibt sie das auch in nächster Zukunft. Zeit ist Zeit, sie lässt sich auf nichts anderes zurückführen. Nichts existiert »hinter« ihr. Selbst der große Zeitdenker Martin Heidegger sah sich gezwungen, dies einzusehen. Der Wochenzeitung *DIE ZEIT* hat er seine Ratlosigkeit offen eingestanden: »Man könnte meinen, der Verfasser von ›Sein und Zeit‹ müsste dies wissen. Er weiß es aber nicht, so dass er heute noch fragt.« Tröstende Philosophenworte, die es ratsam erscheinen lassen, sich vorerst mit dem Halbwissen, das man über Zeit angesammelt hat, zufriedenzugeben und im Zustand vorläufiger Unaufgeklärtheit fröhlich weiterzuleben.

Auch wenn wir über das Wesen der Zeit nur mit Halbwissen aufwarten können, wissen wir zumindest, was Zeit *nicht* ist. Die Zeit ist kein Gegenstand, wie beispielsweise ein Regenschirm, den man irgendwo stehen oder liegen lassen kann – mag der Augenblick auf noch so zauberhaft sein, die Zeit steht nie wirklich still. Sie läuft auch nicht davon, wie Fußballfans verlierender Mannschaften kurz vor dem Schlusspfiff gerne unterstellen. Zeit lässt sich auch nicht herstellen oder erwerben.

Trotz dieser und anderer Unklarheiten wissen wir relativ gut über den Wandel des »Zeitgeistes«, den »Geist der Zeiten« im Verlauf der Menschheitsgeschichte Bescheid. Auch heute, zu Beginn des sich digitalisierenden 21. Jahrhunderts, sind wir wieder einmal Zeugen – und wie stets, wenn es um Zeit geht, zugleich auch Täter und Opfer – eines Zeitenwechsels. Will man verstehen, wie Zeit und ökologische Krisen zusammenhängen, lohnt es sich, die epochalen Veränderungen in der Zeitgeschichte etwas genauer anzusehen.

Vormoderne Zeiten

Bis vor etwa einem halben Jahrtausend gingen die allermeisten Menschen mit den letzten Sonnenstrahlen ins Bett und standen beim ersten Krähen des Hahnes wieder auf. Helligkeit und Dunkelheit waren die entscheidenden Anhaltspunkte für ihr Zeithandeln. Die Erde war in diesen Tagen noch eine Scheibe und die Menschen, die sich selten auf Reisen begaben, hatten Angst, am Ende der Welt ins Unbekannte hinabzustürzen. Uhren waren in einer solchen Welt nicht notwendig und deshalb auch nicht existent. Der Lauf der Natur, die Jahreszeiten und der Gang der Sonne beschützten, bedrohten und organisierten die Menschen über den Tag und ihren Lebenslauf hinweg. Daran hielt sich auch das Kirchenjahr, das vor allem das soziale Leben, den rhythmischen Wechsel von Arbeiten, Beten und Feiern prägte.

Man lebte zeitlos eingestimmt in die natürlichen Zyklen der Ereignisse, sprach viel übers Wetter, niemals jedoch über das Abstraktum »Zeit«. Änderte sich das Wetter, änderten sich auch die Zeiten. Bis heute spiegelt sich dies in den romanischen Sprachen, in denen »Zeit« und »Wetter« oft ein und dasselbe Wort sind. Die Natur lieferte das Bild der Zeit, die Tage hatten Namen, meist von Heiligen, aber sie hatten noch kein Datum und die Menschen keine Termine. Karl der Große, von dem wir heute wissen, dass er im Jahr 800 nach Christus in Rom zum Kaiser gekrönt wurde, hatte, wie die meisten seiner Untertanen, wahrscheinlich keine Ahnung, dass dieses Ereignis im Jahr 800 stattfand. Wie die Tage, so wurden auch die Jahre in diesen Zeiten – mit Ausnahme einiger weniger Klöster – nicht gezählt und die Zeit nicht gemessen. »Erzählt« hingegen wurde von Generationen und wechselnden Regentschaftsphasen. Es gab also keine genau bezifferbaren Zeitpunkte, daher bestand auch kein Anlass für die Feier eines Ereignisses, das wir »Geburtstag« nennen. Die Lebensjahre vormoderner Menschen blieben ungezählt. Das entlastete sie von einigen jener Probleme, die heute lebende Zeitgenossen und Zeitgenossinnen mit ihrem Älterwerden haben, ist aber kein Grund, die uhrzeitlosen vormodernen Lebensverhältnisse zu idealisieren.

Um etwas vom Geist dieser vormodernen, heute exotisch anmutenden Zeit zu spüren, muss man nur einen Blick in das werfen, was die Zeit überdauert hat: Schrift. Da gibt es beispielsweise einen Text aus einem alten Handbuch für Beichtväter, der klare Worte über den Besitzer der Zeit verliert:

»Der Wucherer leiht dem Schuldner nicht, was ihm gehört, sondern nur die Zeit, die Gott gehört. Er darf also keinen

Gewinn aus dem Verleih fremden Eigentums machen. Die Wucherer sind Diebe, denn sie handeln mit der Zeit, die ihnen nicht gehört; und mit dem Eigentum eines anderen gegen den Willen des Besitzers zu handeln, ist Diebstahl. Und da sie außerdem mit nichts anderem als mit erwartetem Geld, das bedeutet mit Zeit handeln, treiben sie mit Tagen und Nächten Handel. Der Tag aber ist die Zeit der Helligkeit und die Nacht die Zeit der friedvollen Ruhe. Also handeln sie mit Licht und friedvoller Ruhe. So wäre es nicht gerecht, wenn sie das ewige Licht und den ewigen Frieden erlangten.«

Die Zeit gehörte zu Gottes Schöpfung. Man hatte ihr bereitwillig und widerstandslos zu folgen, da man mit Gottes Eigentum weder schachert noch mit ihm Handel treibt. Aus heutiger Sicht ist das starker Tobak, vor allem für diejenigen, die ihr Einkommen einem völlig anderen Umgang mit Zeit zu verdanken haben. Angestellte von Banken und Versicherungen, Vermögensberater, Finanzjongleure, Börsenspekulanten, aber auch Kleinsparer können sich glücklich schätzen, dass sich die Zeiten inzwischen geändert haben.

Man fühlte sich den Wechselfällen des Lebens und dem Willen Gottes ausgeliefert. Was für die Menschen später selbstverständlich wurde, dass sie ihr Schicksal beeinflussen und zwischen verschiedenen Risiken und Chancen wählen können, das war den vormodernen Menschen nicht nur unbekannt, sondern schlicht undenkbar – Fortschrittsdenken ist ein in der Menschheitsgeschichte relativ spät auftauchendes Phänomen.

Vormoderne Zeiten waren also Zeiten, in denen die Menschen den Rhythmen der Natur und den Zeitordnungen des Sozialen folgten. Im Gegensatz zu modernen Menschen begegneten sie der Natur nicht als rabiate Eroberer, die sie zurücklässt, als sei sie unter die Räuber gefallen. Vormoderne Menschen bemühten sich nicht, die Natur in den Griff zu bekommen, sie zu beherrschen und möglichst viel aus ihr herauszuholen. Das Verhältnis des vormodernen Menschen zur Natur ähnelte dem von Treuhändern.

Gegen Ende der Vormoderne wurden die Sicherheit und Geborgenheit versprechenden Zeiten der Natur und des Firmaments jedoch von immer mehr Menschen als zu beengend und zu einschränkend erlebt. Die Menschen wollten nicht mehr nur Treuhänder und Opfer, sondern aktiv eingreifende Täter der Zeit sein. Sie entwickelten das Bedürfnis, Zeit zu gestalten, zu kontrollieren und selbst zu organisieren. Die Erfüllung der Hoffnungen auf Erlösung versprach man sich immer seltener durch Gebete und den Glauben ans Jenseits, sondern durch wirtschaftliches und eigenaktives Handeln im Diesseits. Später erkannte Kant in diesem Schritt vom Glauben zum Zweifel, vom erstarrten Denken der Scholastiker zum selbstbestimmten Denken des Renaissancemenschen, den Anfang des »Ausgangs des Menschen aus seiner selbstverschuldeten Unmündigkeit«.

Moderne Zeiten

Das Mittelalter ging auf sein Ende zu, als der Räderwerkautomat, den wir »Uhr« nennen, erfunden wurde und eine mehrere Jahrhunderte andauernde Erfolgsgeschichte startete. Das Konzept einer Zeit, deren Verlauf inhalts- und erlebnisunabhängig gedacht werden kann und durch ein Zahlensystem die Zeit quantifizierbar und teilbar macht, entstand im 14. Jahrhundert. Die darauf aufbauende Räderuhr wurde in einem Kloster Oberitaliens erstmals zusammengesetzt.

Die Erfindung der Uhr führte zu einem grundlegend neuen Zeitdenken und in der Folge auch zu einem radikalen Wandel des sozialen Zeithandelns. Die Menschen in Europa begannen,

»einen eigenartigen und bislang unerhörten Wunsch zu verspüren, sie wollten wissen, wie spät es ist« (Adolf Holl). Das war auch der Augenblick, von dem an der mit Zeit und Geld kalkulierende Geist in die Kontore und Stadtgesellschaften einzog. Man begann, über Zeit zu reden, zu diskutieren und zuweilen auch heftig zu streiten. Das tat man auch, weil immer mehr Zeigeruhren an Kirchtürmen und Rathäusern auftauchten und oftmals auch hörbar waren. Andererseits wurde Zeit zum Thema, weil die Menschen durch die an der Uhr abgelesenen Zeit vor der Wahl standen, sich an den Zeitsignalen der inneren oder äußeren Natur oder am naturignoranten Gang der Zeiger zu orientieren. Sie mussten sich tagtäglich entscheiden, ob sie zu Mittag essen, wenn beide Zeiger auf der Zwölf stehen, oder dann, wenn sich der Hunger meldet.

Die von Umwelteinflüssen unbeeindruckt voranschreitende, beliebig teilbare Zeit wurde schließlich auch der Anlass für die Entwicklung einer bis dahin unbekannten Leidenschaft: dem Messen von Zeitverläufen und der Dauer von Ereignissen. Das Ver- und Gemessene ersetzte mehr und mehr das Angemessene. Im 16. Jahrhundert kam es zum Ausbruch eines regelrechten Messwahns, der so weit ging, dass der Italiener Della Porta meinte, die Treue einer Frau mit einem Magneten messen zu können. Und je mehr gemessen wurde, desto weniger waren die Veränderungen des Wetters und andere Zeitzeichen der Natur Anlass und Signal für Handlungsentscheidungen. Auch das Geschehen am Himmel spielte eine stetig abnehmende Rolle. Über die Zeit informierte der Blick auf Kirch- und Uhrtürme, der die Zeitansage von der lebendigen Natur auf die leblose Technik delegierte. Aufgekündigt war so der die Menschheit bis dahin durch gute und schlechte Zeiten begleitende Naturvertrag mit der Zeit. Die mechanischen Uhren wurden zu Instrumenten der Herrschaft über die Zeiten der Natur und ihrer Umgestaltung.

Mit der fortschreitenden Vorherrschaft der Uhr ging auch immer mehr das Bewusstsein verloren, dass es sich bei der Uhr und ihrer entleerten Zeit um die Erfindung einer die sozialen Verhältnisse ordnenden kulturellen Leistung handelt und nicht nur um eine als technisches Hilfsmittel einsetzbare physikalische Größe.

Die mechanische Uhr veränderte die Welt in ihren Grundfesten. Die Uhr hat das Muster einer Zeit, die der Logik der Wäscheleine folgt, zur gesellschaftlich dominanten und verbindlichen Zeitvorstellung gemacht. Sie hat die Zeitwahrnehmung, das Zeitverstehen und das Zeitempfinden von Grund auf umgeformt und dem Zeithandeln eine neue Richtung gegeben. Die Uhr war es, die es erstmalig in der Menschheitsgeschichte erlaubt hat, Zeit unabhängig von allen funktionalen Erfordernissen zu sehen und zu verstehen, unbeeinflusst vom Wetter, vom Stand der Sonne, Tag und Nacht, Ebbe und Flut und den Kreisläufen der vegetativen Existenz. Sie hat der absichtslosen Integration der Menschen in die Natur und deren Zeiten ein Ende bereitet und sie durch den Willen zur Besitzergreifung und Herrschaft ersetzt. Und sie hat den Kapitalismus, der das Dasein zu einer Kampfzone ungebremsten Wachstums und verschärfter Beschleunigung gemacht hat, auf die Schiene gesetzt.

Der neue Zeitgeist hat es den in der Moderne angekommenen Zeitgenossen erlaubt, einen distanzierten Standpunkt zum zeitlichen Geschehen des Werdens und Vergehens einzunehmen. Seitdem kann man das Zeitleben, das eigene eingeschlossen, von einem »Außen« betrachten, kann zu ihm in Distanz gehen (und Bücher darüber schreiben). Man kann das Zeitgeschehen messen und vermessen. Die Zeit verblasst damit als Rahmen der Erlösungs- und der Heilsgeschichte. Die Menschen verstanden sich im Guten wie im Schlechten nicht mehr ausschließlich als Opfer der Zeit, sondern auch als ihr

Täter und Gestalter. Die einstmals ungebändigte und unzugängliche Zeit wurde menschlicher Vernunft unterworfen, diszipliniert und ins sinnentlastete Zahlenkorsett des Uhrenziffernblattes gepresst. Von da an lässt sich all das, was sich tut, was wächst und vergeht, messen, in Zahlen fassen und in Zahlen ausdrücken.

Nicht mehr die Sterne, die Menschen machen die Zeit. Gott verlor die Lufthoheit über das Zeitliche. Er wurde, auch wenn er zu Beginn des Uhrzeitzeitalters hin und wieder noch eine Nebenrolle bei Zeitentscheidungen spielte, »zeitlich enteignet«. Das machte die Uhr nicht nur zu einer Zeit-, sondern auch zu einer Säkularisierungsmaschine. Tonangebende Personen – Landesherren, Fürsten, und Regenten unterschiedlicher Coleur, vor allem aber einflussreiche Kaufleute – übernahmen an Gottes Stelle die Herrschaft über die Zeit und setzten ihre Macht ein, um das Alltagsleben nach den Zeitprinzipien der Uhr zu organisieren.

Die Menschen begannen, zu Beginn noch zögernd und angstbesetzt, sich für ihr Glück und ihre Lebensumstände selbst verantwortlich zu fühlen. Von da an machten sie die Geschichte der Veruhrzeitlichung zu einer Ermächtigungsgeschichte. In dem Umfang, wie der Glaube an die himmlischen Institutionen und ihre Wirkmächtigkeit nachließ, wuchs der Glaube an die Kompatibilität von Zeit und Geld, eine bis dahin unbekannte Vorstellung.

Die (illusionäre) Verheißung, eigenmächtig über die Zeit entscheiden und sie selbst ordnen zu können, führte zu einer neuen Bewertung des Zeithandelns. Effizienz wurde zu einem Gütesiegel. Das führte dazu, dass die Menschen sich immer weiter in die Welt hinaustrauten – auch, weil sie inzwischen erfahren hatten, dass die Erde keine Scheibe ist. Es begann eine Zeit der Entdeckungen, der Erfindungen, der Eroberungen und des Fernhandels. Die Welt ändert sich mit den Zeiten, und da sich die Zeiten änderten, änderte sich auch die Welt. Unter anderem gab es plötzlich pünktliche und unpünktliche Zeitgenossen.

Die an Kirchtürmen, Rathäusern oder eigens errichteten Uhrtürmen installierten Uhren regelten immer umfassender den zeitlichen Ablauf des Tages der Einzelnen und der städtischen Gemeinschaften. Die abstrakte Uhrzeit machte wetter- und sonnenstandsunabhängige Terminabsprachen möglich. Zuerst toleriert, dann aber bald vom Vatikan auch legitimiert, durfte die Zeit gegen Zinseinnahmen nun auch »verkauft« werden. Das bis dahin geltende Zinsverbot wurde aufgehoben. Die ersten Banken – Institutionen, die mit naturignoranter Zeit Handel treiben – wurden gegründet, kurz danach die ersten Versicherungen – auch dieses Geschäft setzt den Handel mit abstrakter Zeit voraus. In der Handelsmetropole Genua wurde die doppelte Buchführung erfunden und 1407 die erste Aktiengesellschaft der Welt aus der Taufe gehoben, die Bank des Heiligen Georg. Von diesem Zeitpunkt an hat das Geld auch seinen Heiligen.

Die Uhr macht aus einer qualitativen eine quantitative Zeit. Das Zeitdenken und -handeln geht fortan den Weg des Quantifizierens, Messens, Zählens und Kalkulierens. Das lässt die Beziehung zwischen Zeit und Geld immer inniger werden und macht sie bei den Kaufleuten schließlich zu einer anhaltenden Liebesbeziehung.

Spitzt man es zu, dann war es die mechanische Uhr und ihre Zeit, die den Handelskapitalismus und später dann auch die Industriegesellschaft auf Betriebstemperatur brachten und als deren Hintergrundbedingung bis heute wirksam sind. Zugleich wurde die Zeit, erstmals von Florentiner Kaufleuten, selbst zu einer Ressource erklärt, mit der es zu wirtschaften galt, um das meiste aus ihr heraus zu holen. Die mit der Uhr erreichten zeitlichen Errungenschaften können in ihrer Wirkung gar nicht überschätzt werden. Unter anderem sind sie die Quelle eines stattlichen Geld- und Güterwohlstandes. Auf diesen sind die Menschen stolz – und könnten das wohl auch zu Recht sein, wären da nicht die problematischen ökologischen und sozialen Folgen des neuen Zeitverständnisses und -handelns.

Vor annähernd 250 Jahren, Wirtschaftshistoriker sprechen von der Epoche der industriellen Revolution, intensivierten sich die wirtschaftlichen Aktivitäten auf nationaler und auf internationaler Ebene. Die Arbeitswelt – speziell die Organisation der Arbeit und die sozialen Verhältnisse – erfuhren, ausgelöst von bahnbrechenden technischen Erfindungen wie der Dampfmaschine, eine tiefgreifende Umgestaltung. Maschinelle Apparaturen waren es seither, die immer stärker im Mittelpunkt des Arbeitsprozesses standen, und Maschinen waren es auch, die Zeitmaße und Zeittakte vorschrieben, an denen sich der arbeitende Körper auszurichten hatte. Handlicher gewordene und bald auch privat genutzte Uhren wurden zu unverzichtbaren Instrumenten der Planung und Kontrolle einer auf stetiges Wachstum und vor allem auf kontinuierliche Temposteigerung angelegten Lebens- und Arbeitswelt. Das Leben, auch das private, geriet dabei immer umfassender unter die Imperative eines die Lebenswelten beschleunigenden Taktregimes. Aus der vormodernen wurde eine moderne Welt. Steigende Beschleunigung, umfangreiche Vertaktung und schwindender Zeitwohlstand sind ihre Kennzeichen.

Ohne die flächendeckende Verbreitung von Uhren und ohne Erziehung und Drill zum Uhrzeitgehorsam – dafür sorgten vor allem Schulpflicht und Militärdienst – hätten die Uhrzeiger die Macht über das Zeitleben nicht erobern können. Strebsamkeit und Pünktlichkeit wurden zu Tugenden erklärt und bekamen einen prominenten Platz als »Kopfnoten« in der schulischen Leistungsbewertung. Dass der wachsende Druck zur Veruhrzeitlichung und die Pflicht zur Verfleißigung nicht von allen Zeitgenossen und Zeitgenossinnen gleichermaßen willkommen geheißen wurden, erzählt eine Fabel von Paul Scheerbart. Sie stammt aus einer Zeit, als man begann, die dunkle Tageshälfte elektrisch zu erhellen, als die Bilder das Laufen lernten, die Motoren ihre Umdrehungen erhöhten und erste Flugmaschinen bewiesen, dass sie in der Lage waren, der Schwerkraft zu trotzen.

> Bei den fleißigen Ameisen herrscht eine sonderbare Sitte: Die Ameise, die in acht Tagen am meisten gearbeitet hat, wird am neunten Tag feierlich gebraten und von den Ameisen ihres Stammes gemeinschaftlich verspeist. Die Ameisen glauben, dass durch dieses Gericht der Arbeitsgeist der Fleißigsten auf die Essenden übergehe.
>
> Und es ist für eine Ameise eine ganz außerordentliche Ehre, feierlich am neunten Tag gebraten und verspeist zu werden. Aber trotzdem ist es einmal vorgekommen, dass eine der fleißigsten Ameisen kurz vorm Gebratenwerden noch folgende kleine Rede hielt:
>
> »Meine lieben Brüder und Schwestern! Es ist mir ja ungemein angenehm, dass Ihr mich so ehren wollt! Ich muss Euch aber gestehen, dass es mir noch angenehmer sein würde, wenn ich nicht die Fleißigste gewesen wäre. Man lebt doch nicht bloß, um sich tot zu schuften!«
>
> »Wozu denn?« schrien die Ameisen ihres Stammes – und sie schmissen die große Rednerin schnell in die Bratpfanne – sonst hätte dieses dumme Tier noch mehr geredet.

Zeitdisziplin, genauer: Uhrzeitdisziplin, galt politisch, ökonomisch, aber auch privat als Königsweg zu mehr Güterwohlstand, zu höherem Einkommen und rascherem Fortschritt. Heute wissen wir, dass dieser Weg zwar ein erfolgreicher war, dass er aber nicht ohne Opfer, Schwierigkeiten und Folgeprobleme beschritten wurde. Für die ihren Geld- und Güterwohlstand mehrende »Veruhrzeitlichung« mussten die Menschen einen Preis zahlen. Der heißt unter anderem Zeitnot, innere und äußere Unruhe, Hetze, Einsamkeit, Orientierungs- und Heimatlosigkeit. Das Funktionieren der modernen Wirtschaft verlangt, wie Hannah Arendt lehrt, dass alle weltlichen Dinge in einem immer beschleunigteren Tempo erscheinen und verschwinden. Beim beliebtesten Objekt der modernen Anbetung, dem Auto, konzentrieren sich diese Vor- und die Nachteile der epochalen Errungenschaften der Industriegesellschaft. Carl von Ossietzky, ein prominentes Opfer der nationalsozialistischen Vernichtungsdiktatur, hatte bereits sehr früh Zweifel angemeldet, ob es sich beim Fortschritt »Auto« um eine große Errungenschaft handelt. 1926 schrieb er: »Wie die Ägypter die Krokodile anbeteten, die sie fraßen, beten wir die Automobile an, die uns totfahren.«

Versehen wir die damaligen Veränderungen mit einem Etikett, dann wäre es wohl »vom heiligen zum eiligen Geist« oder, übersetzt in die Sprache der Sozialwissenschaften: »Von der lebensorientierten Arbeitszeit zur arbeitsorientierten Lebenszeit«. In den Gesellschaften der Moderne zielen die Zeitaktivitäten vor allem darauf ab, Zeit zu gewinnen und mit Geldwert auszustatten. »Arbeitszeit« wird zu einer Zeit, in der die Arbeitenden ihre Lebenszeit gegen Geld an Unternehmer abtreten. Staatliche Arbeitszeitgesetze und regelmäßig auszuhandelnde Tarifverträge sichern die Veruhrzeitlichung des Alltagslebens ab und ergänzen es durch formelle und informelle Regelungen. Ein originelles Beispiel dazu aus der Frühzeit der Veruhrzeitlichung findet man in einer Kirchenordnung aus dem Baltikum. In ihr werden leidenschaftliche Prediger zu zeitlicher Rücksichtnahme gegenüber den Gemeindemitgliedern ermahnt. Sie werden gebeten, es beim Predigen nicht zu übertreiben, »damit die Zuhörer nicht überschüttet, die Schwangeren nicht beschwert [werden], die schlecht Gekleideten nicht frieren und die Armen ihr Essen richten können«.

Die wachsende Vertaktung des individuellen und sozialen Zeithandelns vollzieht sich weder von selbst, noch wird sie von einer unsichtbaren Hand gesteuert. Vielmehr wird sie von breit angelegten Erziehungs- und Umerziehungsmaßnahmen flankiert. Die pädagogischen Fundamente entwickelte der in Halle an der Saale wirkende Theologe August Hermann Francke. In seiner Glauchauer Neujahrspredigt von 1713, der er den programmatischen Titel »Vom rechten Gebrauch der Zeit« verliehen hatte, verkündete er ein umfassendes Programm zur Uhrzeiterziehung. Die Kanzelrede gipfelt in der Forderung, aller lebenspraktischer Umgang mit Zeit müsse sich am umweglosen, vorgezeichneten Gang der Uhrzeiger ausrichten. Die Aufforderung Luthers »Schicket Euch in die Zeit« radikalisierte er zu der Pflicht »Erkauffet die Zeit«. Es war diese Formel, die nur wenig später von dem US-Amerikaner Benjamin Franklin in das bekannte Bonmot »Time is money« umformuliert wurde.

Mit solchen Anweisungen und Maßnahmen wurde das Programm zur Verfleißigung der Bevölkerung zu einem pädagogischen Programm. Die Schule wurde zur Lehranstalt des Uhrzeitlebens. 1799 stellte Friedrich Schlegel fest: »Der bürgerliche Mensch wird zuförderst nicht ohne Mühe und Noth zur Maschine gezimmert und gedrechselt«. In der Praxis schlug sich dies in kleinteilig durchorganisierten schulischen Zeitordnungen und in eng terminierten Unterrichtsplänen nieder, die dem linearen Uhrzeigerverlauf des »Eins-nach-dem-anderen« folgten. Sie nötigen die Schüler und die Schülerinnen bis heute, in aller Frühe ohne Rücksicht auf ihre Lernfähigkeit und -bereitschaft das Bett und ihr Zuhause zu verlassen, um sich auf den Weg zur Erziehungsanstalt zu machen. Ohne solche Erziehungsprogramme zur Veruhrzeitlichung wäre der angewachsene Güterwohlstand, auf den wohl niemand verzichten möchte, kaum erreichbar gewesen.

Mit der Veruhrzeitlichung des Lebens, der Aneignung von Maschinentugenden und der Beschleunigung hat die Menschheit ein Großexperiment namens Kapitalismus gestartet, dessen Risiken und Nebenwirkungen heute zunehmend deutlicher werden. Mit dem mechanischen Gerät »Uhr« und dessen »neutraler«, qualitätsloser Zeitansage zieht der Geist der Messbarkeit und Verrechenbarkeit ins Leben ein. Die Zeit bekommt einen Preis, und dieser Preis, der aus Zeitverhältnissen Geldverhältnisse macht, verleiht dem Alltagshandeln ein auf die Uhrzeit bezogenes Geflecht von Bedeutungen und Erfahrungen. Seit das Geld das Maß aller Dinge ist, haben die Zeit und das menschliche Tun ihr Maß verloren. Das den spätmodernen Menschen zur Gewohnheit gewordene Zeitzählen und Zeitmessen »verbürokratisiert« und »verdatet« das Zeitgeschehen als kalkulierbare Ereignisfolgen und trennt es dabei von den die Geschehnisse auszeichnenden Zeitqualitäten.

Die Ablösung der Naturrhythmen durch den menschengemachten mechanischen Takt hat die Menschen zu neuen Horizonten der Freiheit geführt, dies jedoch um den Preis wachsender funktionaler Abhängigkeiten. Der modernisierte Mensch wähnt sich von Naturgewalten und ihren Folgen weitestgehend unabhängig, er glaubt zeitsouverän zu sein, die äußere und die eigene innere Natur im Griff zu haben. Ein Irrtum, wie Goethes Tasso zu bedenken gibt: »Der Mensch ist nicht geboren, frei zu sein.« Häufig muss er einsehen, dass er die zeitliche Unabhängigkeit, die er der Natur abtrotzte, an die Ökonomie und die Technik wieder verloren hat. Abhängiger denn je ist er von den Energiepreisen, den Kursschwankungen an den Finanzmärkten, vor allem aber von jenen Geräten und Instrumenten, die er für die herrschaftliche Verfügung über die Kräfte und Zeiten der Natur einsetzt. Die Erlösungshoffnungen des heutigen Menschen richten sich nicht mehr auf das nach dem Zielhafen »Ewigkeit« zu Erwartende, sondern auf die rechtzeitige Auszahlung der Lebensversicherung. Die Moderne, und daran ist die Uhr nicht unbeteiligt, ist eine Zeitepoche zunehmender Unbescheidenheit, wachsender Demutsverweigerung und steigender Maßlosigkeit.

Eines Tages, der kalendarische Wechsel in ein neues Jahrtausend war bereits absehbar, erkannte man, dass das Zeitverhalten der Menschen abermals angepasst werden musste, um dem Wachstumswahn des Kapitalismus genug Futter zu liefern. Es fehle dem Menschen, so die Diagnose, an »Flexibilität«. Dies war der Anfang vom Ende der ein halbes Jahrtausend dauernden Epoche der Veruhrzeitlichung. Heute befinden wir uns in den Kinderschuhen einer neue Zeitepoche, für die man noch keine zufriedenstellende Bezeichnung gefunden hat. Nennen wir sie bis auf Weiteres »postmoderne Zeiten«.

Postmoderne Zeiten

Heute sind wir nun abermals Täter und Opfer eines epochalen Umbruchs des Zeitbewusstseins. Mit der Welt verändern sich die Zeitvorstellung und die Zeitpraxen (wenn auch nicht so dramatisch und folgenschwer, wie sie das am Ende des Mittelalters taten). Wer mit offenen Augen am öffentlichen Leben teilnimmt, stößt auf eine Menge von Indizien, die erfahren lassen, dass das am Verlauf der Zeiger ausgerichtete Zeitverständnis ins Wanken geraten ist:

~ Mehr und mehr verschwinden die früher an jeder Straßenecke installierten Uhren aus dem öffentlichen Raum. Defekte Uhren, etwa an Kirchtürmen oder Bahnhöfen, werden oftmals nicht mehr repariert.

- Smartphone und Internet werden zu Leitmedien der Zeitorganisation. Sie ersetzen die Uhren, ohne jedoch einen Takt oder Rhythmus als Zeitmuster anzubieten.
- Der Transport der wichtigsten Güter – das sind inzwischen Informationen – geschieht mit Lichtgeschwindigkeit. Schneller kann man nicht mehr werden.
- Es sind nicht mehr die Pünktlichen, die im Berufsleben Karriere machen. Es sind die Flexiblen, die mit Beförderung, Einkommens- und Statusgewinnen rechnen können.

Diese und andere Veränderungen lassen erkennen, dass sich, zumindest in den wirtschaftlich prosperierenden Gesellschaften dieser Welt, die Zeiten und der Umgang mit ihnen ändern. Die Uhr, ihre Taktvorgaben und ihre Logik des »Eins-nachdem-anderen« verlieren spürbar an Akzeptanz und Gestaltungskraft. Das mechanistische Weltbild der Räderuhr kollidiert mit dem Zeitgeist der sich ausbreitenden »tutto e subito«-Mentalität. Die Linearität des Zeigerverlaufs wird von Vorstellungen der Komplexität, der Diskontinuität und des Chaotischen abgelöst. Digitale Plattformen ordnen und organisieren Zeit in anderer Art und Weise, als es die Uhr tut. Die ökologischen und sozialen Kosten dieses Realexperiments der digitalen Unterwerfung sind noch weitgehend unbekannt. Rechnen aber muss man mit ihnen.

Letztendlich sind die Uhren Opfer ihres eigenen Erfolges geworden. Sie haben ihre Schuldigkeit getan, die Uhren können geh'n. Das langdauernde zeitpolitische Monopol der inhaltsleeren Uhrzeit gründete sich ja in erster Linie auf deren Beitrag zur Beschleunigung der Lebens- und Arbeitsverhältnisse. Zwar haben auch die Dampfmaschine, die Elektrizität, der Düsenantrieb und die Lasertechnik einen erheblichen Anteil an der Beschleunigung der Lebensverhältnisse, die Uhr aber überragt sie in dieser Hinsicht alle. Sie hat für die Messbarkeit, die Kontrolle und die Beherrschbarkeit der Beschleunigung gesorgt, vor allem aber hat sie der modernen Gesellschaft ihren Takt und eine in Geld verrechenbare Zeit beschert. Zwar hat die sinnbefreite und situationsunabhängige Zeit der Uhr viele Probleme gelöst, aber (und das wird heute erst richtig deutlich) auch viele neue Probleme geschaffen. So hat die Beschleunigung in den Stau geführt, der Takt zur Entfremdung von den Zeiten der Natur, die Geldvermittlung der Zeit zu sozialer Kälte. Das große, immer schon unrealistische Versprechen der Uhrzeitmoderne, durch Veruhrzeitlichung des Daseins von den Zwängen des Zeitlichen befreit zu werden, wurde nicht erfüllt.

Machen wir uns nichts vor: Auch wenn sich heute vieles ändert, die »Fortschrittsgerade«, auf der sich die Menschheit mit hohem Tempo vorwärtsbewegt, wird auch in Zukunft befahren. Trotz des Sturzes der Uhr vom Zeitthron und dessen Eroberung durchs Smartphone wird im digitalen Kapitalismus weiterhin aufs Tempo gedrückt. Es geht um noch mehr Wachstum und einen noch umfangreicheren Zugriff von »Zeit ist Geld«-Imperativen auf die Lebenswelten. Das Streben zum »Mehr« ist, obgleich es eigentlich so nicht weitergehen kann, auch mit einflussloseren Uhren ungebrochen. Warum dann aber neue Zeiten?

Zur Erinnerung: Mit der mechanischen Uhr kam vor etwa 600 Jahren nicht nur eine neue Zeit in die Welt, sondern auch eine grundlegend andere Form des Wirtschaftens. Diese entwickelte ihre Dynamik aus der Koppelung von zwei Illusionen – zwei »Nichtsen«, hätte Nietzsche gesagt –, aus der Gleichsetzung von Zeit und Geld. Von Anfang an verhielt sich diese Wirtschaftsform zeitlich und räumlich expansiv. Stimuliert durch die Verrechnung allen Lebens in Geld, ist sie heute mehr denn je auf Wachstum, Eroberung und Expansion aus. Die Erfolgsgeschichte des Kapitalismus ist dabei zugleich auch eine Geschichte des abnehmenden Zeitwohlstandes und steigenden Zeitdrucks: Beschleunigung des Alltagslebens, Plünderung von Ressourcen und Übernutzung biologischer Systeme.

Eindrücklichstes Beispiel für den »Fortschritt« in die »Tut mir leid, keine Zeit«-Gesellschaft ist die Beschleunigung der Transportgeschwindigkeit. Noch am Anfang des 19. Jahrhunderts war das Pferd das Transportmittel Nummer eins. Mit Pferdestärken und dem Einsatz von Sporen und Peitsche gelang es bis dahin, den Waren- und Personentransport in bescheidenem Umfang zu beschleunigen. Nachdem die Industrialisierung Fahrt aufgenommen hatte, erlebte Europa mit der auf die Schiene gesetzten Dampfmaschine einen revolutionären Beschleunigungsschub im Transport- und Beförderungswesen. Zu Zeiten, als Lord Chesterfield seinem Sohn die Parole »Geschwindigkeit ist die Seele des Geschäfts« einbleute, erfanden seine Landsleute Pferderennen und Leistungssport, den sie »matches against time« nannten. Ging es bei Wettkämpfen bis zu diesem Zeitpunkt ausschließlich um den Sieg über Gegner, so schaut man beim Leistungssport nun auf die Uhr, um den Sieger über die Bestzeit zu ermitteln.

Das Transporttempo hat sich mit der Industrialisierung in kürzester Zeit vervielfacht: Von der Pferdeschnellpost über die Eisenbahn, das Auto und das Flugzeug bis zur Rakete. So wurde, was wir seit 250 Jahren »Fortschritt« nennen, vor allem ein Fortschreiten der Beschleunigung. Mit dem »Naturprodukt« Pferd verabschiedete sich zugleich auch der biologische Rhythmus aus dem Transportwesen. Die Vertreibung des Vierbeiners als Arbeits-, Zug- und Lasttier durch maschinelle Pferdestärken war einer jener folgenreichen Schritte, mit dem das Band, das die Zeit und die Menschen mit der Natur verbindet, endgültig durchtrennt wurde.

Wenige Jahrzehnte vor dem Sprung ins dritte nachchristliche Jahrtausend war man bei der Beschleunigung, ohne für diesen durchaus absehbaren Sachverhalt Vorkehrungen getroffen zu haben, am Ende der Wachstumsschnelligkeit angelangt. Seit den siebziger Jahren des vergangenen Jahrhunderts operiert der Informationstransport mit Lichtgeschwindigkeit. Glaubt man den Aussagen der Physiker, ist eine Steigerung hier nicht mehr möglich – eine Aussage, die jedem Kapitalisten einen gehörigen Schrecken einjagt. Liefert die Schnelligkeit nicht mehr länger den Treibstoff für die Steigerung des Wachstums, so ist die Produktivkraftentwicklung gestoppt. Rettung verspricht dann nur noch eine Beschleunigungsstrategie, die Wachstum auf eine andere Art und Weise herbeiführt als durch die Steigerung von Schnelligkeit. So war es denn für den wachstumssüchtigen Kapitalismus kurz vor der Jahrtausendwende höchste Eisenbahn, sich etwas Neues einfallen zu lassen, sonst ginge er dem Ende entgegen.

So viel sei verraten: Der Wachstumsdrang fand damals nicht seinen natürlichen Tod. Der Dampfer ist längst wieder auf Kurs, die Musik spielt ihre Melodien weiter, der Sekt fließt in noch üppigeren Strömen, und ein Geschwindigkeitsrekord jagt bereits wieder den nächsten. Die neue Beschleunigungs- und Wachstumsstrategie ist gefunden und hat sich ökonomisch auch schon erfolgreich etabliert: Erzielt wird das Wachstum nun nicht mehr durch Steigerung der Schnelligkeit, sondern durch Zeitverdichtung, durch die Zunahme der Vergleichzeitigung. Das kapitalistische Gebot lautet nun nicht mehr (nur) »Mach schneller!«, sondern »Mach gleichzeitig!«.

Die neue Strategie der Zeitverdichtung hat sich, unterstützt von einem breiten Arsenal an Multifunktionsgeräten, in Windeseile ausgebreitet und durchgesetzt. Sie ist hochprofitabel, vorausgesetzt, die Agenten an den Finanzmärkten übertreiben es nicht wieder mal mit ihrer Leidenschaft zu riskanter Spekulation. Der Kapitalismus, der kürzlich noch in den Abgrund geschaut hat, kann mithilfe dieser neuen Zeitstrategie munter weiterwachsen. Vieles hat sich dabei verändert: die Zeitkultur, das Zeitdenken und das Zeithandeln und auch das, was die Menschen unter Zeitsouveränität und Zeitfreiheit verstehen.

Eine zentrale Rolle beim Wechsel von der Uhrzeitgesellschaft zur digital beschleunigten Lebenswelt leisten jene Geräte, Instrumente und Maschinen, deren Betriebssysteme in der Lage sind, mehrere Aufgaben gleichzeitig auszuführen. Das sind insbesondere der Computer und seine vielen Abkömmlinge, allen voran die Großfamilie der Smartphones und die Fernsteuerungstechnik. Peter Sloterdijk nennt sie »Potenzmittel«. In relativ kurzer Zeit haben sie Arbeitswelt und Privatleben erobert, inzwischen sind sie allgegenwärtig und so weit akzeptiert, dass sie zur Normalität gerechnet werden können. Mehr oder weniger auffällig haben sie den alltäglichen Umgang mit Zeit verändert. War die uhrenfixierte Industriegesellschaft eine vor allem von Arbeitsteilung, Hierarchie und Herrschaftswissen geprägte Taktwelt, so ist das digitale Dasein eine Zeit und Raum, Kommunikation und Kooperation entgrenzende, flexible und vernetzte Welt. Die Funktionsweise der neuen Technologien unterläuft die Zeigerlogik des »Eins-nach-dem-anderen«. Algorithmen und Apps übernehmen die Rolle von Fließbändern und Stechuhren. Zeitverdichtung und Vergleichzeitigung sind ihre ökonomisch attraktiven Versprechen. Das Potenzial ihrer Funktionsvielfalt lässt sich nicht mehr über eine Taktfolge steuern und auch nicht mehr linear koordinieren und kontrollieren – mit der Konsequenz, dass es nicht mehr die Uhr ist, die für die anfallenden Bedarfe an Zeitkoordination eingesetzt wird, sondern das Smartphone. Es ist flexibler handhabbar und erlaubt elastischere und kurzfristigere Dispositionen als die Uhr und ihre Pünktlichkeitsimperative.

Das Taktprinzip der klassischen Industrialisierung, in der linearen Zeitschiene des Fernsehprogramms medial umgesetzt, verliert an Gestaltungskraft und Wirkmächtigkeit. Nicht anders ergeht es den der Uhrenlogik verpflichteten Fahrplänen öffentlicher Verkehrsmittel: Statt auf den Fahrplan schaut man heute auf sein Smartphone, wo man über Apps oder Twitter-Updates erfährt, wann das Verkehrsmittel *wirklich*, und nicht wie im Fahrplan erhofft, eintrifft. Und das Fernsehprogramm? Das wird längst von Streamingdiensten abgehängt, bei denen den Nutzern jederzeit alle Filme und Serien zu Verfügung stehen – flexibel zur gewünschten Nutzung zusammenstellbar. Alles das führt schließlich dazu, dass die Uhr den Thron abgeben muss, und mit ihr die Pünktlichkeitsmoral.

Wer sich von der aufdringlichen Alltagshetze nicht mitreißen lässt und sich etwas Zeit nimmt, um genauer hinzusehen, wird feststellen, dass Zeitgenossen, die heute noch Pünktlichkeit von anderen und sich selbst verlangen, nicht mehr allzu jung aussehen. Für einen Großteil junger Menschen ist Pünktlichkeit keine situationsunabhängige Tugend mehr. Sie verhalten sich flexibel und erwarten das auch von ihren Mitmenschen. »Pünktlichkeit, wozu eigentlich?«, fragen sie nicht ohne Berechtigung. Zur Flexibilität gehört zwar, dass man, wenn die Situation es erfordert, pünktlich ist, aber ebenso gehört dazu, dass es relativ unproblematisch ist, wenn man dies nicht ist – immer vorausgesetzt, man informiert die, die warten, am besten über das nächste zur Verfügung stehende Multifunktionsgerät. Man ist dann zwar unpünktlich, aber trotzdem verbindlich.

Verallgemeinert man diese Beobachtung, dann geht mit dem Zeitalter der Uhr auch das der Pünktlichkeit zu Ende. In einer immer umfassender zeitverdichteten und flexiblen Gesellschaft kommt den Menschen immer häufiger »etwas dazwischen«. Was dazu führt, dass diejenigen, die weiterhin auf Pünktlichkeit beharren, allerhand verpassen und auf vieles verzichten müssen. Nehmen kurzfristige Wechselfälle im Alltag zu, steigt der Druck, auf Unerwartetes und Überraschendes reagieren zu müssen. Wer ad hoc entscheidet, spontan organisiert und variabel reagiert, kann nicht immer pünktlich sein. Die Maxime des postmodernen Zeithandelns ist, zum richtigen – nicht unbedingt zum vereinbarten – Zeitpunkt am gewünschten Ort zu sein. Das ist kein Verfall der Zeit-Moral (wie von Uhrzeitmenschen manchmal kritisch angemerkt), das ist eine andere Zeit-Moral. Wer dieser folgt, kann sich auf Oscar Wildes Aphorismus berufen, dass uns die Pünktlichkeit die beste Zeit stiehlt. Wer trotz alledem weiterhin großen Wert auf pünktliches Erscheinen legt, wird viel alleine sein.

Zurückdrehen oder aufhalten lassen sich diese Dynamiken der Zeitverdichtung nicht. Zu viele Personen und Gruppen profitieren davon. Viele haben sich inzwischen an die sofortige Verfügbarkeit von Geräten und ihre Funktionsvielfalt gewöhnt, sind Teil jenes eng geknüpften Netzes, das sie zugleich zu Tätern, Opfern und Beobachtern ihres eigenen Zeithandelns macht. Zu gut auch gefallen ihnen die Möglichkeiten der sofortigen Wunscherfüllung und des Jederzeit-Zugriffs auf alles und jedes. Kurzum: Mit den gerätegestützten Potenzialen der Versofortigung und der Vergleichzeitigung verbindet eine größer werdende Mehrheit der Bevölkerung heute Wohlstands- und Freiheitsvorstellungen. Das bedeutet jedoch nicht, dass sie sich deren Dynamiken kritik- und widerstandslos ausliefern, zumal die Belastung der ohnehin schon prekären Ökosysteme durch diesen neuen Beschleunigungsschub tendenziell noch schneller voranschreitet.

Wer die mit dem epochalen Wandel einhergehenden Chancen produktiv nutzen will, muss sich zunächst ein realistisches Bild von ihnen machen. Dazu gehört die Betrachtung der Gefahren, die mit der sich abzeichnenden Rund-um-die-Uhr-Aktivitätsgesellschaft einhergehen. Die Welt der schnellen Zeichen, die den sofortigen Jederzeit-und-Überall-Zugriff zur Selbstverständlichkeit macht, verführt zur Illusion, von sämtlichen zeitlichen Festlegungen befreit zu sein – schließlich lässt sich nun alles jederzeit machen. Trotz aller technischer Prothesen, die der Mensch sich im Laufe der Zivilisationsgeschichte hat einfallen lassen, ist und bleibt Homo sapiens jedoch weiterhin Teil des Naturhaushaltes. In den Worten von Friedrich Engels: »Wir beherrschen die Natur nicht, sondern wir gehören ihr an, stehen in ihr. [...] Schmeicheln wir uns indes nicht so sehr mit unseren menschlichen Siegen über die Natur. Für jeden solchen Sieg rächt sie sich an uns.« Wie unerlässlich und lebensnotwendig es für die Menschen ist, sich als Teil eines stabilisierungsbedürftigen ökologischen Systems zu begreifen, lehrte uns einmal mehr die unserem Zeit und Ressourcen strapazierenden Lebensstil zuzuschreibende Bedrohung durch das Coronavirus.

Die Natur aber, und das gilt für die menschliche Natur nicht weniger als für die übrige, kennt neben den überbewerteten und überstrapazierten Zeitqualitäten Schnelligkeit, Flexibilität und Zeitverdichtung eine große Zahl weiterer Zeitqualitäten. Darunter auch viele »abgebremste« Zeitformen, wie dies Pausen, das Innehalten, das Warten, die Wiederholungen und die Langsamkeit sind. Von ihnen kann der Mensch nicht per Beschluss einfach lassen, um sie, wie die Ökonomie es von ihm verlangt, der Beschleunigung zu opfern. Seine Zeitnatur zwingt ihn, die »abgebremsten« Zeitformen auch zu leben und zu pflegen – selbst wenn der Zeitgeist anderes von ihm verlangt. Das irdische Paradiesprogramm und seine Versprechen, rund um die Uhr und sieben Tage die Woche arbeiten und konsumieren zu können, ignoriert die Naturgebundenheit des Menschen und konfrontiert seine rhythmische Zeitbiologie. Es unterstellt zeitliche Unabhängigkeit und wirbt mit dem falschen Versprechen eines pausenlosen Glückszustands. Netzbasierte Paradiese jedoch unterscheiden sich fundamental von dem Paradies, das im Buch der Bücher beschrieben wird. War das Glück im biblischen Paradies ein wunschloses, so verlangen die vom Marketing und der Werbung offerierten paradiesischen Szenerien eine endlose Wunschproduktion, um glücklich werden zu können.

Dank einer real gewordenen hypereffizienten Nanosekundenkultur produzieren, konsumieren und kommunizieren wir heute mehr als sämtliche vor uns lebenden Menschen zusammen, plündern dabei die Ressourcen des Planeten und bringen ihn an den Rand des Kollapses. So können wir uns eine stetig größer werdende Zahl von Wünschen erfüllen, jedoch nur um den Preis, so viele Wünsche zu haben, dass man sich diese dann doch nicht alle erfüllen kann. Zu den mitgeschleppten Nebenwirkungen unseres Gefangenseins in der Steigerungsspirale einer endlosen Wunschproduktion gehört eben auch die Verweigerung des Zeitwohlstandes und des Erlebnisses des »Genug-Habens«. Solange das Zauberwort, mit dem wir die Türen der Schatzkammern zu den Reichtümern dieser Welt glauben öffnen zu können, »Tempo« heißt, wird sich daran nichts ändern.

Zu einem realistischen Blick auf die Dynamiken der Post-Uhrzeit gehört auch der Hinweis, dass die Potenziale der Zeitverdichtungsstrategie bei Weitem noch nicht ausgeschöpft sind. Wir befinden uns immer noch am Beginn jener Vergleichzeitigungsdynamiken, die dem Flüchtigen, dem Widersprüchlichen und dem Transitorischen zuarbeiten. Mit ihnen einher gehen die Verheißungen einer »Tischlein-deck-dich-Welt«. Die verspricht unrealistische Freiheiten und Unabhängigkeit von der Anbindung an die Kreisläufe der Natur und ihrer Zeitmaße. Es irrt, wer solchen Versprechungen glaubt. Die biologischen Zeitprogramme der inwendigen und der äußeren Natur lassen Zeitautonomie nicht zu. Spätestens beim Stolpern des Herzrhythmus oder wenn ein Stechmückenschwarm den grandiosen Sonnenuntergang am Meeresstrand vermiest muss auch der leidenschaftlichste Multitasker einsehen, dass es mit der Ungebundenheit an die Natur nicht allzu weit her ist. Zeitfreiheit setzt die Einsicht in die Zeitvorgaben der Natur sowie deren Akzeptanz und Beachtung voraus.

Kein Mensch kann sich die Zeitgesetze, die sein Dasein bestimmen, selbst machen und erlassen. Selbst die Naturwissenschaften, allen voran die Physik, die die Zeit als Dimension mit Gesetzlichkeiten zumindest so genau es geht *be*schreiben können, haben ein sehr ambivalentes Verhältnis zur Zeit. Betrachten wir die Entwicklung unseres Zeitverständnisses einmal aus ihrer Sicht.

Kapitel 3

Die Physiker und die Zeit

Eigentlich hassen die Physiker die Zeit. Die Physiker wollen die Zeit nur messen, aber sie merken, dass die Zeit an ihnen nagt. Sie lässt sie nicht nur älter werden, sondern sie passt auch einfach nicht in die Physik der Physiker. Die Physik der Physiker, das ist die Physik der immer und überall reproduzierbaren experimentellen Resultate. Ergebnisse, die zwar nicht hundertprozentig immer exakt die Gleichen sind, aber die im Rahmen experimenteller Fehlerquellen eben nur ganz kleine Schwankungen aufweisen. Vor allem kennt die Physik der Physiker experimentelle Ergebnisse, die sich nicht widersprechen, die sich wiederholen, und zwar möglichst genauso, wie von den physikalischen Theorien vorhergesagt, unabhängig vom Ort oder Zeitpunkt.

Die Physik der Physiker ist immer und überall reproduzierbar, sie ist unabhängig von der Zeit. Aber das stimmt leider nur unter ganz besonderen Umständen, in der Wirklichkeit stimmte es noch nie. Die Zeit ließ sich einfach nicht zähmen. Die Zeit ist nämlich die Welt, wie sie sich verändert, verwandelt und ständig ohne Unterbrechung immer weiterentwickelt. Die Zeit ist nicht verfügbar, weil die Welt nicht verfügbar ist. Die Zeit kann man nicht zurückdrehen, dann müsste man die ganze Welt zurückdrehen. Das kann kein Geschöpf des Universums. Deshalb ist alles unwiederbringlich – die Physiker sprechen vom Irreversiblen. Zeit ist das ganz große Rätsel des Universums. Die Besten unter den Physikern haben sich ihre Hirne zermartert: Wieso hält sich die Zeit bloß nicht an die Regeln der beobachteten Naturgesetze?

Wie im Himmel so auf Erden

Dabei hat alles so schön angefangen, damals vor über vierhundert Jahren. Nikolaus Kopernikus, Tycho Brahe und Johannes Kepler, das erste Dreigestirn der Astronomie, – sie stehen als die ersten Himmelsmechaniker vor der damaligen Welt, denn ihnen gelingt es, den Himmel auf die Erde zu holen, in ihr Studierzimmer. Mit Berechnungen und Beobachtungsinstrumenten, aber noch ohne Fernrohr, schaffen sie es, die Bewegungen der Planeten zu berechnen. Seit über vierhundert Jahren kann man begründet vorhersagen, wo sich wann welche Planeten, ihre Monde, unser Mond und die Sonne befinden werden. So können Mond- und Sonnenfinsternisse, aber auch die merkwürdigen Schleifenbahnen des Mars erklärt werden. Die periodisch wiederkehrenden Vorgänge dort droben am Firmament machen es möglich, die Vergangenheit und die Zukunft des Sonnensystems zu rekonstruieren und vorauszusagen, für fast alle Körper, aus denen es besteht. Insbesondere Johannes Kepler liefert mit seinen drei Gesetzen die Grundlagen der Mechanik des Himmels. Und dank des italienischen Genies Galileo Galilei gelang es, die Vorhersagen des neuen, heliozentrischen Weltbildes gegen alle Widerstände zu bestätigen. Eine neue Welt wird entdeckt, der Himmel wird berechenbar. Reproduzierbarkeit der Ergebnisse wird zum Qualitätsmerkmal Nummer Eins. Von nun an bestimmt das Credo »Wie im Himmel, so auf Erden« die neue Wissenschaft von der Natur, denn wer das Universum berechnen kann, kann alles berechnen.

Und wer rechnen kann, der kann auch die Zeit beherrschen, denn es entsteht ein kosmischer Kalender, genauestens kalkuliert. Dank des britischen Genius Isaac Newton wird alles in einem Naturgesetz zusammengefasst. Die Natur wird in Gleichungen gepresst. Und weil alles im Voraus zu berechnen ist, weil die Welt eine Uhr zu sein scheint, in der alle Zahnräder perfekt ineinandergreifen, wird die genaue Zeitmessung zum Fetisch der beginnenden Neuzeit. Von nun an ist die Zeit im Ticktack der mechanischen Uhren gefangen. Zeit wird zur Zahl, wird in Stunden, Minuten und Sekunden in Schubladen eingeschlossen. Die Newtonsche Mechanik ist pure Berechenbarkeit, hier ist alles genau vorherbestimmt, determiniert. Wer die Orte und Geschwindigkeiten aller Teilchen kennt, der kann dank Newtons Kraftgesetzen die Welt perfekt berechnen, von Ewigkeit zu Ewigkeit.

Dieser Laplacesche Dämon wird zu Beginn des 19. Jahrhunderts den Zeitgeist beherrschen, denn die Mechanik kennt nur Differenzialgleichungen. Sie sagen dem Berechnenden ganz genau, was das Ding in jedem Zeitpunkt unter dem Einfluss der Kräfte macht. In jedem Experiment, in jeder Beobachtung kann man die Uhr wieder auf null stellen und das Ganze geht wieder von vorne los. Und weil sich so auch der Himmel verhält, so perfekt berechenbar, werden Maschinen die neuen Taktgeber. Mathematik und Physik bändigen die Naturzeit und machen aus ihr die dressierte Maschinenzeit. Aus der Urzeit der Natur wird die Uhrzeit des Menschen.

Die Physik ist nicht zu stoppen

Natürlich genießt die Welt der großen Geister damals, im 17. und 18. Jahrhundert, die Sicherheit des deterministisch-mechanischen Weltbildes. In ihm wird die Erde, wird alles was in ihr steckt, zum reinen Gebrauchsgegenstand, den sich der Mensch untertan machen kann. Theologie und Ökonomie finden ein gemeinsames Ziel: Die Unterwerfung der Natur unter den Menschen. Für einige religiöse Strömungen wird der wirtschaftliche Erfolg gar zum Beweis für den göttlichen Segen. Und der Erfolg der Vorausberechnung, der exakten Wiederholung mechanischer Maschinen, der heiligt alle Mittel. Geschwindigkeit, also Weg pro Zeit, wird zum neuen Namen der Zeit. Je schneller umso besser. Maschinen machen es möglich, das alles sich immer schneller bewegt. In Lokomotiven, eingesperrt in ihren Dampfkesseln, rasen die Kolben und Pumpen, mit Geschwindigkeiten, die für Menschen unerreichbar sind. Kräfte und Energien werden dabei freigesetzt und umgesetzt, die jedes menschliche Maß bei Weitem übersteigen. Die neue Physik der Thermodynamik kennt den Druck als Kraft pro Fläche und Kraft ist laut Newton die Änderung der Geschwindigkeit, also Beschleunigung. Je schneller alles wird, je höher die Beschleunigung, desto mehr Druck wird ausgeübt auf die Kolben der Dampfdruckkessel genauso wie auf die Menschen, die die Maschinen betreiben.

Und obwohl bei der physikalischen Beschreibung der Wärmekraftmaschinen zum ersten Mal leise Zweifel an der alten Physik und ihrem Verhältnis zur Zeit geweckt werden, spielt die Zeit in der Physik des 19. Jahrhunderts nach wie vor eine rein passive Rolle. Für Newton und seine Schüler ist die Zeit absolut und lässt sich mit mechanischen Uhren genau messen. Selbst in der Physik der geladenen Teilchen, der Theorie von James Clark Maxwell, der die Gleichungen für elektrische und magnetische Effekte und Erscheinungen zusammenstellte, ist die Zeit nur ein Laufbursche, eine Variable, die beliebig oft wieder von vorne anfangen kann. Zwar braucht er Kraftfelder, die auf die elektrisch geladenen Teilchen wirken, aber die Zeit wirkt nicht, sie wird nur gemessen und gezählt. Einfach die Uhr auf null stellen und jeder physikalische Vorgang wiederholt sich wie gehabt. Von Neuigkeiten kann in dieser Welt keine Rede sein, das Schicksal der Welt liegt in Newtons und Maxwells Hand – Gentlemen mit tickenden Uhren an silbernen Ketten. Selbst die Weltreise wird genau vorausberechnet, wird in 80 Tagen erledigt, garantiert. Auch wenn am Ende der Reise merkwürdigerweise ein Tag übrig bleibt.

Bemerkenswert ist, dass die ersten Zeitgeber alle aus Europa stammen. Das christliche Europa entwickelt die Methoden zur Weltbeherrschung durch Maschinen und Technik. Abgeleitet von der Mechanik des Himmels, der Naturzerlegung in seine Einzelteile und der Reduktion auf möglichst isolierte Bereiche wird der Takt vorgegeben. Die Menschen in Europa nehmen die Zeit selbst in die Hand und sind sich sicher, sie mittels der genauen Messung zu beherrschen. Man weiß sogar, was die Uhr woanders auf unserer Erde geschlagen hat, denn der Planet wird vermessen und aufgeteilt. Zwar gibt es noch störende Jahreszeiten, aber deren Beherrschung scheint auch nur eine Frage der Zeit.

Dieser Erfolg der Physik hat seine ökonomischen und geistesgeschichtlichen Konsequenzen auch außerhalb von Europa. Dank der »neuen Welt« und ihrer unbegrenzten Möglichkeits- und Freiheitsvorstellung wird die Zeit zum Konsumgut, Menschen geben ihre Lebenszeit für Geld her, Maschinen treiben sich und die Menschen an. Die messbare Zeit wird dank Mathematik, Physik und Technik zur Ware und kann nicht nur berechnet und gemessen, sondern auch gespart und besessen werden. Die Technik der elektrischen Maschinen erreicht als Geschwindigkeit Mitte des 19. Jahrhunderts die höchste Grenze des Wirkungstransports im Universum: Der elektrische Strom wirkt mit Lichtgeschwindigkeit. Die Physik drängt den Rand der erkennbaren Wirklichkeit damit in den Alltag der Moderne. So schnell wie nur möglich, es ist geschafft.

Die Geschichte der Natur

Trotz aller Erfolge der Physik regen sich aber immer wieder Zweifel, ob die physikalischen Vorgänge von Raum und Zeit, von Energie und Materie durch Mechanik, Elektrodynamik und Thermodynamik auch wirklich richtig beschrieben werden. Mitte des 19. Jahrhunderts entstehen historische Naturwissenschaften, für die die Geschichte der Natur grundlegend ist. In der Biologie tritt die Evolution, die Entwicklung des Lebens, in den Mittelpunkt. Man entdeckt, dass das Vorher über die Möglichkeiten des Nachher entscheidet. Lebewesen passen sich an und vererben an ihre Nachkommen neue Eigenschaften, die zwar nur durch Zufall als Mutation entstanden sind, die aber bleiben, sich in den folgenden Generationen sogar bevorzugt erhalten und sich immer weiter entwickeln.

Woher kommt diese Energie des Lebens? Hat sie einen anderen Ursprung als die Energien der Physik, oder können Lebewesen auch mittels physikalischer Naturgesetze beschrieben werden? Hält sich das Leben an diese Gesetze? Oder steht es etwa außerhalb der Natur? Natürlich nicht! Je besser der Aufbau der belebten und unbelebten Materie bekannt wird, umso deutlicher wird die ununterbrochene Verbindung zwischen Leben und Umwelt, zwischen toter und lebendiger Materie. Überall herrschen die gleichen Gesetze, wie sich Atome zu Molekülen verbinden, wie Energie und Materie ausgetauscht werden. Und da tauchen sie wieder auf, die Zweifel an der Physik der einfachen Prozesse, denn wenn das stimmt, dann sind fixe Vorhersagen wie bei den Himmelserscheinungen nicht mehr möglich. Man kann bei einem Lebewesen die Zeit nicht zurückstellen, denn es entwickelt sich vom Zeitpunkt seiner Geburt hin zum Tod. Und man kann es nicht beliebig auseinandernehmen, denn sonst stirbt es. Lebendig sein bedeutet, eine besondere Organisationsform nicht nur einmal zu bilden, sondern sie zu erhalten, mit Energie zu versehen und Abfallstoffe abzutransportieren. Leben ist nicht zurückführbar – der Traum vom Jungbrunnen bleibt ebenso unerfüllt wie der Traum vom Reisen in der Zeit, denn auch unser Planet als Ganzes unterliegt einer Entwicklung, einer planetaren Evolution.

Und damit sind wir bei der zweiten historischen Naturwissenschaft, der Geologie, der Kunde vom Planeten Erde und seiner Geschichte. Hier zeigt sich durch die Funde der Fossilien und der Untersuchung der Kontinente, dass sich die Erde ständig verändert. Die Erosion von Wind und Wetter verwandelt Küsten in Meeresboden, trägt die Berge ab und zertrümmert Gesteine zu Sand. Auch in den Meeren strömt und strudelt es, die Flüsse transportieren Land ins Meer und aus den Vulkanen tritt glutflüssiger Gesteinsbrei explosionsartig an die Oberfläche. Bereits im 19. Jahrhundert war klar, dass sich die Dynamik der Erde nur in Zeitläufen von Milliarden Jahren erklären ließ. Auch das Leben selbst hat nicht in den hoch entwickelten Formen der Jetztzeit begonnen, sondern muss sich über viele Milliarden Jahre entwickelt haben. So wird auch hier, in der Geologie, die Zeit aus ihrer passiven Rolle entlassen, sie ist die Herrin des Geschehens, die Bedingung der Möglichkeit für all die Neuerungen und Veränderungen, die sich in Flora und Fauna auf dem Planeten Terra vollzogen haben müssen. Nicht zuletzt wird sogar der Mensch selbst ein Gegenstand naturhistorischer Betrachtung. Auch Menschen waren nicht immer so wie heute, sondern sind das Ergebnis einer langen Evolution. Als Darwin diese Thesen veröffentlichte, war das ein Schlag ins Gesicht all derjenigen, die sich für die alles beherrschende Krone der Schöpfung hielten.

In der Physik hielt man diese Historisierung zunächst für ein eher marginales Problem: Wenn man nur genügend forschen würde, dann würde sich alles schon mechanisch lösen lassen. Das Unvorhersehbare der Naturgeschichte, das Irreversible und deshalb nicht Zurückführbare wurde einfach ignoriert. Stattdessen machte man in der Physik weiter mit einer Zeit, die sich nicht einmischt in die Vorgänge.

Einstein dehnt die Zeit

Während um die Physiker herum in Geologie und Biologie die Geschichte der Erde und des Lebens immer mehr im Mittelpunkt stand, stand die Zeit der Physiker still. Das heißt, sie stand nicht wirklich still, aber sie war jederzeit schnell wieder zurück auf $t = 0$ gestellt. Die Physiker hatten ein ziemliches Problem mit der Geschwindigkeit, mit der sich Licht ausbreitete. Offenbar war die nämlich immer gleich, ganz egal, wie schnell oder langsam sich eine Lichtquelle bewegte. Das war insofern merkwürdig, als bis dahin jede bewegte Schallquelle oder Wasserkanone wie erwartet Auswirkungen auf die Geschwindigkeit der Schallwellen oder des Wassers hatte. Die Geschwindigkeiten addierten sich einfach. Beim Licht stimmte das aber nicht. Alle Experimente zeigten ganz eindeutig, dass die Geschwindigkeit, mit der sich elektromagnetische Strahlung ausbreitet, immer gleich bleibt, unabhängig von der Bewegung der Strahlungsquelle. Der Mann, der dieses Problem löste, hieß Albert Einstein. Er veröffentlichte im Jahr 1905 einen Artikel mit dem Titel »Die Elektrodynamik bewegter Körper«, der Anfang der speziellen Relativitätstheorie. Einstein startete mit folgender Annahme: Die Lichtgeschwindigkeit ist eine Konstante, unabhängig vom Bewegungszustand der Lichtquelle. Vergleicht man Signale aus zwei verschiedenen, sich mit konstanter Geschwindigkeit aufeinander zubewegenden Bezugssystemen, ergibt sich aus dieser Annahme, dass sich Zeit und Raum ganz anders verhalten, als uns ansonsten bekannt – aber nur, wenn die relative Geschwindigkeit nahe bei der Lichtgeschwindigkeit liegt. Dann, so Einsteins Gleichungen, gehen Uhren umso langsamer, je schneller sie sich bewegen. Aber Achtung, hier geht es um die Zeit, die die Uhr anzeigt. Bewiesen wurde diese Vorhersage im 20. Jahrhundert durch eine ganze Reihe von Experimenten, vor allem mit Elementarteilchen, die bis auf Lichtgeschwindigkeit beschleunigt wurden.

In der zehn Jahre später entwickelten allgemeinen Relativitätstheorie ergibt sich noch zusätzlich, dass eine Uhr tief im Gravitationsfeld im Vergleich langsamer geht, als wenn sie weiter davon entfernt ist. Dies wurde in Experimenten hier auf der Erde tatsächlich nachgemessen. Auf einem Turm von nur 20 Meter Höhe geht eine Uhr bereits schneller als auf dem Erdboden. In einem schwarzen Loch würde eine Uhr einfach stehen bleiben. Die Uhr, nicht die Zeit!

Denn die Zeit bleibt auch bei Einstein immer nur in der Uhr. Seine Relativitätstheorien behandeln die Zeit auch nur als messbaren, quantitativen Parameter, nicht als Qualitätsmerkmal für Veränderungen, als Ausdruck für Geschichte. Die Zeit Einsteins ist immer passiv, auch wenn sie sich als Uhrzeit im Vergleich zu dehnen scheint. Übrigens: Egal, wie langsam die Uhren der Relativitätstheorien auch immer gehen mögen, Reisen zurück in der Zeit sind auch dort unmöglich. Auch wenn Einstein mal behauptet haben soll, die Zeit sei nur eine Illusion, auch er ist in der Zeit gealtert.

Die geteilte Zeit der Quantenmechanik

Auf der Suche nach der verlorenen Zeit waren die »goldenen Zwanzigerjahre« fast ein Totalverlust. Nach dem ersten Weltkrieg lief die Inventur der Natur auf vollen Touren. In diesen zehn Jahren haben sich die Physiker vor allem der Struktur der Materie zugewandt. Nun ging es in die Tiefe der Dinge: Aus welchen Teilchen besteht die Materie? Das war die große Frage, der alle Genies der theoretischen und experimentellen Physik auf der Spur waren. Und da diese elementaren Teilchen per Definition ewig existieren, also zeitlos und für immer, hätte eine Diskussion über die Zeit dabei nur gestört.

Dieses Beiseiteschieben der Zeit zog sich bis fast ans Ende des zwanzigsten Jahrhunderts. So lange wird an immer größeren Beschleunigern gebastelt, um das Credo der Quantenmechanik »Alles ist quantisiert und quantifizierbar, zählbar, auch die Energie« in die Tat umzusetzen. Denn je kleiner die Teilchen sind, die da ewig umeinander herschwirren, die sich sogar im völlig leeren Raum in Materie-und-Antimaterie-Paaren immer wieder zeigen, umso größer muss die Energie der Anlagen werden. Will man kleine, ewige Teilchen entdecken, braucht man kilometerlange Beschleuniger, unter Tage, wo die Teilchen im Kreis rasen, bis sie die Lichtgeschwindigkeit erreichen. Dort, so die Relativitätstheorie, steht die Zeit. Die Teilchen sind dann tatsächlich ewig, weil sie zeitlos sind.

Zeit ist für diese Physiker-Generation keine Messgröße, hat keine Bedeutung. Auch wenn sie selbst darüber alt werden. Ihre Suche nach den allerletzten, nicht mehr teilbaren Grundbausteinen der Materie, das war die große Ära der Physik. Eröffnet haben sie die Quantenmechaniker Heisenberg, Schrödinger, Pauli, Stern, Gerlach, Bohr und viele andere Nobelpreisträger. Aber die Zeit spielte bei der Formulierung und Überprüfung der Quantenmechanik und ihrer Nachfolger nie eine Rolle. Die Zeit blieb ein Stiefkind, sie war in Uhren gefangen, die Atome machen immer dasselbe, und sie war zumeist in so winzigen Zeiteinheiten überhaupt relevant, dass niemand sich darüber ernsthaft Gedanken machte.

Naja, nicht ganz, denn die Entdeckung des radioaktiven Zerfalls mancher Atomkerne machte es zum ersten Mal möglich, das Alter von Gesteinen und damit der ganzen Erde zu bestimmen. Die Kernphysik teilte den Geologen mit, dass die Erde über 4,5 Milliarden Jahre alt sein müsse, denn man habe Kerne entdeckt, die als Tochterprodukte bei radioaktiven Zerfällen entstünden, deren Zerfallszeit bei 4,5 Milliarden Jahren liege. Und nicht nur solche alten Zerfallsuhren wurden entdeckt, sondern auch viele ganz kurze, darunter die Uhr des Kohlenstoffs, dessen eine Variante mit einer Halbwertszeit von 5.730 Jahren zerfällt und damit für die Archäologen und Anthropologen enorm wichtig ist. Mumien der Pharaonen, aber auch Neandertaler und Cro Magnon lassen sich damit datieren, denn alle bestehen als Lebewesen aus Kohlenstoff, und ein wenig von der radioaktiv zerfallenden Variante ist da immer dabei. Das Alter der Dinge konnte dank der zerfallenden Kerne nun bestimmt werden. Damit hätte man eigentlich eine richtige Naturgeschichte erzählen können, aber das wollten die Mechaniker der Quanten nicht. Sie suchten nach elementaren Bausteinen und grundlegenden Theorien, da würde eine Geschichte von Entwicklung und Veränderung nur stören.

Unterm Strich: Die Zeit war auch bei der Quantenmechanik dabei, aber eben wieder nur als Uhrwerkzeit. Nur war das Uhrwerk jetzt eben die Materie selbst. Nicht umsonst messen Atomuhren als präziseste Uhren der Welt mithilfe der neu entdeckten zerfallenden Kerne. Schon die moderne Definition einer Sekunde als das 9.192.631.770-fache der Periodendauer der elektromagnetischen Strahlung, die dem Übergang zwischen den beiden Hyperfeinstrukturniveaus des Grundzustandes von Atomen des Kerns ^{133}Cs entspricht, verrät die enge Verbindung zwischen Materieaufbau durch Atome (mit Atomkernen, die von Elektronen in wohldefinierten Energieniveaus umschwirrt werden) und der Messung der Zeit. Gerade aber diese Präzision der Bestimmung von Zeit verweist auf die neuen Möglichkeiten der exakten Messung in allen Bereichen. Aus der Quantenmechanik folgt als technische Neuerung die Technik der digitalen Signalverarbeitung mittels Stoffen, deren Eigenschaften sich nur dank der Quantenmechanik verstehen und künstlich erzeugen lassen. Die gesamte Digitalisierung, eine ganze Armee von Technologien für automatische Kontrolle, Steuerung und vor allem Kommunikation, fußt auf den Erkenntnissen der 1920er. Die Quantenmechanik macht es möglich, die Währung Zeit in den kleinsten möglichen Münzen zu messen und zu zählen.

1929 allerdings geschieht, weitgehend unbemerkt, eine kosmische Revolution, ganz ohne Opfer und Bastille. Nur ein katholischer Priester, ein Astronom und ein großes Teleskop reichten aus, um den Anfang aller Anfänge, den Tag ohne Gestern zu entdecken.

Die Geburt der Zeit – mit und ohne Uhr

Erst in den 1920ern begann man in der Astronomie zu verstehen, dass das Universum viel größer und auch viel älter ist, als man sich das in den kühnsten Träumen vorstellen konnte. Erst 1923 gelang es Edwin Hubble mittels ausgeklügelter Beobachtungen zu beweisen, dass milchige Nebelflecken am Himmel keine Gaswolken der Milchstraße waren, sondern selber Galaxien wie die Milchstraße. Von einem Tag auf den anderen wuchs das Universum von 100.000 Lichtjahren auf Milliarden Lichtjahre.

Schon der Begriff Lichtjahr verrät den Wahnsinn, die absurde Größe des Raumes und der Zeiträume des Kosmos. Licht legt knapp 300.000 Kilometer pro Sekunde zurück, es braucht von der Sonne acht Minuten, um die Erde zu erreichen. Die Strahlung der Sterne in Andromeda war über 2,5 Millionen

Jahre auf dem Weg, bevor es unsere Teleskope erreicht. Und das ist nur die unmittelbare kosmische Nachbarschaft. In den folgenden Jahren wurden immer weiter entfernte Galaxien und Galaxienhaufen entdeckt.

Und dann entdeckte wieder der geniale Edwin Hubble im Jahre 1929, dass Galaxien sich offensichtlich umso schneller von der Milchstraße entfernen, je weiter sie bereits von uns entfernt sind. Zwei Jahre zuvor hatte ein belgischer Priester, Georges Lemaître, die Idee niedergeschrieben, dass das Universum expandiere, das alle Objekte sich im Universum voneinander entfernen. Damit war der Gedanke in der Welt, dass der Kosmos einen Anfang gehabt haben muss. Denn wenn es sich ausbreitet, dann war es gestern kleiner, vorgestern noch kleiner – und dann war es vor sehr langer Zeit so klein wie ein Atom, oder sogar ein Atomkern. Dieser Moment war der Anfang von allem, auch der Zeit. Damals begann der kosmische Zeitpfeil, der seitdem ungebremst immer weiter rast und das Universum auseinandertreibt. Gleichzeitig kühlt es sich ab, also konnte eine Zeit-Temperatur-Beziehung berechnet werden – »Hey Universum, sag mir deine Temperatur und ich sage dir, wie alt du bist«.

Die ganz große Uhr hat damals zu ticken begonnen, eine, die niemals mehr auf null gestellt werden kann. Nichts kann mehr zurückgenommen werden, der Raum zwischen den Galaxien wächst immer weiter, immer neue Dinge entstehen. In der kosmischen Geschichte passiert ständig was Neues. Gas verdichtet sich zu Galaxien, in Galaxien entstehen Sterne, die alle Elemente des Periodensystems erbrüten. Sterne explodieren, ihre Hüllen rasen in den Raum zwischen den Sternen und machen die Entstehung von Planeten möglich – und damit auch die Entstehung des Lebens.

Die größte Geschichte aller Zeiten konnte nun endlich erzählt werden. Die Astronomie wird zur Geschichtswissenschaft, zur Ahnenforschung. Von nun an ist alles mit der Zeit verbunden, die Zeit wird zur Grande Dame der Natur. Sie wird zum wichtigsten Bindemittel zwischen allen Naturwissenschaften. Wann war das Universum so heiß wie ein Kernreaktor, wann gab es die ersten Sterne und wann entstanden die ersten Planeten? Alles eine Frage der Zeit. Sie hatte jetzt Eigenschaften, Qualitäten, war der reinen Messung durch Uhren entzogen. Es war die Kosmologie, die Wissenschaft vom ganzen Universum, die alles miteinander verbindet, das Allergrößte mit dem Allerkleinsten. Die Kosmologie war auch die Hebamme der Zeit, als Maß für Veränderung, für Entwicklung bis hin zur Evolution des Lebens.

Nach all den Jahrhunderten der Entdeckungen und Experimente steht die Physik der Zeit jetzt vor der Phase der Synthese, des großen Zusammendenkens aller Facetten der Natur. Und es zeigen sich noch ganz andere Qualitäten der Zeit, ihre Fähigkeit etwa, komplexe Systeme so zu verändern, dass sie bleiben, dass sie überleben und sich an die neuen Zeiten und ihre Bedingungen anpassen. Die Zeit wird entscheidend und empfindlich.

Die Zeit der Wirklichkeit

Seit Kurzem hat sich die Zeit in der Physik also Gehör verschafft. Sie ist nicht mehr die passive Größe, die man einfach wieder auf null stellen kann, wenn es dem Experimentator gefällt. Und auch die Theorien haben aufgehört, die Zeit nur als völlig freien Parameter zu behandeln, der nur als Laufvariable ein Mauerblümchendasein spielt. Spätestens seit dem Bericht des »Club of Rome« über die Grenzen des Wachstums 1972 macht man sich auch in der Physik sehr intensive Gedanken über den Verlauf der Dinge. Die Physik will die Wirklichkeit beschreiben und erklären.

Das grundsätzliche Problem der Physiker ist, dass das Experiment isoliert, die Wirklichkeit aber verbindet. Physikalische Experimente auf der Suche nach den reinen Phänomenen, wie Elementarteilchen oder möglichst ungestörten Prozessen, sind Isolierstationen. Sie trennen das im Experiment Untersuchte explizit von der Umgebung, der Realität ab. Man findet keine Elementarteilchen auf der Wiese oder im Supermarkt. Man findet sie in Beschleunigeranlagen, bei sehr niedrigen Dichten, mit starken Magnetfeldern und unter Tage. Der große Hadronenbeschleuniger in der Schweiz liegt hundert Meter unter der Erdoberfläche und besteht aus einem Ring von 27 Kilometer Länge, der evakuiert wird, bevor man mit supraleitenden Spulen, die bei drei Kelvin knapp über dem absoluten Nullpunkt gehalten werden, so starke Magnetfelder erzeugt, dass man die elektrisch geladenen Teilchen auf ihre Bahnen zwingen kann. Die Präzision dieser Experimente dort ist so, als ob man in New York eine Nähnadel mit Lichtgeschwindigkeit über den Atlantik jagt, die in Lissabon durch ein Nadelöhr fliegt. Und zwar treffgenau jedes Mal! So genau muss die Physik heute sein.

Solche und viele andere Experimente zeigen, wie gut die Physik im Messen von Längen und Zeiten und damit auch Geschwindigkeiten heute ist. Und doch sind es immer isolierte Experimente, grandiose Einzelstücke, aber eben nicht das Gesamtkunstwerk Wirklichkeit.

In der Wirklichkeit passiert unglaublich viel, und zwar gleichzeitig. In der Wirklichkeit vollzieht sich ständig Veränderung, hängen einzelne kleine Prozesse mit dem großen Ganzen so zusammen, dass man beides nicht voneinander trennen kann, ohne alles zu zerstören. Die Wirklichkeit ist mehr als die Summe ihrer Teile. Je deutlicher die Konsequenzen der getrennten Inventur der Einzelteile der Natur und ihrer technischen Umsetzung wurden, umso klarer wurde die Bedeutung der Zeit als aktivem Teil dieser Wirklichkeit.

In Wahrheit nämlich ist die Zeit die Bedingung der Möglichkeit, dass sich etwas verändert. Vom Vorher hängt in Wirklichkeit alles ab für das Nachher. Und damit ändert sich auch für die Physik alles. Denn in wirklichen Systemen regiert die Zeit den Raum. Was im Raum überhaupt physikalisch passieren kann, hängt von den vorherigen Veränderungen ab.

Diese neue, zeitfokussierte Physik beschreibt zunächst viele alte Fragen. Sie nimmt sich der Vergangenheit als konstitutivem Gegenstand an. Nach der über vier Jahrhunderte vollzogenen Forschung nach den notwendigen Naturgesetzen und deren Auswirkungen kommt jetzt den Anfangsbedingungen und Randbedingungen dieser Naturgesetze in der Physik eine immer größere Bedeutung zu. Sie stellen nämlich den »Tatsachengehalt der Welt« dar, wie Bernd Olaf Küppers es einmal in seinem Buch *Die Berechenbarkeit der Welt* genannt hat. Dem platonischen Ideal der vollständig mathematischen theoretischen Physik mit ihren Gleichungen, Symmetrien und ewigen Prinzipien steht jetzt das Einzigartige, Unmittelbare und stetig sich Wandelnde der Realität gegenüber. Klima und Leben, Chaos und Komplexität, Nichtlinearität und Rückkopplung, dass sind die neuen Zauberworte der Physik. Und an allem nagt der Zahn der Zeit.

Aus der ewig den Kosmos durchdringenden Zeit des Universums eines Newtons oder Einsteins oder auch des quantenmechanischen Tickens eines Heisenbergs oder Bohrs wird die Zeit der Wirklichkeit. In ihr zerspringen Tassen, sterben Menschen, wachsen Bäume, wehen Winde und brennen Häuser. Ob das Klima sich demnächst radikal ändert, hängt von allem ab, was vorher und jetzt passiert. Ob Leben auf einem Planeten entstehen kann, hängt vom Vorher ab, aber auch vom Drumherum, das sich eben ständig ändert. Wäre Leben so passiv wie die Zeit der Differenzialgleichungen der Physik, dann würde es kein Leben geben. Die Wirklichkeit reagiert auf sich selbst, und zwar sehr empfindlich. Komplexe Systeme sind derart mit- und ineinander vernetzt und rückgekoppelt, dass bereits kleinste Variationen dramatische Auswirkungen haben können.

Die guten alten Zeiten der Himmelsmechanik und ihrer präzisen Vorhersagen sind damit vorbei. Prognosen sind für komplexe Systeme ganz schwierig. Aber auch das sind alles Erkenntnisse der Physik. Sie untersucht heute eben auch solche wirklichen, komplexen Systeme, und zwar mit den erfolgreichen Methoden der Experimente und Theorien. Sie verbindet den »alten Erfolg« mit neuen Herausforderungen, indem sie der Zeit Rechnung trägt. Stabilität und Widerstandsfähigkeit von natürlichen Systemen sind abhängig von ihrer Geschichte. Je mehr Optionen, also Möglichkeiten ein System besitzt – man könnte auch sagen: je vielfältiger es aufgebaut und vernetzt ist –, umso stabiler reagiert es auf äußere Störungen. Dazu gehört vor allem auch zeitliche Vielfalt. Viele ineinander geschachtelte Hierarchien von Prozessnetzen und Prozessketten machen ein natürliches System zu dem, was es ist – ein höchst anpassungsfähiges Netzwerk. In seiner höchsten Ausformung ist dies das Leben, unter anderem das menschliche Leben und dort ganz besonders das Selbstbewusstsein. In uns wird sich Materie ihres Selbst bewusst.

Und das hat natürlich Konsequenzen.

Die Zeit und wir

Die Physik als die technische Leit- und Grundlagenwissenschaft entscheidet darüber, wie wir mit der Zeit umgehen. Ihr Erfolg über die Jahrhunderte begründet das große Vertrauen, das die Gesellschaft in die Ergebnisse physikalischer Forschung heute hat. Die Vorstellung einer von allem völlig unabhängigen Zeit, die von den mechanischen und später elektrischen und quantenmechanischen Messinstrumenten und Uhren scheinbar gebändigt und damit auch beherrscht und manipuliert werden kann, gehört in das Arsenal der Physik des Seins. Uhren sperren die Zeit in Takt und Maschine ein und machen sie uns untertan – so wie es über drei Jahrhunderte die Aufgabe der Naturwissenschaften insgesamt war, den biblischen Auftrag »Macht Euch die Erde untertan« zu erfüllen. Die Inventur der Natur hat uns einen Begriff von Zeit gegeben, der starr und fest ist. Eine Zeit, mit der wir machen können, was wir wollen. Das hat sich natürlich auch in unseren Technologien und in unserem Umgang mit den Rhythmen der Natur niedergeschlagen.

Die neue Physik des Werdens, des sich Entwickelns, wie Ilya Prigogine, Nobelpreisträger in Chemie, es einmal genannt hat, verfolgt einen ganz anderen Begriff von Zeit. Die Physik der komplexen technischen und natürlichen Systeme berücksichtigt die unterschiedliche Dynamik der verschiedenen Zeitformen. Sie nimmt vor allem auch die einzelnen Ereignisse als wichtige Bestandteile der Wirklichkeit in den Fokus. Wenn nämlich vernetzte und rückgekoppelte komplexe Prozessketten, seien sie nun natürlich oder technisch, so empfindlich von der mittelbaren und unmittelbaren Vorgeschichte der Umgebung abhängig sind, dann kommt es im wahrsten Sinne des Wortes auf jeden Augenblick an. In einem Moment kann sich alles entscheiden, wenn ein System im entsprechend angespannten Zustand ist. Ob es sich dabei um ein fast vollständig gefülltes Glas Wasser handelt, eine Tasse direkt an der Tischkante oder unser Klima, immer ist es möglich, dass unmittelbar danach etwas Unwiderrufliches passiert. Eine Entscheidung findet statt, und damit werden alle Optionen zerstört. Eine Entscheidung, ob nun persönlich, technisch oder natürlich, ist immer zugleich Verzicht auf alle wegfallenden Optionen – die neue Situation folgt und damit ist alles anders.

Unsere Verantwortung für unsere Entscheidungen, vor allem als technisierte Gesellschaft, speist sich aus den Kenntnissen der alten und der neuen Physik. Diese neue Physik der Komplexität, der sich selbstorganisierenden technologischen und natürlichen Systeme, macht den Weg frei für eine ganz neue Sicht auf die Zeit. Sie ist nämlich alles andere als kristallhart, starr und unverrückbar. Sie ist nicht nur eine gemessene Zahl, eine Quantität.

Im Zusammenspiel der verschiedenen Hierarchieebenen beginnen Zeiträume, sich wechselseitig zu beeinflussen. Langsame natürliche Vorgänge werden beeinflusst von unseren schnellen und intensiven Eingriffen in natürliche Rhythmen. Aber genauso wirken diese langsamen Vorgänge auf uns zurück. An unserer eigenen Lebenszeit zum Beispiel können wir nichts drehen und ändern. Aber wir können bei dem, was wir tun, an die nächsten Generationen denken. Die Zeit unserer Kinder und Kindeskinder wird maßgeblich durch unsere heutigen Entscheidungen bestimmt werden. Und gerade die rein natürlichen Sphären von Erde, Luft und Wasser auf unserem Planeten unterliegen einem uralten Wechselspiel, das sich von unseren Zielen und Zwecken nicht ein Jota beeinflussen lässt. Aber wir können durch entsprechenden Respekt und Rücksicht für die nachfolgenden Generationen Spielräume schaffen. Spielräume für neue Optionen, für Möglichkeiten neuer Übergänge, für sehr positive Überraschungen. Pflanzen wir ihnen aber einen völlig unangemessenen Begriff von Zeit ein, der mehr Maschinen als Lebewesen entspricht, wie es zum Beispiel durch den ungeregelten Einsatz von Algorithmen und Computern geschieht, dann nehmen wir der Zukunft ihre Zukunft.

Je mehr wir von der Zeit verstehen, umso klarer wird unsere Stellung in der Welt. Wir sind das Tier, das mit der Zeit umgehen kann. Zeit als Partner, die sich mit uns durchs Leben bewegt und ihm eines Tages auch ein Ende machen wird. Zeit aber auch als etwas Unverfügbares, das sich weder durch Maschinen noch durch Uhren gängeln, drangsalieren oder gar beherrschen lässt. Die Physik beschäftigt sich per definitionem nur mit dem, was sich messen und zählen lässt. Die, die Physik betreiben, sind in diesem Sinne die Messinstrumente ihrer eigenen Lebenszeit. Insofern liefert sie uns schon immer nur eine sehr beschränkte Vorstellung von Zeit. Wenn wir das verstehen, dann werden wir nicht mehr nur auf die Uhr gucken. Dazu ist es nie zu spät.

Kapitel 4

Uhrzeitfolgen

Zeit erfahren wir in organisierter Form, als Opfer einer vorgegebenen, hinzunehmenden Ordnung oder als Täter einer gestaltbaren Ordnung. Im Laufe der Menschheitsgeschichte haben sich die Ordnungsvorstellungen immer wieder verändert. Das aber bedeutet: Der gegenwärtige Umgang mit Zeit könnte auch ganz anders sein.

Naturzeit und Uhrzeit

Seit die mechanischen Uhren zu Beginn der Moderne ihren imponierenden Siegeszug gestartet haben, leben mitteleuropäische Menschen in und mit zwei Zeiten. Der veruhrzeitlichte Mensch kann sich zeitlich gesehen nicht genügen. Er braucht eine zweite, seiner Zeitnatur näherstehende Zeitreferenz. Es sind daher zwei Zeiten mit zwei unterschiedlichen Zeitmustern, die seit dem Ende des Mittelalters dem zeitlichen Dasein der Menschen Gestalt und Qualität verleihen. Das sind zum einen die Zeiten der inneren und der äußeren Natur, zum anderen die Zeit der mechanischen Uhr. Das Zeitleben des modernen Menschen ist eine Kombination aus evolutionärer Prägung (Naturzeit) einerseits und soziokultureller Erfahrung (Uhrzeit) andererseits.

Uhrzeit ist leblose Zeit – Minute um Minute, Sekunde um Sekunde wiederholen sich monoton, einförmig und uniform. Die Uhr formiert die Zeiten, die der römisch-griechische Philosoph Plotin einst ein kostbares Geschenk der Natur an die Menschen nannte, zu einer »grauen« Einheitszeit. Sie ignoriert die bunte Vielfalt der real existierenden Zeiten. Anders hingegen die evolutionär geprägten Zeiten der lebendigen Zeitnatur: Keine Stunde gleicht hier der anderen, keine Minute, keine Sekunde der vorangegangenen. Die Uhr trennt die Zeit von ihrem Ereigniszusammenhang und vermittelt die Illusion einer abstrakten, messbaren und steuerbaren Zeit.

Nicht nach der Zeit der Uhr richtet sich unser Zeitempfinden. Unserem Empfinden geben, dies gilt auch für das Zeiterleben und das Zeitgefühl, die evolutionär geprägten Körperzeiten ihre Färbung und ihre Gestalt. Stunden, Minuten und Sekunden sind unterschiedlich breit, sie vergehen wie im Flug oder können sich endlos zäh hinziehen. Eine begeisternde Theateraufführung lässt die Zeit verfliegen, die Schlange der Wartenden an der Theaterkasse macht sie zu einer quälenden Erfahrung. Älteren Zeitgenossen vergeht die Zeit zu schnell, Teenagern zu langsam, Arbeitslose klagen über zu viel, Führungskräfte über zu wenig Zeit. Franz Kafka schilderte 1922 in seinem Tagebuch deutlich diesen Konflikt zwischen Uhrzeit und subjektivem Zeiterleben: »Die Uhren stimmen nicht überein, die innere jagt in einer teuflischen oder dämonischen oder jedenfalls unmenschlichen Art, die äußere geht stockend ihren gewöhnlichen Gang. Was kann anderes geschehen als dass sich die zwei verschiedenen Welten trennen und sie trennen sich oder reißen zumindest aneinander in einer fürchterlichen Art.«

Uhrzeit repräsentiert den Anspruch, eigenmächtig über Zeit entscheiden zu können; die Zeiten der eigenen und der äußeren Natur hingegen stehen für die Realität, das Leben in

Abhängigkeit von den Zeitgesetzen der Natur und des Kosmos führen zu müssen. Die Abstimmung mit der Uhr braucht man, um Zeit zu quantifizieren, sie zu zählen, zu messen und in Geld zu verrechnen. Abstand zu ihr hingegen ist zu empfehlen, wenn man die Zeit in der Vielfältigkeit ihrer Qualitäten und Formen erleben, wahrnehmen, erfahren und genießen will. Gefüllte Zeiten brauchen Uhren, erfüllte Zeiten die Distanz zu ihnen. »Wenn man eine Frau liebt, misst man nicht Länge und Umfang ihrer Beine.« (Picasso) Uhrzeit ist abstrakte Zahlenzeit, Naturzeit ist Erlebniszeit.

Das seit einem halben Jahrtausend existierende »Zweiparteiensystem« des Zeitlebens stellt die Menschen vor die Wahl, zwischen einer toten Standardzeit und den Zeitsignalen der biologischen Zeitnatur wählen zu müssen. Diese Wahl kommt der zwischen Takt oder Rhythmus gleich. Denn: Naturzeit und Uhrzeit unterscheiden sich vor allem durch ihre Zeitmuster. Die Uhr ist vertaktet, die Natur rhythmisiert. Takt und Rhythmus unterscheiden sich wie Tanzen und Marschieren. Der Takt wiederholt ohne Elastizität, ohne Abweichung, Rhythmen hingegen sind die Bewegungsfolge des Ähnlichen, die Wiederkehr des Verwandten, die Wiederholung des Vergleichbaren. Rhythmen, nicht Uhrentakte, sind die Schöpfer der Zeit, sind das Zeitmuster des Lebendigen. Rhythmen verbinden die Menschen, die ja auch Naturwesen sind, mit der Zeit. Ein Leben ohne Rhythmen ist nicht vorstellbar und wäre auch nicht zu wünschen.

Die Vermessung der Welt

> In ihren Händen wird aus allem Ware.
> In ihrer Seele brennt elektrisch Licht.
> Sie messen auch das Unberechenbare.
> Was sich nicht zählen lässt, das gibt es nicht!
> *Erich Kästner*

Mit der Uhr, glaubt der abendländische Mensch, habe er das »Rätsel Zeit« gelöst. Uhren lassen die Zeit als steuerungsfähige Größe erscheinen und suggerieren so die Verfügung über sie. Das aber ist ein großer Irrtum. Die Uhren sagen uns zwar, wie spät es ist, sie sagen uns jedoch nichts über die Qualität der Zeit.

Allein die wachsende Zahl an Zeitproblemen, die die fortschreitende Veruhrzeitlichung der Gesellschaft im Gepäck mit sich führte, spricht gegen die Unterstellung, die Menschen hätten die Zeit im Griff. Von Tag zu Tag steigen Aufwand und Schwierigkeiten, eine stetig steigende Zahl von Terminen und Fristen auf die Reihe zu bekommen. Die Bahn – und neuerdings auch der Luftverkehr – scheitert Jahr für Jahr daran, ihre vertakteten Fahrpläne einzuhalten. Denn wahr ist: Die Uhren haben die Menschen nicht, wie ihnen versprochen wurde, zu Herren der Zeit gemacht, sondern zu Messdienern der Uhr. Die kleinteilige Zeitbestimmung stetig genauer gehender Uhren veränderten die Denkgewohnheiten der Menschen im Hinblick auf das Zeitliche.

Doch damit nicht genug: Der bald zur tyrannischen Gewohnheit gewordene Blick auf die Zeiger weckte die Leidenschaft fürs Messen, Kalkulieren, Teilen und Gliedern. Das Bild, das sich der messende, zählende und klassifizierende Mensch von der Welt macht, ist ein mit Messinstrumenten hergestelltes. Wollte man früher bei einer Reise durch die Alpen nur wissen, wie man etwa mit möglichst wenigen Problemen von

Innsbruck nach Bozen gelangte, interessierte man sich neuerdings für die Höhe der Berge, die rechts und links des Weges aufragten, für die Sauerstoffdichte auf dem Gipfel, für das Alter des Gesteins – obgleich all das für die Passage eigentlich völlig belanglos ist.

Diese Begeisterung für die Überführung der Realität in Zahlen schlug sich in allen Teilen der Gesellschaft nieder. Auch einer der einflussreichsten Philosophen zwischen Antike und Frühmittelalter, der Kirchenvater Augustinus von Hippo, begeisterte sich fürs Messen und empfahl es als den Weg zur Wahrheit. Vernunft und Zahlen waren für ihn ein und dasselbe. Das Studium der Zahlen, so Augustinus, sei der einzige Weg zum sicheren Gebrauch der Vernunft.

Die Zivilisation, die wir uns geschaffen haben und in der wir leben, ist eine des Messens und Zählens. Größe und Gewicht eines Babys werden bereits während der Schwangerschaft regelmäßig gemessen. Nach der Geburt ist kaum eine Stunde vergangen und die Eltern wissen, wie groß ihr Kind ist und wie viel es wiegt. Im Anschluss daran vergeht nur mehr selten ein Tag, an dem der Fortschritt an Größe und Gewicht des wachsenden Kleinkindes nicht durch Messungen dokumentiert wird. Alles das geschieht mit guten Gründen, und es schadet weder dem Kind noch den Eltern. Nicht ganz so unbedenklich wird es dann aber, wenn Eltern noch vor der Einschulung wissen wollen, wie intelligent ihr Sprössling ist, und ihn für einen Intelligenztest zum Psychologen schleppen. Fragt man die Eltern, warum sie dies eigentlich wissen wollen, lautet die Antwort gewöhnlich »Ist doch interessant!« – eine Antwort, die offenbart, wie selbstverständlich Messen und Vermessen in unserer Gesellschaft ist, und dass es längst keiner Rechtfertigung mehr bedarf.

In einer Welt, in der man im Auto am Armaturenbrett nicht nur die aktuell gefahrene Geschwindigkeit ablesen kann, sondern auch über die Außentemperatur, den Spritverbrauch, die Tageskilometer, den Öldruck und vieles anderes mehr informiert wird, ist vielmehr das Gegenteil, die Verweigerung beziehungsweise Unterlassung eines Messvorgangs, begründungspflichtig. Insbesondere all das, was dauert, verlangt nach Messung, ruft nach Skalen und Ziffern und nach Geräten und Instrumenten, die sie liefern.

Aus einer Welt des Angemessenen haben die Menschen so in einem Prozess, den sie später dann »Moderne« genannt haben, eine vermessene Welt gemacht. Dass dies nicht ausschließlich als eine Fortschrittsgeschichte beschrieben werden kann, belegen die Narben und Zerstörungen der Natur und die fortschreitenden Entgleisungen des Klimas, die heute zentrale Herausforderungen der geldgetriebenen Globalisierung sind. Diese haben den französisch-rumänischen Philosophen E. M. Cioran zu der bitteren Anmerkung veranlasst: »Indem die Natur den Menschen zuließ, hat sie viel mehr als einen Rechenfehler begangen: ein Attentat auf sich selbst.«

Längst hat der die Welt entzaubernde Glaube, das Dasein und seine Zeiten ließen sich allein durch eine rechnende und kalkulierende Rationalität erfassen und alle Dinge ließen sich durch Messen und Berechnen beherrschen, eine Eigendynamik entwickelt. Und diese hat in jüngster Zeit mit der »Quantified Self«-Bewegung eine neue Eskalationsstufe erklommen. Hatten die mechanischen Uhren die Aufgabe, die Menschen in die maschinellen und verwaltungstechnischen Abläufe und Erfordernisse der kapitalistischen Ökonomie einzutakten, so ist es das Ziel der Smartwatch, Selbstoptimierungsprozesse zu forcieren und per kontinuierlicher Messung zu überprüfen, den Menschen selbst also den Maschinen anzugleichen, sie Zielwerten entsprechend zu optimieren. Die Smartwatch sagt ihren datensammelnden Fans während des Zähneputzens am Morgen, wie lange sie, die Wachphasen abgezogen, wirklich geschlafen haben, und wie viel Tiefschlafperioden dabei waren. Am Ende des Tages informiert sie, wie viele Schritte am Tag zurückgelegt wurden, welchen Schwankungen der Energiehaushalt unterlag und wie viele Kalorien im Laufe des Tages zu sich genommen wurden. »Gut« ist in dieser Selbstoptimierungsmaschinerie, wenn der Wert stimmt, nicht wenn der Mensch sich gut fühlt. Verkauft wird den Zeitgenossen und Zeitgenossinnen mit der Smartwatch ein Instrument zur Vermessung des Lebens, zur Verwaltung des Daseins und der Selbstperfektionierung.

Niemals zuvor waren die Zeiten der Gesellschaft und das Dasein ihrer Mitglieder so umfassend und vielseitig vermessen, in Listen geordnet und für Vergleiche präpariert, wie es heute der Fall ist. Nie zuvor folgten die Menschen in Europa so selbstverständlich und bereitwillig dem Motto des Galileo Galilei »Alles messen, was messbar ist, und messbar machen, was es noch nicht ist«. Sie tun es immer und überall, häufig freiwillig, oftmals auch gezwungenermaßen, manchmal heimlich und manchmal offen. Gemessen und gezählt wird im Umfeld der Arbeit genauso wie im Privatbereich, im Straßenverkehr, bei der Steuer, beim Skat und im Bereich von Bildung und Sozialem.

Die Protagonisten des sich durchsetzenden Kapitalismus veränderten die Devise Galileis schließlich zu der auf die Steigerung der Wertschöpfung zielenden Parole »Alles monetarisieren, was monetarisierbar ist, und monetarisierbar machen, was es noch nicht ist«. Die Leidenschaft des Messens fusionierte auf diesem Weg mit der Begeisterung zur Verrechnung von Zeit in Geld. Der Zugang zur Natur war fortan ein messender und mit Geld verrechnender. Der Weg war planiert, die Natur, einschließlich menschlicher Natur, integriert in den Kreislauf der großen Geldvermehrung.

Seit sich die Gattung »Mensch« von jenen rationalen Gewissheiten begeistern lässt, die Messungen versprechen, wurde sie vom Homo sapiens zum Homo mensurans. In diesem Prozess fiel der mechanischen Uhr eine entscheidende Rolle zu. Sie hat die einst uhrenlosen Menschen zu Uhrzeitmenschen, zu Zeitmessern und Zeitzählern gemacht. Die mit Uhren im Verlauf der Moderne immer weiter optimierte Messung der Zeit ist es, mit der wir dem Zeitlichen im Alltag heute gewöhnlich begegnen. Die von der Uhrzeit eroberte und beherrschte Gesellschaft beobachtet, beschreibt und organisiert sich als eine vermessene Mess-Gemeinschaft, die mit der Uhr aus »Sinn-voller« »Sinn-leere« Zeit macht, aus lebendiger Wirklichkeit leblose Wirklichkeit.

Uhrzeit ist gemessene, abstrakte, von menschlicher Erfahrung und den rhythmisch pulsierenden Zeitdynamiken der Natur separierte Zeit. Die durch das mechanische Zusammenwirken ihrer Teile zustande kommende Uhrzeit wird der organisch gesteuerten Naturzeit aufgezwungen und dringt über die Messung in sie ein. Sie reduziert ein komplexes, lebendiges zeitliches Geschehen auf ermess-, registrier- und kalkulierbare Größen und macht sie zu einer leblosen Wirklichkeit. Im Akt des Messens werden qualitative Charakteristika der Zeit in metrische Differenzen transformiert. Herbert Marcuse warnt vor dieser Reduzierung: »Die Quantifizierung der Natur, die zu ihrer Erklärung in mathematische Strukturen führte, löste die Wirklichkeit von allen immanenten Zwecken ab und trennte folglich das Wahre vom Guten, die Wissenschaft von der Ethik.« Uhrzeiten, die immerzu der Versuchung ausgesetzt sind, in eine Rangfolge gebracht, verglichen und bewertet zu werden, gestatten keinen Eigensinn, keine individuellen Regenerationszyklen oder Pausen, weil im Akt des Messens qualitative Charakteristika in metrische Differenzen verwandelt werden. Wie sich das Geld als Maß des Tauschwertes von der Substanz des gehandelten Gegenstandes trennt, so entfernt sich die Uhrzeit von der Qualität der Zeit – beispielsweise von den Generationszeiten, der Dauer, die Systeme für ihre Reproduktion benötigen, oder von den Belastungszeiten, das sind Zeiten der Toleranz, die Systeme gegenüber Veränderungen und Störeinflüssen benötigen, um diese aufzufangen und sich wieder zu stabilisieren.

Dieser Übergang zeigt sich auch in dem, was die Uhr ticken lässt: Für den Zeitverlauf in Sand- und Wasseruhren sorgte noch natürliche Energie, der tägliche Zeitfortschritt bei Sonnenuhren war an kosmische Veränderungen geknüpft. Die Räderuhr macht die Zeit zu einer Ordnungsleistung des Menschen, einer Angelegenheit menschlicher Bestimmung und Beeinflussung. Im wahrsten und konkretesten Sinne des Wortes nimmt man die Zeit mit der mechanischen Uhr in die Hand. Die Zeit wird »handgreiflich«. Die Zeiger lassen sich manipulieren, Geh- und Schlagwerk verschieden gestalten und mit Krone und Aufzugswelle lässt sich die Energiezufuhr regulieren.

Die Menschen begannen zu zählen und mit den Zeitverläufen zu kalkulieren. Sie verstanden sich zunehmend als Bildhauer ihrer selbst und der Welt, in der sie lebten. Alles sollte nicht mehr länger »seine Zeit«, sondern »meine Zeit« haben. Die für die damaligen Verhältnisse überaus rasche Verbreitung der Räderuhr, die viel über ihre Verführungskraft aussagt, ist diesem größer werdenden »Täter-Selbstverständnis« des Renaissancemenschen zuzuschreiben. Für ihn misst die Uhr nicht nur die Zeit, sondern produziert diese auch. Er schafft sich eine Welt- und Zeitsicht, die der französische Aufklärer Denis Diderot später »gottlos« nennt: »Die Welt ist kein Gott mehr. Sie ist eine Maschine mit ihren Rädern, Seilen, Rollen, Federn und Gewichten.« Die Uhr, so Diderot, ist nicht nur ein Gerät zur Zeitmessung, sie ist auch eine Entgottungsmaschine. Sie bringt mehr Ordnung und Regelmäßigkeit in die Welt, als in ihr tatsächlich vorhanden ist.

Die säkulare Religion der Wissenschaften, des Fortschrittsglaubens und des Wachstumszwangs will alles in Zahlen fassen, was unter anderem zu dem folgenschweren und verhängnisvollen Fehlurteil führt, nur das Messbare sei auch relevant. Was nicht messbar ist versinkt so ins Reich des Unsichtbaren, existiert schlicht nicht. Dieses Unsichtbarmachen veranlasst Goethe im zweiten Teil des *Faust* zur Kritik an den »gelehrten Herren«:

»Daran erkenn' ich den gelehrten Herrn!
Was ihr nicht tastet, steht euch meilenfern,
Was ihr nicht fasst, das fehlt euch ganz und gar,
Was ihr nicht rechnet, glaubt ihr, sei nicht wahr,
Was ihr nicht wägt, hat für euch kein Gewicht,
Was ihr nicht münzt, das, meint ihr, gelte nicht.«

Uhrzeit verspricht Objektivität. Dies ist aber nicht mehr als ein Versprechen, da sie die Zeitwahrnehmung und das Zeitempfinden ausschließt. Sie ist weniger eine objektive als eine leblose Zeit. Blicken wir auf die Uhr und ihre Zeit, schiebt sich diese kalte Zahlenwelt vor unsere Augen wie die beschlagenen Gläser einer Brille. Die Linearität der Zeitmessung vernichtet und ignoriert Differenzen und Abweichungen. Das Besondere fällt der Gleichmacherei zum Opfer; »schwarz–weiß«, »gut–böse« verdrängt das »Sowohl-als-auch«.

Wissenschaftler und Wissenschaftlerinnen müssen sich stets auch fragen, welchen Annahmen sie bei ihren Messungen unwillentlich Geltung verschaffen und welches Zeitverständnis sie übers Messen transportieren und verbreiten.

Die Geschichte der Zeitmessung ist auch die Geschichte einer stetig wachsenden Distanz zum Lebendigen. Die mechanische Uhr hat die Beziehung zwischen Mensch, Zeit und Natur zu einer der Macht und der Dominanz werden lassen, die dem Menschen suggeriert, die Zeit und die Natur beherrschen und für seine Interessen (aus)nutzen zu können. »Messen« ist eine Praxis der Machtausübung. Die Messung der Zeit mit Uhren ist immer auch eine Unterwerfung des Gemessenen unter die Diktate der linearen physikalischen Zeit Newtons, die Überraschungen, Abweichungen, Unterbrechungen und das Unvorhergesehene nur als Störungen kennt.

Mit dem Vermessungswahn begann auch die Zeitmanipulation, die man in der geldbasierten ökonomischen Lebenswelt inzwischen »Zeitmanagement« nennt. Liegt das Messergebnis vor, greift das Gesetz des Homo mensurans: »Was erfasst, gemessen und klassifiziert ist, wird auch gemanagt.« Dem Uhrzeitmenschen stellt sich das Geschehen der Natur als optimierbar und optimierungsbedürftig dar. Eine solche Manipulation wurde überhaupt erst denkbar, weil sich die Zeitwahrnehmung grundlegend veränderte: Die Zeit »verrinnt« nicht mehr sicht- und erlebbar wie der Sand im Stundenglas, sie »fließt« auch nicht mehr, wie sie das in den Wasseruhren tat, und sie wandert auch nicht mehr als Schatten über das Ziffernblatt der Sonnenuhren. Nein, jetzt tickt sie und die Zeiger beziehungsweise die numerische Anzeige lassen sich jederzeit verstellen. Die Natur aber kennt kein zeitliches Optimierungsbedürfnis – weder die äußere Natur noch die dem Menschen eigene.

Messung vs. Qualität

»Mehr Output pro Zeiteinheit« heißt ein zum Quellcode des Kapitalismus zählender Imperativ. Zu diesem diktatorischen Programm gehören die Ordnung, die Organisation und das Management des Zeitlichen, um ihm schließlich ein Preisschild umzuhängen. Ein ausgefallenes Beispiel für die Absurdität dieses Imperativs haben sich Alexander Kluge und Oskar Negt in ihrem Buch Geschichte und Eigensinn einfallen lassen.

Sie schicken einen Arbeitszeitexperten in ein Schlafzimmer, um dort zeitliche Einsparpotenziale bei den routinierten Handlungsabläufen ausfindig zu machen. Nach Beendigung aller Messprozeduren gibt der Priester des Zählens und Experte der Begradigung dem vermessenen Ehepaar in Gutachten zu bedenken: »Was Sie als Eheleute hier tun, ist nicht praktisch. Man kann einige Irrtumshandlungen und Umwege ausgliedern, und Sie erhalten Ihre Höhepunkte, an denen Sie bis zu einer Dreiviertelstunde laborierten, leicht innerhalb einer Minute. Außerdem sollte es nicht dem Zufall der Stimmungen überlassen sein, wann Sie sich auf solches Tun einigen. Sie sollten eine Art Regelmäßigkeit einführen. In der gleichen Zeit eines Monats oder Jahres lassen sich dann mehr Höhepunkte unterbringen. Sie müssten es planen und das humane Grundrecht des Menschen auf geregelten Geschlechtsverkehr ernster nehmen.«

Die Uhrzeit erlaubt es, die Zeitinformation mit nicht naturgebundenen Elementen in Beziehung zu setzen, was die menschlichen Aktionsspielräume deutlich vergrößert. Allgegenwärtigstes Beispiel für eine solche Beziehung ist die zum Geld, mit dem die Zeit, das wollten die Menschen so, ein konkubatorisches Verhältnis einging.

Uhrzeit ist abstrakt, eigenschaftslos, inhaltsleer – Eigenschaften, die Manipulationen Tür und Tor öffnen. Weniger geeignet hingegen ist die Uhrzeit für den Umgang mit den Zeiten des Lebendigen. Die Zeitmessung mit der Uhr unterstellt die Trennung von Beobachter und Beobachtetem, von Zeitmesser und zeitlich Vermessenem. Sie vergegenständlicht die Zeit, unterstellt, dass wir *mit* und nicht *in* der Zeit leben, dass wir Zeit *haben* – nicht, dass wir sie *sind*. Mit der Uhr entdeckt und misst man keine schönen, keine traurigen, keine hektischen und keine langweiligen Zeiten, weder angenehme noch unangenehme. Zeiten, die sich der Quantifizierung verweigern – und dazu gehören viele Systemzeiten der Natur –, sind von Ignoranz und Ausgrenzung bedroht. Je umfassender der Mensch die Zeiten des Lebendigen mit der abstrakten Zeit der

Uhr vermisst, umso mehr schafft er (sich) eine künstliche Welt, die mit den wirklichen, lebendigen Zeiten der inneren und äußeren Natur in Konflikt gerät. Die mechanische Zeit kommt in der Natur selbst nicht vor. Sie ist ein von Menschen erdachtes Konstrukt, das an die Natur herangetragen und ihr aufgezwungen wird. Was die Landkarte für die Landschaft ist, ist die Zeigeruhr für die Zeit, ein abstrahierendes Orientierungsmittel, das den unverstellten Blick auf die lebendige und vielfältige Wirklichkeit versperrt. Sie raubt ihr Formenvielfalt und Ausdruckskraft, zerschneidet die Zeit und portioniert sie.

Genau betrachtet hat die Uhr gar nichts mit der Zeit zu tun. Sie ist ja »nur« eine Maschine, die den Auftrag erfüllt, Zeiger gleichmässig übers Ziffernblatt zu bewegen. Erst die Vorstellung, erst der menschliche Intellekt macht den Zeigerverlauf zur Zeit und Uhren zu Zeitmessinstrumenten. Zeit wird im Gehirn gemacht. Man kann sich auf Uhrzeit verlassen, vertrauen sollte man ihr besser nicht. Denn sie bietet ein relativ schlichtes, die real existierende Komplexität verfehlendes Abbild des Zeitverlaufs an. Dem liegt die Vorstellung einer gleichmäßig vergehenden Zeit zugrunde, die Newton zum physikalischen Gesetz gemacht hat und die eigentlich längst von Einstein als realitätsfremd widerlegte wurde.

Zeigerzeit ist konsequent linientreue Zeit, die dem Eins-nach-dem-anderen-Prinzip der Wäscheleine folgt. Zeitmessung, die sich auf eine solche Ordnung stützt, tut dem Vermessenen Gewalt an. Die Ordnung geht, so Robert Musils drastische Warnung, »in das Bedürfnis nach Totschlag über«. Nicht lineare Zeitverläufe, zeitliche Widersprüche, Zeitkonflikte, Zeitwirbel, Zeitparadoxien, Um- und Abwege, sie alle werden von der Verlaufslogik der Uhrzeiger unterschlagen, übersehen und eliminiert. Die von Ereignissen und Erfahrungen entkoppelte Zeitdarstellerin »Uhr« schafft über die Zeitmessung Eindeutigkeiten, die der häufig vagen Zeitrealität widersprechen.

Das Labyrinth der Geraden

Als Metapher für das Gefangensein des Menschen in seinem Denken und seiner Sprache verwendet die Literatur gerne das Labyrinth. Das macht auch der argentinische Erzähler Jorge Luis Borges. Die Griechen der Antike, erzählt er, hätten ein Labyrinth erfunden, das aus einer einzigen Gerade bestand. Darin hätten sich viele, so Borges, rettungslos verlaufen. Es hat sie in die Irre geführt.

Die Gerade, die lineare Abfolge ist eine gefährliche Ordnung. Sie verspricht Klarheit und Orientierung – und aus diesem Grund irritiert und verwirrt sie auch. Denn »aus so krummem Holze, als woraus der Mensch gemacht ist, kann nichts ganz Gerades gezimmert werden« (Immanuel Kant). Die Gerade ist dem Mensch fremd. Zu Wirklichkeit und Wahrheit führen nur Um- und Abwege.

Wer in der Zeit nichts anderes als die von Zeigern auf einem Ziffernblatt überwundene Wegstrecke sieht, erblickt auch, so Kleists entrüstete Kritik von Newtons Blick auf die Zeit, »in dem Busen eines Mädchens nichts anderes als eine krumme Linie«. Was man wahrnimmt, hängt immer davon ab, wie und mit welchen Mitteln man darauf schaut, daher sollte man ab und an einen kritischen Blick auf seine Hilfsmittel werfen. Begleitet wird die Zeitmessung mit der Uhr, auch das missbilligt Kleist in seinem Vergleich, von Sinnverzicht, einem totalitären Zwang zur Begradigung und der Vernichtung des Vagen. Messen ist Feind aller Liebhaber. Geschmacksurteile sind daher physikalischer Messbarkeit prinzipiell entzogen.

Und: Messen ist kein neutraler Vorgang. Wo immer gemessen wird, wird ein Ziel verfolgt, etwa die Steigerung einer Leistung, die Unterwerfung einer Entwicklung oder die Eroberung eines Gebietes. In vielen Fällen ist das Interesse am Messen nicht durch das Motiv des Bewahrens, des Erhalts und der Pflege, sondern durch den Willen zur Macht, zur Beherrschung und dem Streben nach Verfügung diktiert.

Dem Messen eignet nun mal eine Art Übergriffigkeit. Es trachtet nach Ordnung, Ausgrenzung und Eroberung. Und das war von Anfang an so: Die naturwissenschaftliche Prominenz der beginnenden Neuzeit, allen voran Galileo Galilei und Isaak Newton, haben nicht nach qualitativen Erklärungen von Zeitverläufen gesucht, sondern vor allem nach ihrer quantitativen Darstellbarkeit. Das war ganz im Interesse der damals sehr mächtigen Stadtherren und der zunehmend global agierenden Kaufleute, vom französischen Historiker Georges Duby auch »Zeitverkäufer« genannt. Sie waren auf der Suche nach einer von Qualitäten ›befreiten‹ Zeit, die sie in Arbeitskraft, vor allem aber in Geld tauschen konnten. Berauscht von der vermeintlichen Verfügungsmacht der Naturwissenschaften entwickelten und kultivierten sie die Vorstellung, annähernd alles mittels Messen domestizieren zu können. Mit diesem Ziel schickten die Kaufleute und Wissenschaftler die Uhr und ihre mechanisch hergestellte Zeit auf den Weg des Erfolges.

Glaubt man den Smartwatch-Werbeclips der Firma Apple, dann lässt sich der wahrhaft freie Mensch heute im selbstvermessenden Menschen finden. Menschen werden allerdings durchs Messen ebenso wenig freier wie Schweine durchs Wiegen fetter – eine Erfahrung, die auch Apple-Kunden nicht erspart bleiben wird. Im 21. Jahrhundert erleben wir, dass trotz der zweifelsohne großen Erfolge, die das Messen möglich gemacht hat, die Zeiten nicht überall da, wo man gemessen hat, besser wurden. Obwohl mehr denn je gemessen wird, überschreiten wir zahlreiche ökologische Grenzen und zerstören unsere Beziehungen zur natürlichen Welt. Spürbar wie nie zuvor sind die Auswirkungen auf die Zusammensetzung der Atmosphäre, auf das Klimasystem, die Wasser- und Stickstoffkreisläufe, auf die Biosphäre und die marinen Ökosysteme.

Schon zu Beginn des 16. Jahrhunderts, als das Messen gerade erst aufkam, ließ der Humanist Rabelais in spöttischem Tonfall verlauten, dass er keine größere Zeitverschwendung kenne als das Zählen der Stunden. Er wusste: Die Stunden, die zählen, sind die Stunden, die nicht gezählt werden. Mit der Uhr in der Hand und dem Willen zur Unterwerfung im Kopf kommt man der Mannigfaltigkeit, der Vielfältigkeit und der Vieldeutigkeit der Zeit nicht näher.

Auch keine Lösung ist allerdings der komplette Verzicht auf das Messen, speziell auf die Zeitmessung. Dieser verspricht per se weder eine ökologische Entlastung noch eine Verbesserung des Klimas. Es geht vielmehr darum, das Messen unter die Kontrolle eines reflektierten Problembewusstseins zurückzuholen, das der Eingliederung und der Wiedereingliederung in die zeitlichen Systembedingungen der Biosphäre förderlich ist.

Was misst die Uhr eigentlich?

Die Uhr misst nicht, wie immer wieder behauptet, Zeit. Sie stellt sie nur dar. Genauer gesagt stellt sie das Abbild einer bestimmten Vorstellung von Zeit dar – ähnlich wie französische Gärten in ihrer Gestaltung eine bestimmte Vorstellung von Natur abbilden. Die Uhr simuliert die Erdrotation. Dabei besteht zwischen Erdrotation und Uhrzeit keine »natürliche«, sondern nur eine technisch hergestellte harmonische Kausalität. Die Uhr ist ein Schrittzähler der Zeit. Die Aufteilung des Zeitverlaufs in gleich lange Stunden, in Minuten und Sekunden ist nicht von der rhythmisch pulsierenden Natur abgeschaut, das haben sich Uhrmacher ausgedacht und Menschen mit Einfluss und Macht dann für verbindlich erklärt.

Stunden, Minuten und Sekunden sind »hoheitlich« verordnete Zeitmaße. In Deutschland steht das Recht der Zeitbestimmung (Artikel 73 des Grundgesetzes) allein dem Bund zu. Deutsche Zeit wird in Braunschweig kontrolliert und übers Land verteilt. Im Gesetz über die Zeitbestimmung (1978) wird die in Braunschweig ansässige physikalisch-technische Bundesanstalt, eine Bundesoberbehörde der Zeitverwaltung, vom Souverän mit der Verbreitung der »gesetzlichen Zeit« beauftragt.

Uhrzeit ist so eigentlich ein auf generalisiertem Vertrauen basierendes, staatlich autorisiertes Täuschungsangebot über die Zeit. Wie der Lügendetektor bei Verdächtigen keine Lügen feststellen kann, sondern nur deren Stressreaktionen abbildet, die dann als Beweise für Lügen herhalten, misst die Uhr keine Zeit, sondern Zeigerbewegungen und deren räumliche Veränderungen, die zur »Zeit« erklärt werden. Nur unter der Voraussetzung, dass alle Bürger und Bürgerinnen daran glauben, misst die Uhr die Zeit, und nur deshalb sind 60 Minuten eine Stunde. Deshalb ist der Orientierung suchende Blick auf Zeiger und Ziffernblatt stets auch mit dem Einverständnis verbunden, sich bereitwillig über den Sachverhalt täuschen zu lassen, die Zeit sei unabhängig vom Wetter, von den Kreisläufen des vegetativen Lebens und der je eigenen Befindlichkeit. Die Verwechslung dieser Täuschung mit der Zeitrealität wird Europäern bereits im Kindesalter anerzogen.

Die Messgrößen der Uhrzeit sind konstant. Sie sind unabhängig von Einflüssen der Umwelt, ignorant gegenüber menschlichen Erfahrungen und allem sozialen Geschehen. Sie stehen für eine exakte, aber leblose Zeitwirklichkeit. Die von Uhrzeigern zurückgelegten Stunden sind alle gleich, gleich lang und gleich »breit«, die hellen wie die dunklen, die sonnenbeschienenen ebenso wie die regnerischen und diejenigen, in denen die Sterne vom Himmel grüßen. Uhrzeiten sind – das haben sie mit dem Geld, das bekanntlich nicht einmal stinkt, gemein – geruchs-, gesichts- und substanzlos. Wie der Markt alles Qualitative aufs Quantitative – sprich: den Preis – reduziert, so ignoriert die Uhr die tausend Gesichter der Zeiten. Was sich nicht in das quantifizierende Maß fügt, nicht der quantifizierenden Weltsicht des Messens gehorcht, macht sich verdächtig, der modernen Vernunft nicht zu genügen. Die Uhr, so die Charakterisierung des Soziologen Georg Simmel, »begreift die Welt als ein großes Rechenexempel«. Im doppelten Sinn kann man mit ihr rechnen – viel mehr aber auch nicht.

Von der Uhrzeit kann der Mensch sich distanzieren, von den Zeiten der Natur, die zur Mitgift seiner Biologie gehören, aber nicht. Die Zeiten des Lebendigen, die lebendigen Zeiten bewegen sich wie Wolken, unregelmäßig, ungeordnet und unvorhersehbar. »Es ist eine ganz bekannte Sache«, sagte der erste deutsche Professor für Experimentalphysik, Georg Christoph Lichtenberg, »dass die Viertelstündchen größer sind als die Viertelstunden.«

Dass die menschengemachten Uhrzeiten die Realität der Zeit ignorieren, rief immer wieder Kritik hervor, unter anderem in den Zeitphilosophien von Husserl, Heidegger und Bergson, die gegen eine vor allem berechnende Erfassung der Zeit argumentierten. Bergson sieht in der Zeit ein schöpferisches Prinzip des Lebens, keine berechenbare Zeitlinie. Physiker, allen voran Max Planck, Albert Einstein und Werner Heisenberg, kritisierten die Newton'sche Separierung der Zeitwahrnehmung durch das Subjekt auf der einen Seite und das wahrgenommene Objekt auf der anderen. Die absolute Zeit der klassischen Physik war gezwungen, den Thron der Zeitherrschaft zu verlassen, als die moderne Physik von Einstein und Co. für Zeitmessungen die Angabe des Bezugssystems verlangte, in dem sie gültig sind.

Trotz all dieser Einwände folgt unser Zeithandeln im Alltag jedoch immer noch fast ausschließlich jenem Verständnis von Zeit, dem Newton den Rang des Göttlichen verlieh. Unsere

Uhren knebeln die Zeit und unterwerfen sie mithilfe von Zahlen einer berechenbaren und vorhersehbaren Ordnung. Daher ähneln diejenigen, die ihr Zeitinteresse durch den Blick zur Uhr zu befriedigen hoffen, Vögeln, die auf der Suche nach einem Käfig sind.

Die Uhr als Entfremdungsmaschine

Zunehmend wird den Menschen klar, dass sie nicht mehr in der Lage sind, fruchtbare, erfüllende Beziehungen zur eigenen und zur äußeren Natur herzustellen. Wir sprechen in diesem Zusammenhang von »Entfremdung«. Zwischen der Herrschaft der Uhrzeit und der Entfremdung der Menschen von der Umwelt und der eigenen Natur besteht ein enger Zusammenhang. Die technisch hergestellte Normalzeit hat das Resonanzverhältnis zwischen Mensch und Natur belastet und an vielen Stellen bereits zerstört.

Die Uhr überführt die Zeit in den Bereich des Verfügbaren. Der veruhrzeitlichte Mensch kennt und akzeptiert die Natur nur noch insofern, als er über sie gebieten und sie manipulieren kann. Die Natur wiederum wehrt sich gegen solch unbescheidenen Verfügbarkeitsanspruch mit Reaktionen, die heute »ökologische Krise« oder »Klimakrise« genannt werden. Beharrliche Ignoranz und beständiges Überschreiten der rechten Maße und die Hybris, nicht nur schnell, sondern noch schneller vorankommen zu wollen, als es die ökologischen Systeme vertragen, hat diese destabilisiert. Dabei warnte schon Hegel: Der Betrug, den der Mensch »gegen die Natur ausübt, rächt sich gegen ihn selbst; was er ihr abgewinnt, je mehr er sie unterjocht, desto niedriger wird er selbst«.

Der die Verbreitung der Uhr, ihres Zeitmusters »Takt« und ihrer inhaltsleeren Zeigerzeit begleitende illusionäre Anspruch, Herr, Eroberer, Eigentümer und Besitzer der Zeit werden zu können, hat die Menschen einer technischen Rationalität ausgeliefert, die, so Adorno und Horkheimer in der *Dialektik der Aufklärung*, »im Zeichen triumphalen Unheils« strahlt. »Jeder Versuch, den Naturzwang zu brechen, indem Natur gebrochen wird, gerät nur um so tiefer in den Naturzwang hinein.«

Messen ist Macht. Je umfassender jedoch der Glaube wird, die Zeitdynamiken der Natur durch Messungen kontrollieren und beherrschen zu können, um so häufiger muss der Mensch erleben, dass er sich der Macht der Messtechnik, vor allem dem Kommando des Zeitmessgerätes »Uhr« selbst unterwerfen muss.

Die Entfremdung von der Natur nimmt mit der Kontrolle und der Verfügung über sie zu. Die Zeitmessung, selbst wenn sie der Entlastung von den Zumutungen der Zeitnatur dient, mündet in Knechtschaft und Unterjochung und macht den Menschen zum Sklaven seiner Werkzeuge. Auch das beschreiben Adorno und Horkheimer: »Die Menschen distanzieren denkend sich von der Natur, um sie so vor sich hinzustellen, wie sie zu beherrschen ist«, und bezahlen dann »die Vermehrung ihrer Macht mit der Entfremdung von dem, worüber sie die Macht ausüben«. Das lässt sich nur verhindern, wenn man der Natur nicht länger als Eroberer und Ausbeuter begegnet, sondern sie kultiviert, pflegt, erhält und für die Menschen bewohnbar macht.

Nicht alle Zeiten lassen sich ermessen, und hin und wieder ist das Nachdenken vernünftiger als das Zählen. Darauf zielt auch Brechts Warnung in seinem »Leben des Galileo Galilei«: »Ihr mögt mit der Zeit alles entdecken, was es zu entdecken gibt, und euer Fortschritt wird doch nur ein Fortschreiten von der Menschheit weg sein. Die Kluft zwischen euch und ihr kann eines Tages so groß werden, dass euer Jubelschrei über irgendeine neue Errungenschaft von einem universalen Entsetzensschrei beantwortet werden könnte.« Diesen Entsetzensschrei gilt es nicht nur wahrzunehmen, sondern auch dadurch überflüssig zu machen, dass wir uns, vorausgesetzt wir streben ein zufriedenstellendes, erfülltes Dasein an, nicht auf quantitative Fragestellungen und Sichtweisen beschränken.

Systemzeiten und Eigenzeiten

Ein nicht geringer Anteil der ökologischen und gesundheitlichen Krisen, vor denen wir derzeit stehen, ist dem Sachverhalt geschuldet, dass sich die Zeit der Uhr und die Zeiten der Natur nicht versöhnen lassen. Nicht die abstrakten Zeiten der Uhr garantieren ein nachhaltiges, vorsorgendes und zukunftsfähiges Dasein, sondern die System- und Eigenzeiten der Ökosysteme. Denn alles Lebendige hat seine besonderen Zeiten, und diesen sollten wir einige Aufmerksamkeit schenken.

Systemzeiten sind Zeiten, die ein System benötigt, um nach einer Störung von außerhalb wieder in seinen Ausgangszustand zurückzugelangen. Systemzeiten beschreiben Zeitgestalten, Zeitmuster und Zeitmaße von Ökosystemen, von kulturellen, sozialen und technischen Systemen. Ein Beispiel ist die systemische Regenerationszeit von landwirtschaftlich genutzten Böden, die durch (Über-)Düngung belastet werden. Der Beschleunigungsdruck auf die Systemzeiten macht im Stall aus Schweinen Turboschweine, aus Legehennen Hochleistungshühner. Dem Käse wird bei der Herstellung eine Schnellreifung verpasst, dem Brotteig Schnellsauerteig zugefügt, die Gärung der Weintrauben wird beschleunigt. Für das heute herrschende Alltagstempo sind die Systemzeiten der Natur, die Wachstums- und die Reifezeiten beispielsweise, zu langsam. Aber auch die Systemzeiten der Politik, die Legislaturperiode, gerät immer mehr unter den Zeitdruck einer globalisierten Ökonomie.

Eigenzeiten sind individuelle Ausprägungen, die von den geschmeidigen Systemzeiten zugelassen werden. Systemzeiten geben Erwartungswerte für Systeme vor. Die konkreten Umweltbedingungen führen zu eigenzeitlichen Abweichungen. Beispielsweise zeigen sich die Systemzeiten menschlicher Leistungsverausgabung in den Eigenzeiten der Leistungserbringung. Ein Beispiel: Die Lebenserwartung einer Generation ist ihre Systemzeit, die individuelle Lebenserwartung eines Mitgliedes dieser Generation ist dessen Eigenzeit. Eigenzeiten flexibilisieren Systeme innerhalb ihrer Systemgrenzen.

200 Jahre vor den ersten Zeitökologen hat der Aufklärer-Philosoph Johann Gottfried Herder, ohne von Systemzeiten und Eigenzeiten etwas gehört zu haben, diese in *Verstand und Erfahrung, Vernunft und Sprache* anschaulich beschrieben:

»Eigentlich hat jedes veränderliche Ding das Maß seiner Zeit in sich; dies besteht, wenn auch kein anderes da wäre; keine zwei Dinge der Welt haben dasselbe Maß der Zeit. Mein Pulsschlag, der Schritt oder Flug meiner Gedanken ist kein Zeitmaß für andere; der Lauf des Stromes, das Wachstum eines Baumes ist kein Zeitmesser für alle Ströme, Bäume und Pflanzen. Des Elephanten und der Ephemere (Eintagsfliege) Lebenszeiten sind einander sehr ungleich, und wie verschieden ist das Zeitenmaß in allen Planeten!«

Systeme haben also zeitliche Spielräume – die Ökologie spricht von »Resilienzen«. Diese federn Belastungen ab und verhindern Störungen. Diese Elastizitäten der Systemzeiten garantieren zwar eine flexible Anpassung der Systeme an sich ändernde Umweltbedingungen, sie garantieren aber nicht, dass Zumutungen, Stress und Belastungen der Umwelt innerhalb der Schwankungsbreite der Systemzeiten bleiben. Sie stellen ihre Systemverträglichkeit also nicht für immer sicher.

Systeme kollabieren oder geraten aus ihrem Gleichgewicht, wenn Störungen und Beanspruchung über eine kritische Grenze, den Kipppunkt, hinausgehen. Beispiele dafür gibt es genug: Gewässer, die umkippen; Meeresströme, die ab einer bestimmten Temperatur nicht mehr fließen; Menschen, deren Körper auf reizökonomische Überforderungen mit einem »Burn-out« reagieren. Überschreitet oder missachtet man die Grenzen von Ökosystemen, vor allem ihre Zeitgrenzen, riskiert man ihr Überleben. Die vor allem vonseiten der Ökonomie auf Beschleunigung und Besitzergreifung ausgerichteten Eingriffe in die Naturdynamiken haben die Anpassungsspielräume biologischer und psychischer Systeme vor allem in der jüngsten Vergangenheit weit über ihre Grenzen hinweg strapaziert und überfordert.

Der Weltklimarat hat dementsprechend Kipppunkte im Klimasystem prognostiziert, deren Überschreitung zu unumkehrbaren Effekten in Hinblick auf die globale Durchschnittstemperatur führen würde. Ist der Kipppunkt erstmal erreicht, lässt er sich nicht mehr einfach rückgängig machen, das Erreichen solcher Kipppunkte muss also unbedingt vermieden werden, wollen wir weiterhin auf diesem Planeten leben. Das Problem dabei ist jedoch, dass kaum eine Gesellschaft existiert, die über eine geeignete Zeitkultur verfügt, unserer rasanten Fahrt auf die Kipppunkte hin Einhalt zu gebieten – statt in regionale Zyklen eingebetteten Eigenzeiten folgen wir fast alle längst derselben fatalen, globalen Uhrzeit.

Die Gegenüberstellung von Mensch einerseits und Natur andererseits, wie sie die weltbildprägenden Gelehrten der Aufklärung vertreten hatten, wurde durch die mechanische Uhr zum anregenden Vorbild des Zeithandelns. Zeitqualitäten, die dem Prinzip der Nachhaltigkeit genügen, geraten überall dort unter Beschleunigungsdruck, wo Zeit zur Ware wird. Das die letzten Winkel des Daseins kontaminierende und kolonisierende »Zeit ist Geld«-Denken verlangt eine mit Verschwendung der Ressourcen und Schädigung der Umwelt einhergehende Diktatur der Kurzfristigkeit, die auch die zeitlichen Horizonte des Denkens und Handelns verkürzt. Langfristig Entstandenes, sich über längere Zeiträume Entfaltendes wird in kürzester Zeit schrankenlos ausgebeutet, verwertet und ohne Maß und Vernunft geplündert. Fischers Fritz fischt zu viele Fische und deshalb in absehbarer Zeit keine mehr.

Solange die Geschwindigkeit der weltweiten Nachfrage nach natürlichen Ressourcen die systemimmanente Regenerationszeit dieser Ressourcen übersteigt – und dies ist seit 1971 bei sehr vielen Ressourcen durchgehend der Fall –, werden diese Ressourcen immer geringer. Lange aus dem Blick geraten sind die mit diesem Zeithandeln einhergehenden ökologischen Kosten und parasitären Dynamiken. Sie führen zu irreparablen Schädigungen der Biosphäre, steigenden Gesundheitskosten und einer Zunahme von Überforderungssituationen bei den Menschen. Die Natur bekommt nicht mehr die Zeit, die ihre Elemente zur Regeneration, zur Fortpflanzung und zur Anpassung brauchen. Dies zwingt die Menschen heutzutage zunehmend, einen Teil ihrer Lebenszeit, ihrer Kräfte und ihrer Energie auf das Management der so entstandenen Folgeprobleme zu verlagern. Um diesem Trend Einhalt zu bieten, bedarf es einer Einschränkung des ausschließlich auf eine Steigerung des ökonomischen Nutzens ausgerichteten Zeithandelns.

Zudem gerät durch diese Beschleunigung das die Evolution und die Zivilisationsgeschichte vorantreibende Prinzip von Versuch und Irrtum massiv unter Druck. Erfolgreich nämlich ist dieses bewährte Prinzip nur dann, wenn es auch die notwendige Zeit hat, den Erfolg als einen Erfolg und den Irrtum als einen Irrtum sicht- und erkennbar werden zu lassen. Heute, im Rausch digitaler Geschwindigkeitsübertretungen, schwinden zunehmend die Chancen einer einigermaßen zuverlässigen ökologischen Folgen- und Risikoabschätzung. Das macht es schwieriger, einen Erfolg von einem Irrtum, ein Gelingen von einem Misserfolg, das Gute vom Schlechten, das Richtige vom Falschen, das Gesunde vom Ungesunden, das Verantwortbare vom Unverantwortbaren zu unterscheiden. Die auf eine Erhöhung der Evolutionsgeschwindigkeit zielende Gentechnik kann dafür als Beispiel gesehen werden.

Die Rate der Beschleunigung darf nicht länger durch das Überschreiten der Kipppunkte zu einer Gefährdung der Evolutionsfähigkeit der Systeme führen. Zeiten der Ökonomie, die den Ansprüchen und Prinzipien der Nachhaltigkeit nicht genügen, verursachen Störungen, zeitliche Beeinträchtigungen und Zeitkonflikte, die Menschen, soziale Systeme und natürliche Verläufe mit Dauerstress belasten. Ihnen werden Änderungsgeschwindigkeiten abverlangt, die mit ihren Systemzeiten und ihren Eigenzeiten nicht vereinbar sind.

Die Gewissheit des modernen Menschen, die Natur im Griff zu haben, mag noch so stark sein, spätestens das nächste Hochwasser konfrontiert ihn mit der Erfahrung, dass es einen Weg heraus aus der Natur nicht gibt. Dämme und Deiche brechen, ganze Dörfer werden unter Lawinen begraben und selbst der mit überhöhter Geschwindigkeit dahinrasende Porschefahrer muss die Gesetze der Natur zur Kenntnis nehmen, zumal, wenn er hinter einer für sein Tempo zu engen Kurve an einem Baum landet.

Die Natur, die zukünftigen Generationen und die sozialen Systeme zahlen einen hohen Preis, weil die Gesellschaft ihren Illusionen von Zeitfreiheit mehr traut als den Warnzeichen der geschundenen Natur. Die vom Lokführer Ökonomie in Gang gesetzte end- und maßlose Steigerung der Geschwindigkeit des »Zeit ist Geld«-Zuges, begleitet von einem stetig wachsenden, umwelt- und selbstzerstörerischen Energieverbrauch, trennt die Subjekte von den pulsierenden Zeitdynamiken ihrer eigenen Biologie und entfremdet sie von den Rhythmen und Zyklen der äußeren Natur.

Damit sich die durch zeitvergessene Eingriffe verursachten ökologischen Dramatiken in der Natur nicht weiter verschärfen, bedürfen die Interventionen in den Naturhaushalt einer systematischen Berücksichtigung der Dimension »Zeit«. Vor allem gilt das für die System- und für die Eigenzeiten der inneren und der äußeren Natur und ihre Zeitmuster. Langfristig lässt das Dasein nur Zeitzufriedenheit zu und kann auch nur so gestaltet und gelebt werden, wenn die Zeitmaße und die Zeitdynamik des Lebendigen akzeptiert, respektiert und nicht den Diktaten kurzfristiger Nutzungs- und Verwertungsinteressen geopfert werden. Dazu bedarf es eines eingegrenzten Einflusses der primär auf Effizienz ausgerichteten Zeitökonomie. Die Alternative heißt »Zeitökologie«: die Suche, Akzeptanz und Pflege jener Zeitmaße, die sich mit den System- und den Eigenzeiten der inneren und der äußeren Natur vertragen.

Zeitökologisches Handeln, das nicht vorrangig auf ein quantitatives Wachstum der Arbeitsproduktivität ausgerichtet ist, lässt sich bei jenen Gärtnern und Gärtnerinnen abschauen, die ihr Tun und Lassen vom Bewusstsein leiten lassen, der Erfolg ihrer Arbeit sei nur in jenen Maßen möglich, die den Zeitgesetzen des natürlichen Wachstums und den Zeitdynamiken der Reifung gehorchen. Die Natur, so lautet die paradoxe Maxime gärtnerischen Handelns, lässt sich nur beherrschen, wenn man ihren Zeitmustern folgt, ihnen gehorcht und ihre Unverfügbarkeit akzeptiert. Das setzt voraus, dass man die Zeitverhältnisse und die Systemzeiten natürlicher Systeme, so zum Beispiel ihre verkraftbaren Veränderungstempi, kennt, akzeptiert und sich ihrer nicht durch vorschnellen Zugriff bemächtigt.

Auch unser Umgang mit der Zeit sollte dem Leitbild folgen, das unsere Umwelt für die künftigen Generationen erhalten will: »Nachhaltigkeit«. Dabei geht es um eine naturverträglich betriebene Wirtschaft, die sicherstellt, dass künftige Generationen nicht schlechter gestellt sind als die gegenwärtige. Notwendig ist ein Paradigmenwechsel von einer auf quantitatives, biologische Grenzen verletzendes und die Natur ruinierendes Wachstum angelegten Ökonomie zu einer sozialökologischen Marktwirtschaft. Ein Ende zu bereiten ist dem Raubbau an den Regenwäldern, dem Artensterben, dem maßlosen Energie- und Rohstoffverbrauch und den hitzetreibenden Emissionen. Dass eine ungebremst maßlose Wirtschaft, die sich an die Gitterstäbe des Käfigs »Wachstum« klammert, der Menschheit den ihre Zivilisation gefährdenden Klimawandel ins Haus treibt, ist längst nicht mehr nur eine Hypothese.

Wege zu »Nachhaltigkeit« und »Zukunftsfähigkeit« sind auf die Synchronisation sozialer, kultureller und ökonomischer Zeitdynamiken und Zeitskalen mit den Zeiten der inneren und der äußeren Natur angewiesen. Versperrt sind diese Wege, wo der Zugang zur Natur ausschließlich aus Gründen ökonomischer Verwertung geschieht und die Zeiten der Natur in die Tauschwertlogik eingegliedert werden. Der verengten Perspektive abstrakter Zeit entgehen ökologisch wichtige Zeitaspekte des Wirtschaftens wie etwa saisonale Schwankungen, zyklische und rhythmische Wachstumsverläufe, Hell-dunkel-Abweichungen und chronobiologisch relevante Gesetzmäßigkeiten. Nachhaltiges Leben verlangt von den Menschen, sich weiterhin im Naturzusammenhang zu begreifen. Das nachhaltige Leben macht die Natur nicht zum Objekt profitorientierter Ausbeutung, sondern sieht in ihr einen kultivierbaren Garten.

Nachhaltige Zeiten sind Zeiten, die im Einklang mit den Zeitmaßen und den rhythmisch und zyklisch verlaufenden Zeitmustern der Natur stehen. Zeiten der Nachhaltigkeit lassen Zukünfte offen, bewahren zeitliche Elastizitäten, vermeiden Irreversibilitäten und sorgen für eine Langlebigkeit von

Produkten und Wiederverwertbarkeit von Stoffen und Substanzen.

Nachhaltiges Zeithandeln heißt nicht, auf Eingriffe in die Natur grundsätzlich zu verzichten, und es verlangt auch nicht den blinden Griff zur Notbremse. Nachhaltigkeit erfordert eine Abstimmung und bedarf einer Koordination gesellschaftlicher Zeiten und Zeitmaße mit den Systemzeiten, den Zeitmustern und den Eigenzeiten der inneren und der äußeren Natur, und sie verlangt eine Fehlerfreundlichkeit, die den Systemen Zeiten gibt, sich anzupassen. Die Wechselwirkungen der Zeiten zwischen lebendigen Organismen und ihrer physischen Umwelt, die uns von Zeitökologie sprechen lassen, und im Fall gelungener Abstimmung von »nachhaltiger Zeitökologie«, erfordern Wissen um die Folgen und Wirkungen von Eingriffen in die zeitlichen Systemdynamiken.

Das kapitalistisch getriebene Streben nach Expansion kennt, im Gegensatz zu den Systemzeiten der Natur und den Zeiten des Naturwesens Mensch, kein »Genug«. Es verwechselt, und das ist die Quelle der meisten Umweltprobleme, die Uhr mit der Zeit und die Schöpfung mit der Wertschöpfung. Die Natur aber kennt weder Zeitgewinne noch Zeitverluste, reagiert aber bei Eingriffen in ihre Zeitdynamiken mit unerfreulichen Folgen. Allein aus diesem Grund brauchen wir ein breiteres und detaillierteres Wissen um die Zeiten der Natur.

Einfalt der Uhrzeit und Vielfalt der Zeiten

Die Zeit ist blau
Kann aber auch grün sein
Am Mittwoch ist sie grün
Und am Sonntag ist sie blau
Und am Donnerstag ist sie rot
Freitag ist sie gelb.
Montag ist keine Zeit
Am Dienstag ist Zeit weiß – dunkles Weiß
Lou, 6 Jahre

Im März 1801 verlor Alexander von Humboldt, als er dabei war, den südamerikanischen Urwald zu erkunden, die Orientierung und deshalb auch seine Geduld. Sein indigener Begleiter, ein Karibe, reagierte völlig anders auf die für Humboldt bedrohliche Situation. Humboldt berichtet in seinem Tagebuch:

»Ich war sehr ungeduldig, … tausend Fragen über den verlorenen Weg, er antwortete kein Wort, sah starr auf einen Baum hin, und als ich auswütete, zeigte er mir (eben als sei gar nichts vorgefallen) eine fette Iguana, die von Zweig zu Zweig schlüpfte. … Er lebt außer Raum und Zeit, und wir Europäer scheinen ihm unerträglich, unruhige, von Dämonen geplagte Wesen.«

Der Europäer kreise um sich selbst wie ein »Mühlradwesen«, unaufhaltsam in Bewegung und ruhelos, so Humboldts selbstkritische Interpretation, während der Karibe in einem Kosmos der Rhythmen und Periodizitäten, der Wiederkehr und der Gelassenheit lebe – also in einer völlig anderen Weise kreisend. Dessen Zeithandeln lasse die Dinge und die Menschen ruhen, reifen und sich entwickeln. Natürlich weiß auch der entspannt wirkende Karibe um die Vorteile der Schnelligkeit. Auch er beherrscht sie in seinem Alltag, denn er jagt, er greift an, er flieht. Humboldt berichtet in seinen Aufzeichnungen mehrfach von stundenlang in Hängematten dösenden Indigenen, die dann plötzlich aufbrechen, rastlos den Urwald durchqueren, unter Aufbietung aller Kräfte so schnell wie möglich mit einem Kanu den Fluss aufwärts rudern und Tieren unerbittlich nachhetzen.

Und wie sieht das heute aus, 200 Jahre später? Die Europäer sind noch schneller und hektischer geworden. Ihre Orientierung und den Anschluss an ihren Zeitplan verlieren sie weit häufiger als zu Humboldts Zeiten. Immer noch reagieren sie darauf mit Ungeduld, die immer noch nichts bringt. Alexander von Humboldt hat sein eigenes Verhalten bei nachträglicher, distanzierter Betrachtung als kontraproduktive Reaktion eingeschätzt. Das aber hat seine Nachfahren keineswegs klüger werden lassen, im Gegenteil: Sie tun alles, um Humboldt mit noch mehr Hektik, noch mehr Eile zu übertreffen.

Und die indigene Bevölkerung Lateinamerikas? Ihre Mitglieder sind in den vergangenen zwei Jahrhunderten fast ausgestorben. Man kann es auch ehrlicher sagen: Sie sind ausgestorben worden. Und mit ihnen auch die Geduld und ihre großartige Fähigkeit, in Situationen der Orientierungslosigkeit ohne Hektik neue Orientierung gewinnen zu können. Der von Humboldt erforschte südamerikanische Urwald wurde in immer schnellerer Taktung abgeholzt und abgebrannt, um den steigenden Hunger der Menschen nach schickem Tropenholz, Palmöl und Soja für die Rinderzucht zu befriedigen.

Die Standardzeit der Uhr überlagerte die Vielfalt und beseitigt sie. Relativ unbemerkt verschwinden systemerhaltende und systemstabilisierende Zeitqualitäten aus dem gesellschaftlichen Alltag, vor allem die Rhythmen von Aktivität und Ruhe, Beginnen und Beenden, Helligkeit und Finsternis. Dadurch gerät die lebendige Mannigfaltigkeit natürlicher Systemzeiten und mit ihr die Biodiversität in dramatischem Ausmaß unter Druck. Das traurige Schicksal des Huhns kann dafür als Beispiel stehen: Vormals ein prachtvoll gefiederter, in unzähligen Varianten vorkommender Vogel aus dem südostasiatischen

Regenwald, wird inzwischen eine Handvoll Hühnerrassen in Milliardenzahl in winzigen Käfigen in 35 Tagen zur Schlachtreife katapultiert.

Es waren die Uhren, die einer globalen Monokultur inhaltsleerer und homogener Zeit den Weg bereiteten. Die Zeit wurde auf Zahlen reduziert, mit Geld verrechnet und mit einem Preis ausgestattet. Beide, das Geld und die Uhrzeit, provozieren einen quantifizierenden Blick auf die Welt, der von der qualitativen Mannigfaltigkeit ihres umgebenden Kontextes abstrahiert. Die Uhr gibt der Zeit jene Form, die sie zu einer Ware werden lässt. Eine warenförmige Zeit kann man besitzen, man kann sie haben oder nicht haben, kann sie gewinnen und verlieren, sparen oder verschwenden, sie jemandem schenken oder stehlen. Die Uhrzeit wurde zu einem Gegenstand des Warenhauses. Für die käuflich und veräußerbar gemachte Zeit müssen wir bezahlen – in erster Linie mit Klima-, Umwelt- und Gesundheitsproblemen und mit gesellschaftlichen Verwerfungen und Ungerechtigkeiten. Ein zu hoher Preis, auf den man eigentlich nur erwidern kann: Ticken wir noch richtig?

»Ressource Zeit«

Der vom Messen besessene Kapitalismus sieht in der Natur eine endlos verfügbare Ressource, der man sich, ohne sich um die Reproduktion zu kümmern, nach Belieben bedienen kann. Zeit ist aber ebenso wenig eine Ressource wie das Leben selbst. »Ressource« ist sie nur in der ökonomischen Systemlogik. Wir tun gut daran, deshalb auch nur im Rahmen ökonomischer Diskurse der Zeit Ressourcencharakter zuzuschreiben. Geht's um Zeit in Kultur, Kunst, Politik oder in Bildung und Erziehung, ist die Ressourcenperspektive fehl am Platze. In der Ökonomie muss man Zeit gewinnen, in der Erziehungs- und der Bildungsarbeit, wie auch in der Kunst, Zeit in kreativer Art und Weise verlieren.

Die kapitalistische Warenproduktion kennt nur die abstrakte, in Geld verrechenbare Zeit, die im globalen Wettbewerb über Gewinne und Verluste, materiellen Wohlstand und Armut entscheidet. Die instrumentelle Vernunft der kapitalistischen Marktökonomie teilt die Welt in Zeitzonen ein, Kategorien und Prinzipien des Zeitmanagements ordnen das alltägliche Zeitgeschehen, während die Menschen sich in der Pflicht erschöpfen, jede Minute profitabel nutzen und verwerten zu müssen.

Wir haben die Zeit im Griff. Zumindest behaupten wir das. Auf Nanosekunden genau funktionieren unsere Geräte und Instrumente, und unser Leben verläuft nicht selten ähnlich kleinteilig. Ohne Unterlass sparen wir Zeit und tun alles Mögliche, um aus der gesparten Zeit mehr Geld zu machen. Jene Zeitgenossen, die diesen Ansprüchen nicht genügen, werden in Zeitmanagementseminare geschickt oder es wird ihnen geraten, ihr Leben nach den Prinzipien ausgefeilter Zeitplansysteme zu gestalten. Hilft das nicht, werden die mal mehr, mal weniger subtilen Mittel sozialer Ausgrenzung getestet. Man erklärt jene Mitmenschen, die bei dem Wettrennen um die besten Plätze und die höchsten Profite nicht mitmachen, zu »Aussteigern«, zu »Fortschrittsfeinden« oder zu »Spinnern«. Das funktioniert im geschäftigen Alltag unserer Tage relativ reibungs- und problemlos.

Zu mehr Zeitwohlstand, größerer Zeitzufriedenheit und wachsender Zeitqualität hat das derzeitige gerätegestützte Leben auf die Minute allerdings nicht geführt. Unsere herrschende Zeitkultur verweigert die Chance für ein zeitsattes und erfülltes Dasein. Im globalen Norden hat es zu mehr Reichtum geführt, ja, aber Geld macht bekanntlich – ab einem gewissen Niveau – nicht glücklich. Dies auch, weil die Vermehrung des materiellen Wohlstands von wachsender Zeitnot, steigender Ungeduld und größer werdender Hektik begleitet wird. Ambivalent und nicht sehr zufriedenstellend sind jene Fortschritte, die durch das Wachsen einer Not, in unserem Fall der Zeitnot und des Verlustes zeitlicher Vielfalt, erkauft wurden. Die Sehnsucht nach dem guten Leben – was sollte die Anstrengungen und Mühen eigentlich sonst motivieren? – bleibt auf diesem Weg unbefriedigt. Das Leben, soll es ein zeitsattes und zufrieden machendes sein, braucht Zeit, vor allem aber viele unterschiedliche Zeitqualitäten und bunte Zeiterfahrungen. Die findet man aber nicht in der Zeitmaschine »Uhr« und ihrer standardisierten und unzweideutigen Zeigerzeit. Die Uhr macht aus dem Lustschloss Zeit eine selbstgewählte Zuchtanstalt.

In seiner berühmten Abhandlung *Das Unbehagen in der Kultur* beschreibt Sigmund Freud den ambivalenten Gefühlszustand vieler Zeitgenossen und Zeitgenossinnen: »Die Menschen sind stolz auf diese Errungenschaften und haben ein Recht dazu. Aber sie glauben bemerkt zu haben, dass diese neu gewonnene Verfügung über Raum und Zeit, diese Unterwerfung der Naturkräfte, die Erfüllung jahrtausendalter Sehnsucht, das Maß von Lustbefriedigung, das sie vom Leben erwarten, nicht erhöht, sie nach ihren Empfindungen nicht glücklicher gemacht hat.« Einige Zeilen weiter zieht er die Konsequenz daraus: »Es ist Zeit, dass wir uns um das Wesen dieser Kultur kümmern, deren Glückswert in Zweifel gezogen wird.« Folgen wir also Freuds Aufforderung und kümmern uns mehr um unsere Zeitkultur.

Die moderne Uhrzeitgesellschaft hat die rhythmische Vielfalt der Zeiten misshandelt. Sie hat ihre vielen bunten Zeitgestalten und die Fülle der Zeitqualitäten im Laufe ihrer Erfolgsgeschichte immer mehr reduziert. Während ihres Siegeszuges hat die entrhythmisierte Uhrzeit nicht nur stetig neue Kulturen und Gesellschaften erobert, sondern ist auch immer tiefer in die Menschen selbst eingedrungen und hat dabei starken Einfluss auf unser Denken, Fühlen und Handeln genommen. Die Zeitpluralität, die Zeitrhythmen der Biologie, die Zeitempfindungen der Psychologie, Zeiten des alltäglichen Erlebens, sie alle werden von der abstrakten Zeigerzeit kolonisiert, standardisiert und monokulturell kartografiert. Qualitativ reiche Zeitlandschaften verwandelt die Uhrzeit in Monokulturen.

Zu den heute sichtbar gewordenen problematischen Folgen der kapitalistischen Verwertungsgesellschaft gehört der Vielfalts- und Artenverlust. Die Biodiversität schwindet durch die Zerstörung und Zersplitterung von Lebensräumen, die Übernutzung von Ökosystemen und die anthropogenen Verstärkungen des Treibhauseffektes in rasanter Geschwindigkeit. Dieser Schwund ist nicht nur wegen des Eigenwertes von Vielfalt bedenklich, sondern bedroht auch das Leben, wie wir es kennen. Biologische Vielfalt ist zum Erhalt von Ökosystemfunktionen unersetzbar: Sie bietet Schutz, Nahrung, Energie, die Basis für Heilmittel und Rohstoffe vielerlei Art und hat darüber hinaus soziale, kulturelle und wissenschaftliche Bedeutung. Und genauso wie die biologische Vielfalt gegenüber den menschengemachten Monokulturen unendlichen Mehrwert hat, gilt dies auch für die Zeitenvielfalt, die unbedingt gegen die Monokultur der Uhr verteidigt werden muss.

Die Geduld des Kariben ist für den auf Höchstgeschwindigkeit beschleunigten Zeitgenossen kein attraktives Zeitverhalten mehr. Akzeptanz und Erhalt der Vielfalt von Zeitqualitäten und Zeitmustern, wie die Natur sie anbietet, ist für eine vorsorgende und nachhaltige Art des Lebens und des Wirtschaftens aber unentbehrlich. Sie kann nicht durch eine Vielfalt von Kreditkarten und Mobiltelefonen ersetzt werden. Wie die Gelassenheit müssen auch die Geduld und zahlreiche andere Zeitqualitäten wieder erlernt werden.

Die Dinge, die Systeme haben ihre je eigenen Zeiten. Das Wetter- und das Klimageschehen auf der Erde folgt eigenen

Systemgesetzen, wie das auch die Lebenszyklen von Organisationen und die Dynamiken von Gesellschaften tun. Wenn wir schnell gehen, reden wir anders miteinander und über etwas anderes, als wir das beim Schlendern durch einen Stadtpark tun. Jede Straße, jeder Stadtbezirk, jede Gesellschaft hat eigene zeitliche Bewegungsanweisungen, auf die die Menschen vor Ort physisch und psychisch reagieren. Ebene und gerade Strecken beschleunigen, krumme und kurvige Wege verlangsamen den Schritt. Auf dem Lande lebt man »andante moderato«, in den Metropolen »prestissimo alla marcia«. Für all diese Dinge müssen wir den Blick schärfen.

Trost für alle Verspäteten

Robert Walser schrieb in seinem Brief an einen Entwickelten: »Zu Deinem berühmten ›Zu spät‹ möchte ich mir erlauben zu bemerken, dass es von Natur wegen nie zu spät ist, Vernunft, Güte, einige Liebe usw. an den Tag zu legen, Elemente, die in und an sich sind, was sie sind, und sich nicht um irgendwelchen Ansehen willen manifestieren. Ändere ich mich beispielsweise, so tu ich das nicht um der Gesellschaft willen, sondern durchaus nur mir selber zu lieb, denn in der Änderung liegt ja für mich eine Freude, und gegenüber der Freude, die ich mir dadurch bereite, dass ich mich bildend bewege, sinkt jenes ›Zu spät‹ in eine absolute Wirkungslosigkeit hinab, ich meine damit, dass es sinnlos ist, mir zu sagen, es sei zu spät, wenn ich in diesem unglücklichen Zustand des Zuspätgekommenseins mich so und so oft verstanden habe, glücklich zu machen, worauf es ja, wie wir alle genau wissen, einzig und allein ankommt.«

Das Tempo des Denkens ist nicht das gleiche wie das der Gefühle, und deren Möglichkeiten zur Beschleunigung sind ebenso unterschiedlich. Das Rationale führt zur Beschleunigung, zu mehr Zeitkontrolle und größerer Zeitverdichtung.

Das Phantastische, das Irrationale, das Gefühlvolle, das Soziale hingegen tendiert zu Verzögerungen, zu Abschweifungen und Umwegen. Das gut, human und zeitzufrieden machende Leben braucht beides, Schnelligkeit und Langsamkeit, und die vielen Zeiten dazwischen, für die es gar nicht genügend Wörter in der Deutschen Sprache gibt.

Ein schönes Beispiel für die Produktivität der Zeitvielfalt wurde von Charles Dickens überliefert. Er gibt in seinem ersten Roman den Pickwickiern präzise Verhaltensregeln zum Einfangen verloren gegangener Kopfbedeckungen an die Hand:

»Es gehört keine geringe Kaltblütigkeit und ein besonderer Grad von Beurteilungskraft dazu, einen fortrollenden Hut wieder einzufangen. Man darf nicht zu sehr eilen, sonst stürmt man über ihn hinaus; man darf nicht zu langsam sein, sonst verliert man ihn. Die beste Art, ihn einzufangen, ist, möglichst in gleicher Linie mit dem verfolgten Gegenstand zu bleiben, behutsam und vorsichtig zu sein, die Gelegenheit hübsch abzuwarten, ihm allmählich vorzukommen, dann plötzlich die Hand auszustrecken, ihn bei der Krempe zu ergreifen und fest an den Kopf zu drücken. Dabei empfiehlt es sich, fortwährend zu lächeln, als hielte man alles für einen ebenso guten Spaß wie jeder andere.«

Behütet ist man im Leben nur, wenn man sowohl langsam als auch schnell sein kann und jedem Vorgang seine eigene Zeit zugesteht. Die Schnelligkeit braucht Langsamkeit, wenn sie sinnvoll und erfolgreich sein soll, – und ebenso braucht produktive Langsamkeit auch die Möglichkeit zur Schnelligkeit. Die unterschiedlichen zeitlichen Handlungsformen müssen miteinander in erfolgbringender Art und Weise verknüpft und ineinander aufgehoben sein. Das anzustrebende Ideal ist – eine schöne Formulierung von Karl Rahner – die »versöhnte Verschiedenheit« unterschiedlicher Zeitformen. Nur im Umfeld versöhnter Verschiedenheit können auch die Subjekte versöhnt leben, mit sich und auch mit der Zeit.

Komplexe Wesen haben vielfältige Zeiten, die durch subtile Verbindungen und Synchronisationsprozesse miteinander korrespondieren. Die versöhnte Verschiedenheit dieser unterschiedlichen Zeitformen zielt jedoch nicht auf eine Addition der unterschiedlichen Zeitlichkeiten, sondern auf ein sich gegenseitiges Durchdringen und Bedingen – ganz so, wie es der Wiener Walzerkönig Johann Strauß von seinen Musikern fordert: »Der Schwung hat aus einer ruhigen Bewegung zu kommen.« Ähnliches kennt jeder Zweiradfahrer: Fährt er zu langsam, fällt er um; fährt er zu schnell, fliegt er aus der Kurve. Zu schmerzhaften Zeitverlusten führt es, wenn Rad- oder Motorradfahrer zu fix sind, aber auch wenn sie sich zu langsam fortbewegen. An Tempi müssen sie die gesamte Bandbreite zwischen »langsam« und »schnell« beherrschen.

Daher brauchen wir Beschleunigung *und* Stillstand, Schnelligkeit *und* Langsamkeit, Kurzfristigkeit *und* Langfristigkeit, Mobilität *und* Sesshaftigkeit, Rhythmus *und* Takt, rasches Arbeiten *und* geduldiges Genießen, kurz gesagt: Wir brauchen Zeitvielfalt und benötigen die Synchronisation von Systemzeiten, Eigenzeiten und unterschiedlichen Zeitmustern, um uns als Teilhaber und Mitgestalter der biologischen und der kulturellen Zeit- und Lebensvielfalt zu verstehen.

Warum soll es nur für Nashörner, Hufeisenfledermäuse und seltene Pflanzen Schutzgebiete geben – warum nicht auch für Zeitformen und Zeitqualitäten wie das »absichtslose Schlendern«, das »Trödeln«, das »orientalische Dösen« oder das »großstädtische Flanieren«? Warum nicht auch für den Reichtum und die Buntheit von Zeitformen und Zeitqualitäten?

Nur auf der Grundlage eines qualitativen Zeitreichtums und der Befriedigung unterschiedlicher Zeitbedürfnisse ist ein harmonischen Leben in und mit der Natur möglich – und eine stabile demokratische Kultur ebenso. Anzustreben ist eine Zivilisation, in der die menschlichen Bedürfnisse in einem Ausmaß befriedigt werden, die eine Unterdrückung und Ausbeutung der Natur und ihrer Zeiten unnötig macht. Dazu gehört es, dem Einfluss der Uhrenzeit, ihrem Druck zu zeitlicher Standardisierung, zur Verringerung der Zeitvielfalt und zur Vertaktung der Lebensverhältnisse Grenzen zu setzen.

Aus diesem Grund ist es auch problematisch, weil irreführend, nur im Singular von »der Zeit« zu sprechen. Zeit existiert nur im Plural, als Formen- und Qualitätsvielfalt. In den unser Dasein durchflutenden lebendigen Zeiten spiegelt sich die ganze Vielfalt des Zeitlichen und der leiblichen Befindlichkeit. Jedes Geschehen hat seine je eigenen Zeiten. Eine zufrieden machende und eine die Natur schonende Zeitkultur verlangt Fülle, nicht einschränkende Standardisierung von Zeitqualitäten, um sich als Gesellschaft zu ordnen und zu entwickeln.

Das vom Uhrwerkmechanismus dominierte Zeitdenken und Zeithandeln findet keinen Anschluss an die Zeitdynamiken der Natur, weder an die dem Menschen eigene noch an die rhythmischen Zeitverläufe der äußeren Natur. Mechanische Uhren ticken völlig unbeeinflusst von dem, was um sie herum vorgeht. Die standardisierte Gleichmäßigkeit des Uhrzeitlaufs, die der Ökonomie zur Beschleunigung, zur Zeitverdichtung und zur Zeitkontrolle dient, verleitet zu folgenschweren Illusionen. Immer wieder neu fallen die Uhrzeitmenschen der lebensfernen Meinung einer gleichmäßig vergehenden Zeit anheim und dem wenig realistischen Wunschdenken, Zeitliches sei regelbar, man könne es kalkulieren, kontrollieren und je nach Situation bedarfsgerecht teilen und verplanen. So aber ist das Leben bekanntermaßen nicht, und so lässt es sich auch nicht ohne problematische Folgen organisieren.

Im Gegensatz zu der maschinell hergestellten Zeitansage der Uhr, die es mit toten Zeiten und situationsabgehobenen Signalen zu tun hat und aus diesem Grund völlig stringent und rigide sein kann, sind die lebendigen Zeiten des menschlichen Daseins bunt, widersprüchlich, flexibel, elastisch und unkalkulierbar. Das Lebendige, das Natürliche pulsiert, schwingt, ist eine Mischung aus Kontinuierlichem und Diskontinuierlichem, aus Höhen und Tiefen, Zufälligem und Voraussehbarem, aus Anfängen, Abschlüssen und Abbrüchen. Phasen der Stetigkeit und der Kontinuität sind mit Perioden der Diskontinuität und des plötzlichen Umbruchs zu einer Ganzheit verwoben. Die Verfahren und Prinzipien der klassischen Logik reichen nicht aus, jenes Geschehen, das wir ›Leben‹ nennen, vollumfänglich zu erklären. Ein nicht schädigender Umgang mit der zeitlichen Vielfalt und den Zeitdynamiken des Lebens verlangt einen elastischen, situationsspezifischen Umgang mit Zeit. Den bietet die Uhr nicht an.

Die eingeebnete Zeitlandschaft der Uhr bedarf der Re-Kultivierung. Kultivierung der Zeiten bedeutet vor allem, Bedingungen zu erhalten und Erfahrungen zu pflegen – oder auch wiederherzustellen –, die der qualitativen Zeitvielfalt einen lebendigen kulturellen und ästhetischen Raum der Erfahrung eröffnen. Wie ökologische Systeme ihre Stabilität durch die Anzahl und die Vielfalt der Arten vergrößern, die in ihnen existieren, so verbessern auch soziale Systeme und Gesellschaften dann ihre Überlebenschancen, wenn sie das Spektrum der Zeitformen und Zeitqualitäten erweitern. Zeitvielfalt erhöht und verbessert die Systemstabilität, aber nur dann, wenn sie akzeptiert und nicht den Herrschaftsambitionen geopfert wird.

Was tun?

Die ökologische Krise hat ihre Wurzeln nicht zuletzt in der Vernachlässigung der Zeitdimension. Es führt kein Weg daran vorbei: Ob wir wollen oder nicht, wir müssen den von der Uhr okkupierten Umgang mit dem Zeitlichen ändern – also ganz konkret: unseren Lebensstil. Das gilt für das individuelle Verhalten, das soziale und wirtschaftliche Handeln, und das gilt vor allem auch für die Politik.

Genauso wie ein ökologisches System seine Elastizitäten und damit seine Fehlerfreundlichkeit und Überlebenschancen vergrößert, indem es Variantenreichtum steigert, sollten dies auch Gesellschaften und soziale Systeme tun. Ein steigender Reichtum an Zeitformen und Zeitqualitäten erhöht die Freiheitsgrade von Systemen und damit ihre Lebens- und ihre Überlebenschancen.

Nicht ausreichend für einen nachhaltigeren und vorsorgenderen Umgang mit den Zeiten ist der simple Reflex des Griffs zur Bremse. Auch wenn die maß- und rücksichtslose Beschleunigung häufig Verursacherin der Krise ist, ist »Entschleunigung« nicht die alleinige Lösung, eher hingegen die Akzeptanz und die Pflege einer lebendigen zeitlichen Vielfalt. Das Wohlergehen einer Gesellschaft, das ihrer sozialen Organisationen und die Zeitzufriedenheit ihrer Mitglieder sind an die lebendige Pluralität von Zeitformen und Zeitqualitäten gebunden. Für eine nachhaltigere Gesellschaft und eine vorsorgendere Ökonomie sind eine zeitbewusste und vorausschauende Umweltpolitik und eine ökosoziale Zeitpolitik unabdingbar, die energischer als bisher ökonomische, soziale und ökologische Grenzen thematisieren und die Frage »Wie viel ist genug?« beantworten. Ohne Veränderungen des individuellen Umgangs mit Zeit, ohne Korrektur der Lebensgewohnheiten und ohne Anschluss an unsere leibliche Zeitnatur werden wir die menschengemachte ökologische Krise nicht bewältigen. Und ohne die Transformation unserer Art zu wirtschaften verschärfen sich die Krisen weiter.

Detaillierte Antworten auf die Frage »Was tun?« liefert das abschließende Kapitel dieses Buches, bezogen auf die drei Handlungsebenen des Individuums, der Arbeitswelt und der Gesellschaft.

Kapitel 5

Zeitvielfalt

Die Frage nach dem Wann

Es gab einmal eine Frage, die die Welt mit einem Schlag veränderte. Es war eine Frage nach dem Wann. Am 9. 11. 1989 gab Günter Schabowski, Mitglied des SED-Politbüros, eine historische Pressekonferenz. Er verkündete die Veränderung der Reisefreiheit, die Bürgern der DDR die Ausreise erlaubte. Das allein war schon ungewöhnlich, jedoch erst die Rückfrage eines Journalisten machte aus einer politischen Absichtserklärung eine Realität mit geschichtsträchtigen Konsequenzen. Die Frage des Journalisten lautete: »Wann tritt das in Kraft?« Die ganze Welt kennt Schabowskis suchendes Gesicht, als er sein Blatt Papier dreht und wendet, bis es ihm schließlich entfährt: »Das tritt nach meiner Kenntnis … ist das sofort. Unverzüglich.« Mit der Antwort auf diese Wann-Frage manifestierte sich das Ende einer Weltordnung.

Die Kraft guter Fragen ist nicht zu unterschätzen. Sie helfen, die Perspektive zu erweitern, regen Gedanken und Reflexion an und öffnen den Weg für neue Einsichten und Verhaltensweisen. Als Erweiterung der Fragen nach dem Grund (Warum), dem Zweck (Wozu), der Form (Wie), dem Inhalt (Was) und der Person (Wer) rückt das Wann die konkrete Situation in den Fokus der Aufmerksamkeit.[1] Das Wann fragt nach den Bedingungen für beobachtbares Verhalten: Wann tritt ein Problem auf und wann nicht? Welche Bedingungen braucht es für ein bestimmtes Verhalten? Mithilfe des Wann lassen sich Phantasien, Wünsche, Annahmen, Befürchtungen und Erwartungen in die Realität des Augenblicks holen. Das Wann relativiert, indem es die Situation verzeitlicht.

Dies ist die handlungspraktische Seite der Zeitperspektive, die gerade in Bezug auf nachhaltige Formen des Lebens und Wirtschaftens zentral ist. Oft wünschen wir uns, dass in Richtung Nachhaltigkeit mehr geschieht, dass die Lücke zwischen Absicht und Umsetzung, zwischen Wissen und Handeln geschlossen wird, dass sich nachhaltiges Verhalten verzeitlicht. Klar wissen wir, dass eine pflanzliche Ernährung und ein autofreies Leben besser und notwendig sind. Die entscheidende Frage, die die Lücke zwischen Wunsch und Wirklichkeit schließt, ist dabei stets die nach dem Wann: Wann kaufe ich nur noch pflanzliche Nahrungsmittel ein, wann tausche ich mein Auto gegen ein Fahrrad?

Das ist aber nur ein Teil der Lösung. Wenn der Appell, ab jetzt einfach den Ratschlägen und Hinweisen der Wissenschaft zu folgen, ausreichen würde, hätten wir relativ schnell unsere planetaren Krisen überwunden. So scheint es aber leider nicht zu funktionieren. Wir haben kein Wissensproblem, sondern ein Umsetzungsproblem – wir alle wissen, wie ökologisch sinnlos der Gebrauch von SUVs ist. Trotzdem verkaufen sich die tonnenschweren Protzkarren wie geschnitten Brot. Ähnlich geht es uns mit Flugreisen, Fleischverzehr und konventioneller Landwirtschaft. Allzu oft gilt unsere Sympathie der Maus, aber wir füttern dennoch die Katze. Wir wissen, was eigentlich im Sinne unserer aller Zukunft richtig wäre, und entscheiden uns dann in der konkreten Situation doch anders.

Ein Grund dafür ist, dass unsere kulturellen Prägungen unser Alltagshandeln maßgeblich beeinflussen. Als angeeignete Werte, Glaubenssätze und Entscheidungsprämissen steuern sie unser Verhalten, indem sie eine Art Eichfunktion für gutes Leben übernehmen. Auch unsere Vorstellungen dazu, was Zeit eigentlich ist, und die Kriterien, nach denen wir Zeit bewerten, prägen unsere Kultur – allen voran die Idee der linear verlaufenden Zeit der Uhr, deren gewinnbringende Nutzung darüber entscheidet, was sinnvolle und sinnlose Zeit ist. Allzu oft ist damit ein Zeithandeln verknüpft, das einem nachhaltigen Leben entgegensteht. Unsere derzeitige Zeitkultur des »always on«, des »niemals genug« und des »alles gleichzeitig und zwar sofort« hat einen großen Anteil daran, dass wir durch unser Leben und Wirtschaften unsere eigene Existenzgrundlage zerstören.

In der Veränderung unserer kulturellen Zeitvorstellungen liegt daher ein wesentlicher Schlüssel für eine nachhaltige Welt und eine lebenswerte Zukunft.

Wir sind wie Fische im Wasser

Der amerikanische Autor David Foster Wallace hat eine schöne Metapher für unser Verhältnis zur Zeit gefunden. In einer Rede erzählte er die Geschichte von zwei jungen Fischen im Ozean. Eines Morgens kommt ihnen ein älterer Fisch entgegen und fragt: »Guten Morgen Jungs, na, wie ist das Wasser heute?« Die beiden nicken höflich zurück und schwimmen weiter. Nach kurzer Zeit fragt der eine den anderen: »Der Typ war ja ganz nett, aber was zur Hölle ist Wasser?«[2] Geht es um die Zeit, verhalten wir uns oft wie diese beiden jungen Fische. Die Zeit umgibt uns, ist allgegenwärtig, nichts existiert außerhalb der Zeit. Und gerade weil sie uns ständig umgibt und omnipräsent ist, fällt sie uns nur noch auf, wenn sie fehlt, zum Problem wird oder uns als zu knapp erscheint. Dann nutzen wir eine unserer beliebtesten Floskeln: »Tut mir leid, keine Zeit!«

Wir haben es bei der Zeit mit einem sehr eigentümlichen Phänomen zu tun. Wir können sie weder verändern noch sparen, weder managen noch in den Griff bekommen. Wir können mit ihr nur eines tun – sie leben. Was wir allerdings ändern können, sind unsere Vorstellungen von dem, was wir Zeit nennen. Unsere kulturell geprägten Bilder von Zeit sind es, die uns in unserem Handeln leiten. Sie geben uns Auskunft darüber, was sinnvolle und sinnlose Zeit ist, und haben sich im Laufe der Geschichte immer wieder geändert.

Zeit ist also keine Konstante, wie die Uhrzeitvorstellung der Moderne uns suggeriert, sondern unterliegt ständigen kulturellen Veränderungen. Zeit ist »flüssig« wie Wasser. Sie nimmt unterschiedliche Formen an und existiert demnach nur im Plural. So haben verschiedene Kulturen immer auch unterschiedliche Vorstellungen von Zeit entwickelt. Beispielweise gibt es im Buddhismus und in vielen naturnahen Kulturen eine kreisförmige Vorstellung von Zeit. In der Vorstellung des Andenvolks der Aymara liegt die Zukunft hinter uns, weil sie ungewiss ist, und die Vergangenheit vor uns, weil sie bereits bekannt ist. Der israelische Historiker Yuval Noha Harari betont, dass wir uns als Homo sapiens durch genau diese Fähigkeit von allen anderen Tieren unterscheiden: Wir können durch unsere Sprache Geschichten erfinden, durch die wir eine große Anzahl an Menschen zur Kooperation befähigen. Egal ob Schöpfungsgeschichten, Menschenrechte, Geld oder eben auch die Vorstellungen von Zeit, stets sind es erfundene Geschichten, an die wir kollektiv glauben, die es uns ermöglichen, mit wildfremden Menschen einvernehmlich zu interagieren. Zeit ist also eine Glaubensfrage und das, was wir glauben oder nicht glauben, lässt sich bekanntermaßen verändern – auch wenn sich mancher Glaube als sehr hartnäckig erweist.

In seiner Rede von den zwei Fischen warnt Wallace: »blinde Sicherheit ist eine Form der Unachtsamkeit, die zu einer Gefangenschaft führt, die so absolut sein kann, dass der Gefangene gar nicht merkt, dass er eingesperrt ist.« Die Vorstellung »Zeit gleich Geld« ist für uns eine solche blinde Sicherheit, eine unhinterfragte Annahme. Sie ist handlungsleitend für unsere Entscheidungen und die Bewertung von Zeit, und langsam dämmert uns, wie limitierend unser Gefängnis geworden ist. Für Veränderungen im Umgang mit Zeit ist ein wichtiger Schritt, sich bewusst zu machen, dass Vorstellungen von Zeit eben genau das sind: Vorstellungen und keine Tatbestände. Auch wenn es uns oft so vorkommt – »das haben wir schon immer so gemacht« oder »das hat noch nie funktioniert« –, Vorstellungen sind keine Naturgesetze. Wir haben sie selbst erfunden und können sie daher auch immer neu schreiben.

Und genau hier möchten wir ansetzen. Wir möchten dazu anregen, das »Wasser«, in dem wir schwimmen, genauer zu betrachten – sich und andere auf Zeit hin zu beobachten und diese Beobachtungen auch zu kommunizieren. Sprache schafft Realität und damit die Möglichkeit für Veränderungen.

Wir plädieren für ein verändertes Verständnis von Zeit. Für ein Zeitbild, das sich weniger an Geld und mehr an natürlichen Regenerationszyklen, sozialen Rhythmen und persönlichen Eigenzeiten orientiert. Hieraus speisen sich veränderte Bewertungskriterien dafür, was wir für sinnvolle Zeit und sinnlose Zeit erachten. Nachhaltige Zeitbewertungskriterien sind weniger auf lineare Beschleunigung ausgerichtet, sondern achten eher auf kreisförmige Balancen. Schneller ist dann nicht immer besser und die Zeiten, die im Leben zählen, brauchen wir nicht länger zählen.

Wir müssen den Blick auf die Zeit verändern – weg von der quantifizierten Zeit hin zu den Zeitqualitäten.

Zeitvielfalt – ein neues, altes Konzept

»Zeit ist Geld« ist als Handlungs- und Bewertungskonzept zu einfach für eine vielfältig zusammenhängende Welt. Es reduziert komplexe Wechselwirkungskreisläufe auf ihre lineare Verwertungslogik und achtet weder auf Regenerationszyklen noch auf Balancen, Kipppunkte oder Rhythmizität. Da wir selbst Teil der Komplexität sind und als natürliche Wesen in diese Wechselwirkungskreisläufe eingebunden sind, missachten wir mit dieser Gleichsetzung nicht nur unsere Umwelt, sondern auch uns selbst. Was wir brauchen, ist Zeitvielfalt.

Anschaulich wird der Wechsel von einseitiger Beschleunigungsfixierung hin zu mehr Zeitvielfalt an dem bekannten Aphorismus von den Löwen und den Gazellen, der gerne als Vergleich für das richtige Verhalten im Wettbewerbsumfeld genutzt wird: »Jeden Morgen wacht in Afrika eine Gazelle auf. Sie weiß, sie muss schneller laufen als der schnellste Löwe, um nicht gefressen zu werden. Jeden Morgen wacht ein Löwe auf. Er weiß, er muss schneller sein als die langsamste Gazelle, oder er würde verhungern. Es ist egal, ob man ein Löwe oder eine Gazelle ist: Wenn die Sonne aufgeht, musst du rennen.«

Was für ein Quatsch! Sowohl Löwe als auch Gazelle wären nach kurzer Zeit an Erschöpfung verendet oder zumindest eine leichte Beute für andere Raubtiere, wenn sie sich an diese Quintessenz halten würden. Wer sich ein wenig mit diesen Tieren auskennt, weiß, dass für ihr Überleben ganz andere Strategien notwendig sind – tatsächlich sind die Tiere Meister der Zeitvielfalt. Betrachten wir die Geschichte etwas realistischer: »Jeden Morgen wacht in Afrika eine Gazelle auf. Sie weiß, dass sie besonders während der Jagdzeiten der Löwinnen bereit sein muss, plötzlich loszulaufen, will sie nicht gefressen werden. Bis dahin muss sie durch Schlaf und Essen ihre Kräfte dafür sammeln. Jeden Morgen wacht in Afrika eine Löwin auf. Sie weiß, dass sie nur dann nicht verhungern wird, wenn sie die Zeiten beachtet, zu denen die Gazellen ihren Durst am Wasser stillen. Es ist egal, ob man eine Löwin oder eine Gazelle ist: Wenn die Sonne aufgeht, muss man etwas von den Zeiten anderer Lebewesen verstehen und sie beachten.«[3] Beide Tiere müssen zudem ein Gespür für den eigenen Rhythmus, die notwendigen Pausen und das richtige Timing mitbringen. Für das Überleben ist es essenziell, Kompetenzen im Umgang mit Zeitvielfalt zu sammeln.

Das Konzept der Zeitvielfalt ist im Grunde nicht neu. Es ist ein bewährtes Konzept, das eine Renaissance verdient hat – adaptiert an heutige Anforderungen und Lebensbedingungen. Denn Zeit besteht per se aus einem bunten Blumenstrauß an Zeiten – schnellen und langsamen, verdichteten und enthetzten, aktiven und regenerativen.

Jede Zeitform hat ihre eigene Qualität, und erst in ihrem Zusammenspiel können sie ihre Wirkung entfalten. Das Leben ist ähnlich einem Musikstück: Es lebt von der Kombination unterschiedlicher Tempi – mal langsamer, ruhiger, dann wieder schnellerer Rhythmen – und vor allem vielen Pausen. Ohne die Pausen wäre Musik nur Lärm. Dieses Prinzip lässt sich übertragen: Kurzfristig ist es sinnvoll, schnell zu sein und zu beschleunigen. Als Dauerzustand eignet sich dieser Modus nicht, ist er doch nur zum Preis eines deutlich höheren Ressourcenverbrauchs zu haben. Mit der Concorde konnte man in 3,5 Stunden in zweifacher Schallgeschwindigkeit von Paris nach New York fliegen. Das ist wirklich schnell. Nur war diese Geschwindigkeit weder ökonomisch rentabel noch ökologisch vernünftig.

Unsere aktuelle Fixierung auf Beschleunigung ist nur möglich, weil wir natürliche Ressourcen, die sich innerhalb von Jahrmillionen gebildet haben, innerhalb weniger Jahrzehnte verbrauchen. Ganz allmählich wird die Einsicht lauter, dass wir so nicht weitermachen können. Die einseitige Bewertung von Schnelligkeit als gute Zeit bringt uns zunehmend mehr Probleme als Vorteile ein.

Ein bunter Reigen dagegen entspricht den Zeitmustern der Natur, in der unter anderem Schnelligkeit – man denke nur an bakterielles Wachstum – und gleichzeitig Langsamkeit – etwa die Wachstumsgeschwindigkeit von Bäumen – koexistieren. Durch eine solche Diversität wird Stabilität, Resilienz und Ausgeglichenheit erzeugt. So wie sich Ökosysteme über Biodiversität wechselseitig stabilisieren, so können sich auch Familien, Vereine, Unternehmen und Gesellschaften über gelebte Zeitvielfalt stabilisieren.

Wir müssen lernen, unterschiedliche Zeiten zu leben, zu schätzen und in unseren Alltag zu integrieren. Dabei geht es nicht darum, die Entwicklung zurückzudrehen und in Vergangenheitsglorifizierung abzudriften. Es geht um eine Aktualisierung dessen, was die ganze Zeit über präsent ist, aber in unseren Entscheidungen und Bewertungen wenig Beachtung gefunden hat: die Vielfalt der Natur, vor allem der Zeitnatur.

Im Grunde ist Zeitvielfalt in jedem sozialen System vorhanden. Sie ist der Default-Modus, den unsere Körper automatisch anstreben, weil er unserer natürlichen Rhythmizität entspricht. Wir brauchen uns nur selbst im Tagesverlauf zu beobachten. Morgens benötigen wir eine Anfangszeit, um von der Pause der Nacht gut in den Tag zu kommen. Hilfreich ist eine Zeit des Übergangs, um vom Privatleben in den Arbeitsmodus zu wechseln. Es folgen Phasen der Schnelligkeit, Langsamkeit, Gleichzeitigkeit und Fokussierung, Wiederholung, Hektik, Stillstand, Muße, et cetera. Zwischendurch brauchen wir Pausen, um uns zu regenerieren, und ab und zu ist es äußerst förderlich zu warten, um zum Beispiel den passenden Moment zu erkennen – aus dem Boxsport kennen wir den

Ausdruck »timing beats speed«, der die Kunst des rechten Augenblicks betont.

Vielfalt entsteht aus den evolutionären Prinzipien von Variation, Selektion und Retention. Die drei evolutionären Prinzipien lassen sich im Großen wie im Kleinen anwenden. Der erste Schritt besteht darin, die Vielfalt zu erhöhen und neue Varianten einzuführen (Variation). Dies können zum Beispiel neuartige Zeitkonzepte oder alternative Handlungsweisen sein. Diese prototypische Vielfalt wird anschließend erprobt und auf ihren Nutzen hin geprüft (Selektion). Die ausgewählten Konzepte werden schließlich angewendet und auf Dauer gestellt. Sie verlassen das Stadium des Prototypen und werden zur Routine (Retention). Das Ganze ist als Kreislauf zu verstehen, der sich wiederholt und zugleich als evolutionäre Spirale weiterentwickelt.

Ein kleines Panoptikum der Zeitvielfalt

Unser Konzept der Zeitvielfalt schließt direkt an diesen Dreischritt an. Im Folgenden betrachte ich eine Variation an Zeitqualitäten, die gelingendes Leben und eine zukunftsfähige Welt ermöglichen, und lade Sie ein, auszuprobieren, welche Mischung sich für Sie und Ihren persönlichen Umgang mit Zeit am besten eignet und dabei im Einklang mit einer lebenswerten Zukunft steht.

Die Schnelligkeit. In vielen Bereichen des Lebens nimmt Schnelligkeit eine große Bedeutung ein. Sie ist eine Quelle unseres materiellen Wohlstands und spielt in der »Zeit ist Geld«-Logik eine entscheidende Rolle. Und natürlich haben wir diesem Prinzip viel zu verdanken: Moderne Medizin und eine verlängerte Lebenserwartung, vergleichsweise hohe Lebensstandards, ein hohes Maß an Freizeit und vieles mehr erwachsen daraus.

Schnelligkeit ist aber keine absolute Kategorie. Was schnell ist und was nicht, obliegt der Bewertung eines Betrachters. In der Natur gibt es nur eine Geschwindigkeitskonstante: die Lichtgeschwindigkeit mit knapp 300.000 km pro Sekunde. Gemessen daran erscheint alles andere eher langsam. Was wir selbst als schnell oder langsam empfinden, hängt von der Relation zu unserer eigenen Kapazität der Reizverarbeitung ab. Sie unterliegt menschlicher Rhythmizität. Bis ein äußerer Reiz über unsere Sinneskanäle aufgenommen und in unserem Bewusstsein angekommen ist, vergehen ungefähr 700 Millisekunden. Zuvor wurde der Reiz allerdings schon in anderen Hirnbereichen (u. a. im limbischen System) emotionalisiert. Dies geschieht innerhalb von weniger als 200 Millisekunden und ist damit ein unbewusster Prozess. Unsere Haare wachsen nur mit einer Geschwindigkeit von einem Zentimeter pro Monat. Beim Niesen erreichen die ausgestoßenen Partikel eine Geschwindigkeit von bis zu 170 km/h. Unsere Nerven leiten die Impulse mit bis zu 400 km/h weiter.

In der äußeren Natur finden wir unzählige Prozesse, die mit hohen Geschwindigkeiten (bis hin zur Lichtgeschwindigkeit) ablaufen. Ein Cäsiumatom etwa schwingt pro Sekunde 9.192.631.770 Mal. Dies ist das Zeitmaß, das als Grundlage für unsere Atomuhren dient. In der belebten Natur geht es etwas gemächlicher, aber im Vergleich zu menschlichen Geschwindigkeiten immer noch rasant zu. Ein Gepard kann für kurze Strecken bis zu 120 km/h schnell sprinten. Ein Vogelstrauß immerhin bis zu 70 km/h, dafür aber für längere Strecken. Ein Tempo von 50 km/h kann er locker bis zu einer halben Stunde halten. Der Mensch ist mit etwa 40 km/h im Kurzstreckensprint eher langsam unterwegs. Im gemächlicheren Langstreckenlauf beweist er seine wahre Läuferqualität. Und im Vergleich zur Riesenschildkröte mit 1,9 km/h ist er wiederum recht flott – auch wenn ihn das Reptil in Sachen Lebenszeit deutlich überdauert, man schätzt das Alter mancher Exemplare auf über 250 Jahre.

Schnelligkeit hat ihren Preis, und der heißt vor allem »Energie«. Wer schnell sein will, muss Energiereserven haben und diese in kurzer Zeit verfügbar machen können. Das Prinzip gilt in der Natur wie in der Technik. Ein Gepard kann sehr schnell rennen, aber nur, wenn er davor ausreichend Kraft durch Nahrungsaufnahme und Regeneration verfügbar gemacht hat. Schnelligkeit kann nur in Koexistenz und Wechselwirkung mit Langsamkeit entstehen. Auch bei der Technik ist dies offensichtlich: Ob Rennwagen oder Überschallflugzeuge – hohe Geschwindigkeiten können nur erreicht werden, weil die dazu notwendige Energie über lange Zeit gespeichert wurde. Für fossile Brennstoffe dehnt sich dieser Herstellungszeitraum über Jahrmillionen.

Ein Großteil unserer ökologischen Krisen entsteht dadurch, dass wir langsam erzeugte Energie in viel zu kurzen Zeiträumen verfügbar machen und verbrauchen. Eine Lösung dieses Problems könnte aber auch in der Schnelligkeit liegen, und zwar in der Schnelligkeit von regenerativen Energiequellen. Die Sonne scheint, der Wind weht, das Wasser fließt: All diese Energiequellen sind relativ schnell verfügbar. Sie müssen nicht erst über Jahrmillionen gespeichert werden. Diese Seite der Schnelligkeit sollten wir uns schnell zunutze machen!

Wichtig ist es, zu differenzieren, wo Schnelligkeit Sinn macht und wo nicht. Es wäre sinnlos, vom Krankenwagen zu verlangen, wieder mit der Pferdekutsche anzurücken. Die Geschwindigkeit, mit der wir regenerative Energien und nachhaltige Formen der (Land-)Wirtschaft forcieren, könnte allerdings deutlich mehr Schnelligkeit vertragen. Man beachte, dass hierbei die Beharrungskräfte derer entgegenwirken, die das »Zeit ist Geld«-Beschleunigungsspiel erhalten möchten und in Form von bewusster Einflussnahme gezielt Bremswirkung erzeugen. Die Vorteile der Schnelligkeit sollten wir nutzen – nicht aber ohne zu prüfen, zu welchem Preis wir sie erhalten und ob sie wirklich notwendig ist.

Die Langsamkeit. »Mach mal langsam, gemach gemach, lass uns das mal langsam angehen« – die Langsamkeit findet sich in vielen Ausdrücken unserer Alltagssprache wieder. Sie ist die Gegenspielerin zur Schnelligkeit und gleichzeitig ihre Möglichkeitsbedingung. Damit überhaupt beschleunigt werden kann, muss vorher etwas langsam(er) gewesen sein. Langsamkeit und Schnelligkeit bedingen sich gegenseitig und entfalten die Produktivität der Gegensätzlichkeit über ihre Verbindung. Voraussetzung dafür ist, dass wir den Wert von langsamen Zeiten erkennen und sie schützen. Selbiger geht naturgemäß verloren, wenn die Langsamkeit beschleunigt wird. Das produktive Zusammenspiel von Langsamkeit und Schnelligkeit entsteht also nur über ein Nacheinander und nicht durch die Vergleichzeitigung beider Zeitformen.

In der Natur findet man unzählige Beispiele für die Produktivität der Langsamkeit. So braucht beispielsweise die Umwandlung von Plankton in Erdöl zwischen 10.000 und einigen Millionen Jahren – ein Prozess, der übrigens einen Großteil unserer Schnelligkeit überhaupt erst möglich macht.[4] Das langsamste Säugetier der Erde ist das Dreifinger-Faultier. Bewegt es sich von Ast zu Ast, erreicht es eine Maximalgeschwindigkeit von 4 Metern in der Minute – auf dem Boden ist es mit höchstens 2,4 Metern pro Minute noch langsamer. Dabei ist seine Langsamkeit ein evolutionärer Vorteil: Durch den reduzierten Stoffwechsel muss es weniger Nahrung aufnehmen, zudem sind seine Bewegungen dermaßen langsam, dass potenzielle Raubtiere es übersehen. Die Langsamkeit wirkt praktisch als Tarnung.[5] Die langsamste Schneckenart übrigens, die Bananenschnecke, legt etwa 10 Zentimeter in der Stunde zurück. Auch Regenerationsprozesse können mitunter sehr langsam gehen. Ein durch schweres Gerät wie Traktoren verdichteter Waldboden braucht Jahre, wenn nicht sogar Jahrzehnte, bis er sich regeneriert hat.[6] Im menschlichen Körper finden wir teils sehr schnelle Erneuerungszyklen – etwa bei den weißen Blutkörperchen mit einer Lebensdauer von Stunden – und sehr langsame – etwa bei unseren Knochen, deren Zellen sich nur alle 25 Jahre erneuern.

In Unternehmen und Organisationen führt die Langsamkeit trotz ihrer Produktivität oft ein Schattendasein. Sie ist dort zwar auch allgegenwärtig, zeigt sich aber meist von ihrer störenden Seite, beispielweise als Klage über zu langsame Abstimmungsschleifen, zähe Besprechungen und Entscheidungsprozesse. Dabei hilft die Langsamkeit, weil sie wichtigen Tätigkeiten wie dem Abwägen, dem Sinnieren, dem Reifenlassen ihren Raum gibt. Auf strategischer Ebene braucht es Langsamkeit, um Sinnfragen zu klären, Märkte zu beobachten und die passenden Entscheidungen zu treffen. Die Langsamkeit ermöglicht Genauigkeit, Fokus und Arbeit am Detail. Sie ist ein Nährboden für neue Ideen, die Suche nach Perfektion und die Kraft der Schönheit. Auch für Würde, Stil, Ästhetik und deren Genuss braucht es Langsamkeit.

Heute zeigt sich die Sehnsucht nach Langsamkeit in den diversen Slow-Bewegungen von Slow Food über Slow Gardening bis Slow Travelling. Auch auf politischer Ebene findet sich die Langsamkeit als Ziel – etwa in der Cittàslow-Bewegung, die 1999 im italienischen Orvieto gegründet wurde. Das Hauptziel von Cittàslow (»langsame Stadt«) ist die Verbesserung der Lebensqualität in Städten. Es geht um die Förderung der kulturellen Vielfalt und das Verhindern von Vereinheitlichung. Auch die italienische Initiative Tempi della Città (»Zeiten der Stadt«) setzt in Städten wie Mailand oder Bozen kommunale Zeitpolitik um, indem etwa Anfahrtswege zu Schulen verlangsamt werden oder Straßen für langsame Formen der Fortbewegung umgestaltet werden.

Sogar im ökologischen Sinne hat die Langsamkeit viele Vorteile. In der Regel reduzieren langsame Formen der Mobilität den Energiebedarf erheblich. Der Energieverbrauch von Zügen beispielsweise steigt wegen des im Quadrat wachsenden Luftwiderstandes mit zunehmender Geschwindigkeit überproportional an, je schneller der Zug unterwegs ist. Beim ICE 3 entfallen bei 200 km/h etwa 40 Prozent der Gesamtenergie auf die Überwindung des Luftwiderstandes, bei 300 km/h sind es bereits 80 Prozent.

Die Langsamkeit ist wesentlicher Bestandteil von gelebter Zeitvielfalt. Sie ist Möglichkeitsbedingung für viele andere, nicht beschleunigbare Zeitformen wie die Pause oder die Muße. Sie ist für das Leben und unser Zusammenleben essenziell, daher müssen wir ihr das durch die Beschleunigungsbestrebungen angeheftete Stigma wieder nehmen und sie rehabilitieren. Für jeden von uns kann das bedeuten, die Langsamkeit willkommen zu heißen, ihre Qualität wertzuschätzen und sie vom Schleier des schlechten Gewissens zu befreien.

In einer schnellen Welt braucht es für Langsamkeit Mut. Der zeigt sich unter anderem in der Veränderung der eigenen Sprachmuster. Floskeln wie »ich muss noch schnell …« oder »kannst du mal kurz …« speisen den Imperativ der Schnelligkeit. Wer den Wert der Langsamkeit unterstützen möchte, kann bei der eigenen Sprache anfangen – aus »ich mache das so schnell wie möglich« sollte öfter mal werden »ich nehme mir so viel Zeit, wie ich benötige«.

Das Warten. Wir warten beim Bäcker, an der Ampel oder im Supermarkt, wir warten auf den Urlaub, das Corona-Testergebnis oder die Pensionierung – unser Leben ist voller Wartezeiten. Obwohl wir es ständig tun, weil es gar nicht vermeidbar ist, hat das Warten einen schlechten Ruf. Es wird als ungeliebter Bremsmechanismus wahrgenommen, die Wartezeit gilt meist als verlorene Zeit. Wer wartet schon gerne in einer Welt, die auf sofortige Bedürfnisbefriedigung und pausenlose Aktivität ausgelegt ist? Warten wird als Zumutung empfunden. Wir fühlen uns fremdbestimmt und sind mit der Ohnmacht konfrontiert, nichts tun zu können. Warten ist der unkalkulierbare Stachel im optimierten Plan der Aufgabenabarbeitung. Es ist die plötzlich auftretende Zwangsverpflichtung zum Seinlassen, die uns am Warten stört.

Dabei ist das Warten die perfekte Gelegenheit, die Kraft des Lassens gegenüber dem fortwährenden Tun für sich erlebbar zu machen. Was gibt es Besseres als einen unumgänglichen Moment zum Durchatmen?

In der momentanen Wirtschaft gibt es zwei Mechanismen im Umgang mit Wartezeiten. Meist wird versucht, sie zu vermeiden, etwa durch die Optimierung der Lieferzeiten bei Onlinehändlern. Wo das nicht möglich ist, werden sie gemäß der »Zeit ist Geld«-Logik kommerzialisiert: Es gibt kaum noch Supermarktkassen, an denen die Wartenden nicht mittels Bildschirmen mit Werbebotschaften berieselt werden.

Betrachtet man das Warten etwas genauer, so wird einem die Vielschichtigkeit dieser Zeitform bewusst. Auch in ökonomischen Zusammenhängen gehört das Warten dazu – etwa wenn auf Renditen, günstige Investitionszeitpunkte oder Marktzugänge gewartet wird. Nur wer warten kann, hat die Möglichkeit, den rechten Augenblick zu erkennen. Der berühmte Investor André Kostolany hat das Warten sogar zum Teil seiner Investitionsstrategie erklärt: »Kaufen Sie Aktien, nehmen Sie Schlaftabletten und schauen Sie die Papiere nicht mehr an. Nach vielen Jahren werden Sie sehen: Sie sind reich.«[7] Die Zukunftsfixierung postmoderner Beschleunigungsgesellschaften schließt das Warten mit ein. Schließlich warten wir alle darauf, dass die Zukunft zur Gegenwart wird.

Wie so oft kommt es auch beim Warten auf die Qualität der Wartezeit an, auf das Zusammenspiel mit anderen Zeitformen und auf eine differenzierte Betrachtung, wann das Warten sinnvoll – vor allem ökologisch sinnvoll – ist und wann nicht. Auf das Abschmelzen der Polkappen sollten wir nicht warten! Hier ist entschiedenes Handeln und Schnelligkeit gefragt. Aber auch nur, weil wir zuvor mit den Gegenmaßnahmen zu lange gewartet haben …

Auch Organisationen müssen warten können. Es wäre völlig vermessen zu denken, dass ein Unternehmen, in dem alle pausenlos aktiv sind, einen Wettbewerbsvorteil hat. Warten ist generell eine zwingende Voraussetzung für Reifungsprozesse unterschiedlichster Art. Ob es sich dabei um strategische Entscheidungen, Feldfrüchte, die unsere Ernährung sicherstellen, oder Lernprozesse handelt – Bildung kann man nur zulassen, muss also auf sie warten. Warten verhindert etwas und ermöglicht damit etwas anderes, das ohne Warten keine Chance gehabt hätte. Selbst das Arbeitsleben von Soldaten, Außendienstmitarbeitern, Piloten und Fernfahrern besteht zu einem großen Teil aus Warten. Erstaunlich eigentlich, dass solche Berufsgruppen für diesen Teil ihrer Arbeit selten qualifiziert werden, ihnen das Warten also nicht beigebracht wird.

Ein eindrückliches Beispiel dafür, wie sinnvoll Wartezeiten sein können, ereignete sich in den 80er-Jahren des letzten Jahrhunderts. Wir alle – die gesamte Menschheit und nahezu jede Lebensform auf dem Planeten Erde – verdanken unsere Existenz der Tatsache, dass sich Stanislav Petrov entschieden hat zu warten. Am 26. September 1983 löste der Alarm im Raketenfrühwarnzentrum der Sowjetischen Armee aus und zeigte an, dass fünf amerikanische Interkontinentalraketen mit Zielen in der Sowjetunion gestartet wurden. Für den atomaren Rückschlag war eine Reaktionszeit von etwa 20 Minuten kalkuliert. Er hätte das Ende unserer Zivilisation bedeutet. Der diensthabende Offizier in dieser Nacht war Stanislav Petrov. Der hegte einen begründeten Verdacht gegen die verwendete Satellitentechnik und bezweifelte, dass die Amerikaner einen atomaren Erstschlag mit nur fünf Raketen starten würden. Er entschied sich gegen das, wozu er eigentlich verpflichtet gewesen wäre – die Eskalationsbefehlskette auszulösen und seine Vorgesetzten zu informieren. Trotz der enormen Drucksituation beschloss er, erst mal zu warten, bis erste Bodenradarstationen den Alarm der Satelliten bestätigen, obwohl die Zeit bis zum Gegenschlag dann nur noch wenige Minuten betragen hätte. Die folgenden Minuten waren vermutlich die unangenehmsten in Petrovs Leben. Man kann sich seine Erleichterung vorstellen, als sich herausstellte, dass die Satelliten fälschlicherweise die Spiegelungen des Sonnenaufgangs als Raketenstarts identifiziert hatten. Das Warten des Stanislav Petrov hat sich also wahrlich gelohnt!

Im Grunde gehört das Warten zu den schönen Töchtern der Zeit. Schlägt man im inspirierenden Wörterbuch der Gebrüder Grimm nach, findet sich nicht der geringste Hinweis darauf, dass Warten etwas Unangenehmes, Entwürdigendes oder Belästigendes an sich haben könnte. Auch von verlorener oder unnützer Zeit steht dort kein Wort. Warten ist ein Geschenk der Zeit, ist Lust an der Zeit. Warten, so liest man dort, bedeutet: Ausschau halten, aufpassen, seine Aufmerksamkeit auf etwas richten, versorgen, pflegen, und ähnliches mehr. Warten ist eine Zeit der Erwartung, des Hoffens und Wünschens. Zum Warten gehört häufig auch die Vorfreude und die Zuversicht. Die Kunst des Wartens ist nicht zu verwechseln mit Gleichgültigkeit oder Untätigkeit. Wer warten kann, hat viel getan. Der bayerische Kabarettist Gerhard Polt fasst dies in seiner Empfehlung zusammen: »Wenn man wartet, soll man nichts anderes tun.«

Doch bleiben wir realistisch: Nicht jedes Warten kann schönes Warten sein. Es gibt auch unerträgliche, belastende Wartesituationen. Dazu zählt das Warten auf den Arzt in einer Notsituation, das Warten auf ein Spenderorgan, das Warten auf Heilung oder Rettung.

Blickt man aber auf die vielen alltäglichen und harmlosen Wartesituationen, haben wir meistens Entscheidungsspielräume: Verstärken wir das Frustpotenzial des Wartens, ohne dass dies an der Situation etwas ändert? Füllen wir jede Wartesituation mit Aktivität, und sei es nur das Tippen auf dem Handy? Eigentlich könnten wir auch umschalten – von verlorener Zeit auf gewonnene Zeit. Suchen wir nicht häufig nach mehr Zeit? In der Wartesituation finden wir sie. Sehnen wir uns nicht nach dem Zustand, in der Zeit zu sein und sich einfach mal treiben zu lassen? Das Warten macht genau das möglich. Beim Warten können wir geistig schlendern, beobachten, sinnieren, uns in der Zeit fühlen. Das Warten ermöglicht es uns, die Kraft des Seinlassens oder des Zulassens zu erfahren. Wartesituationen laden dazu ein, das Wechselspiel zwischen freier Zeitgestaltung und den zeitlichen Abhängigkeiten zu erforschen. Man kann das Warten sogar für seine andere Wortbedeutung nutzen – um sich selbst zu warten. Nicht wie eine Maschine, sondern in einem Moment liebevoller Selbstbeschau, Wertschätzung und Selbstfürsorge.

Auch Zumutungen – das sind Wartesituationen ja meist zunächst – haben Handlungsspielräume, über die wir selbst bestimmen können. Sie gilt es zu gestalten, alleine schon, um sich nicht dem handlungsblockierenden Gefühl des Ausgeliefertseins auszusetzen.

Die Pause. Es ist einer der großen Irrtümer unserer Zeit, mittels Beschleunigung und Zeitverdichtung mehr Leben ins Leben bringen zu wollen. Das Gegenteil ist der Fall: Je schneller wir werden, umso mehr verpassen wir. Für gelingendes Leben, zukunftsfähiges Wirtschaften und eine funktionierende Gesellschaft spielt die Qualität der Zeitform »Pause« eine wichtige Rolle.

Die Pause ist ein »Dazwischen«, ein zeitliches Intervall zwischen zwei Aktivitäten, zwei Zuständen. Pausen sind zeitliche Zwischenräume, Zwischenzeiten. Sie verhindern eine vorschnelle Anpassung an Bestehendes, schaffen Abstand und machen im besten Sinne skeptisch, kritisch und urteilsfähig, deshalb sind sie unverzichtbar. Sie unterbrechen ein Tun durch ein Nichtstun, machen durch einen Akt des Unterlassens aus einer Handlungssequenz zwei – eine vergangene und eine zukünftige – und bewahren so die Menschen vor dem grausamen Schicksal des Sisyphos, ununterbrochen weitermachen zu müssen. Gelassen kann nur sein, wer auch etwas sein lassen kann. Dadurch, dass sie Abstand schaffen, schaffen sie zugleich Ende und Anfang, denn anfangen kann nur, wer zuvor aufgehört und dadurch Ende und Beginn zeitlich auf Distanz gebracht hat. Das ist die Funktion der Dehnungsfuge »Pause«.

Pausen sind also nicht »nichts«. Sie sind weder leere noch überflüssige Zeiträume, und sie sind keine Zeitverluste. Wenn sie's doch sind, dann sind sie »wertvolle Zeitverluste«. Weil in ihnen nichts geschieht, geschieht etwas, was sonst nicht geschehen würde. Pausen sind darüber hinaus auch Zeiträume des Nach- und des Vorausdenkens, sind Spielräume der Fantasie, der Tagträumerei und des Ab- und Umschaltens. Kafka mahnt uns, die Qualität von Pausen wertzuschätzen. Er warnt, dass das pausenlose Leben zu einer fortwährenden Ablenkung wird, »die nicht einmal zur Besinnung darüber kommen lässt, wovon sie ablenkt«.

Pausen gibt es »in allen Größen« (Karl Valentin). Einige dauern nur Sekunden, andere mehrere Stunden, und zuweilen, wenn sie als Auszeiten daherkommen, ziehen sie sich gleich über mehrere Tage und Wochen. Imponieren können die Pausen mit einer Vielzahl von Namen. In der Realität begegnen wir Kaffeepausen, Schulpausen, Frühstückspausen, Pinkelpausen, Arbeitspausen, Theaterpausen, Sendepausen, Zigarettenpausen, Denkpausen, Sprechpausen, Babypausen, Erholungspausen, Atempausen, es gibt Winter- wie Sommerpausen, und selbst Generalpausen befinden sich im Angebot. Darüber hinaus gibt es noch Pausen, die nicht so heißen, aber welche sind. Ältere Menschen sprechen beim Pausenmachen gerne vom Rasten, Jüngere, die das Gleiche tun, nennen es Chillen oder »hängen einfach mal eine Zeit lang ab«. Der eine nimmt eine Auszeit, die andere erlaubt sich eine Siesta. Pausen sind Zwischenzeiten. Sie eröffnen und bieten die Gelegenheit, zu sich zu kommen, und zwingen dabei doch nicht, bei sich bleiben zu müssen. Deshalb gehen sie auch häufig der Selbsterkenntnis voraus.

In der Natur finden sich die Pausen im Rhythmus von Aktivität und Regeneration wieder. Alles Lebendige organisiert sich nach diesem Zeitmuster. Während in Phasen der Aktivität Ressourcen gebraucht werden, erneuern sie sich in den Phasen der Regeneration. Jeden Morgen nach dem Erwachen aus der Schlafpause werden wir Zeuge dieses Zusammenspiels. Die planetaren Krisen entstehen, indem die Regenerationspausen den Ressourcenverbrauch nicht ausgleichen können, wir Menschen der Natur also nicht ihre nötigen Pausen zugestehen. Der Weg hin zu mehr Einklang und Ausgeglichenheit im Umgang mit der Natur führt nur über die Berücksichtigung natürlicher Pausenzeiten. Denn besonders, wer schnell sein möchte, braucht viele Pausen. Der Gepard aus dem vorherigen Beispiel sprintet nur ein bis zweimal am Tag, den Rest der Zeit verbringt er mit ausgiebigen Pausen.[8] Hauskatzen schlafen mit 13–18 Stunden pro Tag etwa doppelt so viel wie ein Mensch.[9] Die größte Schlafmütze unter den Tieren ist der Siebenschläfer. Sein Name deutet auf den sieben Monate dauernden Winterschlaf hin – dieser kann sogar noch länger sein und von Anfang September bis Ende Mai dauern.[10] In besonders heißen und trockenen Gebieten halten manche Tiere, wie zum Beispiel Erdhörnchen oder Rennmäuse, auch eine Sommerruhe. Ähnlich wie beim Winterschlaf wird dabei die Körpertemperatur der Umgebungstemperatur angepasst und somit der Energieverbrauch reduziert.[11]

Auch wir Menschen sind erwiesenermaßen ohne Pausen nicht zu gebrauchen – etwa ohne regelmäßige Schlafpausen. Die NASA hat beispielsweise die Leistungsfähigkeit von Piloten mit und ohne Siesta verglichen. Die Pilotengruppe, die bis zu 26 Minuten geschlafen hat, ist danach 54 Prozent wacher gewesen und hat die Arbeit um 34 Prozent besser erledigt als die Kollegen ohne Siesta. In zahlreichen Studien haben Forscher die Auswirkungen des Schlafmangels untersucht. Bereits nach 24 Stunden ohne Schlaf reagieren die Probanden gestresster auf Signaltöne und sind leichter reizbar. Ihr geistiger Zustand ist etwa so wie mit einem Promille Alkohol im Blut. Und auch das Immunsystem ist geschwächter. Nach 48 Stunden ohne Schlaf liegt die Leistungsfähigkeit des Körpers nur noch bei der Hälfte. Noch drastischer ist der Zustand nach 72 Stunden: Halluzinationen, Angstzustände, Paranoia und depressive Verstimmungen können auftreten.[12]

Auch im Arbeitsalltag gibt es unterschiedliche Pausenformen. Meist gibt es offizielle Pausen, die Teil der Arbeitszeitregelungen sind, und zusätzlich informelle Pausen, die häufig nicht benannt oder in irgendeiner Form gemessen werden, aber nicht minder wichtig und wertvoll sind. Menschen haben ein natürliches Pausenbedürfnis. Es speist sich aus dem

Rhythmus von Aktivität und Regeneration. So wird der Gang zu Kopierer, der kleine Ratsch auf dem Flur oder manchmal auch das Abdriften in den verheißungsvollen Informationsstrom der Social-Media-Kanäle zu einer Art Pause.

Weil ihr Wert darin liegt, eine Unterbrechung des Vorhergehenden zu erzeugen, lautet die Faustregel für alle Formen der Pause »tun Sie das Gegenteil von dem, was Sie vorher getan haben«. Haben Sie lange gesessen, stehen Sie auf, sind Sie viel gelaufen, setzen Sie sich hin, haben Sie eine Menge geredet, tun Sie's in der Pause nicht, waren Sie alleine, dann suchen Sie den Kontakt zu Mitmenschen. Drei Impulse für bessere Pausen:

- Schaffen Sie sich feste Pausenrituale und halten Sie selbige genauso konsequent ein wie andere Termine in Ihrem Kalender.
- Machen Sie Pause ohne Smartphone. Der kontinuierliche Informationsfluss, die ständige Aufforderung zur Reaktion verhindert Regeneration. Das Smartphone ist kein Pausenfüller, es ist ein Pausenkiller.
- Die besten Pausen sind die, die man macht, bevor man sie braucht.

Die Pause sollte nicht als lästiges Übel, sondern als wesentlicher Bestandteil der Produktivstrategie gesehen werden. Anregung zu diesem Pausenverständnis gibt uns der Sport. Würden Spitzensportler auf ihrem Weg zu Leistungssteigerungen keine Pausen machen, wären sie keine Spitzensportler. Oft bringt ihnen eine Pause mehr als zusätzliche Trainingsaktivitäten. Das trifft auch auf Spitzenmanager zu, die sich gerne mit Spitzensportlern umgeben und vergleichen. Jene, die sich für unentbehrlich halten und sich auch deshalb weigern, hin und wieder mal eine Pause zu machen, trifft man dann bei ihrer großen Pause in der Burn-out-Klinik an. Auch geistige Leistungen, geistige Höchstleistungen umso mehr, sind ohne gelebte Pausenkultur undenkbar. Die Melodien von Reden, Vorträgen, Vorlesungen bauen sich aus Worten und Pausen auf. Die Stille schafft eine Dramaturgie, die dem Gesagten Gewicht verleiht. Pausen sind eine Art zeitlicher Humus für Inspiration, Kreativität und Innovation, sie sind die Bedingung für deren Möglichkeit.

Pausen sind auch dann, wenn in ihnen nichts getan wird, keine Zeiten, in denen nichts geschieht. Die Hirnforschung bestätigt, dass die Pause keine »Phase neuronaler Inaktivität« ist. Jüngere Unternehmen haben das teils erkannt und fördern die Innovationskraft der Pausen gezielt, indem sie Areale gestalten, in denen pausiert werden kann. Dort stehen dann etwa Kickertische, Sitzsäcke und Liegemöglichkeiten, die zum Pausieren einladen. Allerdings ist auch hier der Grad zwischen ehrlicher Pausenkultur und Ausbeutung 2.0 nicht immer ganz einfach zu erkennen. Als Gradmesser kann die regenerative Qualität der Pause dienen: Fühlen sich die Pausierenden wirklich erholt, erfrischt und ausgeglichener nach der Pause? Oder versteckt sich unter dem Deckmäntelchen der Pause eine erschöpfende Form der pausenlosen Aktivität?

Auf politischer Ebene kommen die Gesetze, die den Nutzen von Pausen anerkennen und fördern, meist nicht aus dem Wirtschafts- sondern eher aus dem Familien- und Gesundheitsministerium. Die Funktion von Pausen für junge Familien, etwa in Form von Elternzeiten und Auszeiten, sind das gesetzlich verankerte Recht, dem »always on« der Digitalkultur etwas Menschliches und Soziales entgegenzusetzen.

Die Pause ist einer der Nährböden, auf dem unsere Gesellschaft wächst und gedeiht. Familien, Freundschaften, Beziehungen bilden sich vor allem an Sonntagen, im Urlaub, in Auszeiten und auch in den Pausen am Arbeitsplatz. Die Pause ist Voraussetzung für das Wahrnehmen der sozialen Mitwelt und der natürlichen Umwelt. Pausen finden oft in der Natur statt, weshalb in ihnen auch das Bewusstsein für das Schützenswerte und Erhaltenswerte der uns umgebenden Natur wächst.

Für all die, die das Leben nicht leben, um es hinter sich zu bringen, sind Pausen Leuchttürme ihres Daseins. Sie weisen ihnen den Weg und bewahren sie davor, an den Untiefen ihres Tuns zu scheitern. Sie ordnen, orientieren, strukturieren und lassen eine Ahnung von dem entstehen, was nach ihnen kommt. Pausen sind Gelegenheiten, danach wieder gestärkt auf die Beine zu kommen und gekräftigt mit neuem Elan fortzufahren.

Wenn eine Gemeinschaft glaubt, auf Pausen verzichten zu können, untergräbt sie das Fundament ihrer Existenz und verzichtet auf den Mutterboden ihrer Erneuerung. Ähnlich wie in der Musik macht erst die Pause aus Tönen eine Melodie, die im eigenen Dasein zur Melodie des Lebens wird. Der Weg zu Zeitwohlstand, Zeitzufriedenheit und einem zeitreichen und zeitsatten Leben führt durch die Doppeltüre von Pause und Ruhe.

Muße. »Muße« – ein Wort so verstaubt wie der »Sonntagsspaziergang«. Trotzdem verzichtet kein marktgängiger Karriereberater darauf, die Muße als Garantin eines erfolgreichen, stressfreien und glücklichen Lebens und Arbeitens anzupreisen. Begründet wird das durch die Erkenntnis, dass das zufrieden machende Leben nicht nur das Ergebnis gut gemanagter, perfekt geplanter und bis an die Grenzen des Erträglichen beschleunigter Tempi ist. Auch das Nichtstun gehört zum guten Leben und den besseren Zeiten. Denn »beim Nichtstun bleibt nichts ungetan« (Lao Tse).

Wir verdanken der Muße zahlreiche Erfindungen und Meisterwerke. Andy Warhol zum Beispiel lud die Muße bei täglichen Spaziergängen auf der Madison Avenue zu sich ein. Anschließend verarbeitete er seine Erfahrungen in Gesprächen mit Freunden und in seiner Kunst. Auch der erfolgreichste Investor aller Zeiten, der Amerikaner Warren Buffett, scheint seinem Erfolg ein Konzept von Muße zugrunde zu legen. In einem Interview erklärt er die wenigen Einträge in seinem Terminkalender damit, dass sein Erfolgsrezept vorsieht, zu möglichst vielen Aufgaben und Terminen Nein zu sagen und vor allem Zeit zum Nachdenken zu haben. Er nennt diese Zeiten »sit and think«.

Wir alle kennen Zeitzustände, die sich verflüchtigen, die ihre Qualitäten verlieren, wenn sie absichtlich angestrebt und bewusst gewollt werden. Der Schlaf zählt dazu. Davon können all jene erzählen, die an Schlafstörungen leiden und sich willentlich ums Einschlafen bemühen. Auch die Lebensqualität-fördernden Zustände wie Spontaneität, Humor, Glück und eben die Muße gehören zu den nicht mit Absicht kalkulierbaren Zuständen. Planung, Steuerung, Management entziehen der sich selbst genügenden Zeitform »Muße« die Basis. Muße ist zwecklose Zeit, Muße ist nutzlose Zeit, sinnlose Zeit aber ist sie nicht. Die Bedingungen für Mußezeiten lassen sich bewusst herstellen und verbessern, etwa durch Gelassenheit, Langsamkeit, ein rhythmisiertes Alltagsleben und die Fähigkeiten zur Selbstgenügsamkeit, zur Selbstbeschränkung und zum Verzicht. Das Mußeerlebnis selbst aber kann man nur erhoffen, nicht beherrschen. Das haben Muße und Liebe gemeinsam. Auch die Liebe ist ein dem Augenblick zugewandtes Zeitleben mit Selbstzweckcharakter. Beide gehören daher zum schwer machbaren Einfachen.

Den Zeiten der Muße begegnet man nur jenseits der Uhr, wo es keine Rolle spielt, ob die Zeiger auf fünf vor zwölf oder zwölf vor fünf stehen. Muße als ein sich selbst genügender Zustand braucht schwebende Zeiten und offene Situationen, in denen man sich in den auf einen zukommenden Zeiten treiben lassen kann. Muße ist verfügbare Zeit, über die nicht verfügt wird (Adorno).

Die Zeit spielt in Mußezeiten keine Rolle. Mußezeiten sind zeitlose Zeiten. Die Zeit ist kein Thema, man denkt nicht an sie, misst sie nicht, kalkuliert nicht mit ihr, und schon gar nicht managt oder spart man sie. Sie ist, formal gesehen, ein Mangel an Zeitmangel. Inhaltlich betrachtet ist sie tätiges Freisein, lebendige Ruhe.

Auch die ökologischen Hinterlassenschaften der Muße sind überschaubar. Es braucht nicht viel, sondern im Gegenteil weniger, um die Wahrscheinlichkeit zu erhöhen, dass sich die Muße zu einem gesellt. Entsprechend gering ist der hierfür aufgewendete Ressourcenverbrauch.

Genau wie das Warten wurde auch die Muße von findigen Agenturen allerdings längst in das Herrschaftsgebiet des Kapitalismus gezogen, wo dieser ökologische Fußabdruck sofort explodiert. Mit Muße, dem Gegenentwurf einer von Hochgeschwindigkeiten, Zeitverdichtung und Überforderung gezeichneten Lebenswirklichkeit, lässt sich heutzutage »gutes« Geld verdienen. Das »Do-nothing-Weekend« in einem westirischen Cottage ist für 3.000,– Euro zu haben, das »Dolce-far-niente-Arrangement des sinnlich-süßen Nichtstuns unter italienischer Sonne« in der Chianti-Region bereits für die Hälfte, die Gelassenheits-App für deutlich weniger und das Beratungsangebot zur Burn-out-Prophylaxe »Zeit für Muße finden« ist eine Sache individueller Vereinbarung.

Muße ist, so die Werbeversprechen dieser Angebote, das probate Mittel, dem herrschenden Alltagstempo und drohenden Burn-out zu entkommen. Aber die Muße, die dort angeboten wird, ist weder der Fluchtweg aus dem Hamsterrad des Zeitdrucks noch zeigt sie diesen auf. Sie ist eine auf Kurzzeiteffekte zielende Optimierungsstrategie für den gut verdienenden Zeitverdichter unserer Tage und daher nicht viel mehr als ein kurzer Stopp bei laufendem Motor. Das aber heißt: Geht es in solchen Angeboten um Muße, geht es nicht um das, was früher einmal darunter verstanden wurde. Die digitalisierte Muße von heute zielt vor allem auf ein »Sich-selbst-Bedenken« zum Zweck des Erhalts individueller Belastbarkeit und der Erhöhung der Widerstandskraft. Kurz gesagt, es geht vornehmlich darum, die »Akkus« neu aufzuladen, um aus dem Muße-Modus heraus wieder richtig Gas geben zu können. Dieses zweckorientierte »Aufladen« ist meilenweit von der nutzlosen, aber sinnerfüllten Muße entfernt, die uns guttut.

Die Bedingungen für Mußezeiten würden sich verbessern, wenn die Menschen nicht so viel Angst haben müssten, den Anschluss zu verpassen. Richtschnur einer mußefreundlichen Gesellschaft wäre es, nicht mehr in erster Linie den materiellen Lebensstandard zu steigern, sondern persönliches Wohlergehen. »Mehr Muße« hieße dann auch der Ausweg aus dem Alltagsdilemma, entweder vom Leben bestraft zu werden, weil man zu schnell ist, oder vom Chef gerügt zu werden, weil man zu langsam ist.

Wenn Sie nicht sämtliche Zeiten des Tages verplanen, Raum lassen für Offenes und Überraschendes und sich von der Vorstellung befreien, alle Zeit in den Griff bekommen zu können, sorgen Sie für Zeitinseln im Fluss der Zeit, in denen sich die Muße ausbreiten kann. Gehen Sie nicht auf die Zeit zu, um diese zu managen und mit Terminen und Fristen zu verplanen. Geben Sie ihr die Chance, auf Sie zuzukommen. Gelingen kann das nur, wenn Sie hin und wieder mal auf Abstand zu jenen Kleingeräten gehen, die Sie zu ihren dauererreichbaren Dienstboten machen, die stetig betteln, von Ihnen mit Aufmerksamkeit gefüttert zu werden. Suchen Sie sich einen Gegenstand – das kann ein Baum sein, eine Landschaft, ein Bild, eine Blume – und betrachten Sie diesen Gegenstand konzentriert, schieben Sie nach und nach die Ihnen zufliegenden, ablenkenden Gedanken weg und bemühen Sie sich, mehr und mehr zu einer Art innerer Ruhe zu kommen. Erhält der betrachtete Gegenstand nach und nach eine besondere Bedeutung, entdecken Sie an ihm neue, bisher unentdeckte Seiten, sind Sie auf dem richtigen Weg. Die Unrast fällt ab, die Ungeduld entfernt sich, die Lustversprechen der zeitlosen Zeit werden nach und nach erfüllt.

Muße ist ein Zustand, der dann erreicht ist, wenn Sie mit sanftem Gleichmut die Fliege wahrnehmen, die aufgeregt brummend versucht, durch das geschlossene Fenster zu kommen. Wenn Sie das auf dem Tisch liegende Magazin ignorieren und nicht darin blättern, wenn Sie nicht wissen, wo das Smartphone liegt, und auch nicht nach ihm suchen. Tee trinken, das wäre hilfreich, und in einem Sessel dösend der Zeit beim Vergehen zusehen wäre noch hilfreicher. Im Zeitverlieren und im Zeitverschwenden muss man sich üben – und keine Angst, es kommt immer neue nach.

Das Jetzt. Auf der Suche nach dem »Jetzt« geht es uns wie einem Schmetterlingsfänger mit einem Kescher ohne Netz. Versuchen wir, das Objekt unserer Begierde zu fangen, ist es auch schon wieder entwischt. Welche Vorstellung auch immer man sich von der Zeit macht, wie auch immer man sie erlebt, als Feindin oder Freundin, man bekommt sie nie in den Griff – nicht einmal für einen kurzen Augenblick. Und dennoch ist sie stets zugegen. Auch jetzt.

Der Zeitpunkt des »Jetzt« ist der Kern unseres Empfindens. Er ist der Fluchtpunkt unserer Erwartung, unserer Sehnsucht und ihrer Erfüllung. Das »Jetzt« ist die Grundlage des Lebens, Leben findet stets nur »jetzt« statt. Alles andere ist Vergangenheit und Erinnerung oder Zukunft und Erwartung. Das »Jetzt« ist eine zeitlose und daher besonders erfahrungsintensive Zeit, obgleich sie im Nu vergeht. Beobachten kann man dieses Empfinden der Zeitlosigkeit bei Kindern, wenn sie mit einer Hingabe spielen, die Erwachsenen meist verloren gegangen ist. Erwachsene nennen das heute gerne ein »Flow-Erlebnis« und blicken mit Neugier und ein wenig Neid auf die Kinder, die das so problemlos können, was wir wieder lernen müssen: das »Jetzt« genießen und das Leben als Komposition von Momenten gestalten.

Die Systemtheorie erklärt uns, dass das, was wir »Gegenwart« nennen, aus der Differenz von Vergangenheit und Zukunft konstruiert wird. Im unmittelbaren Erleben des »Jetzt« – um die Raumperspektive ergänzt sprechen wir vom »Hier und Jetzt« – wird »Gegenwart« zur spürbaren, erlebbaren Seinserfahrung. Die Zukunft ist die Konstruktion einer Illusion. Sie wird nur im Jetzt real. Dann aber ist sie keine Zukunft mehr, sondern kurz davor Vergangenheit zu werden. Dazwischen liegt der Augenblick, der im allgemeinen Sprachgebrauch oftmals mit dem Jetzt gleichgesetzt wird.

Man kann aber auch, wie Martin Heidegger es tut, eine Unterscheidung zwischen Augenblick und Jetzt treffen. Für Heidegger ist der Augenblick das »erfüllte Jetzt«, die erfüllte Gegenwart. Unterscheiden kann man demnach zwischen einer bewussten und einer nicht bewussten Wahrnehmung des »Jetzt«, zwischen einem den »Augenblick« ignorierenden Zeithandeln oder einem aufs »Jetzt« bezogenen Zeithandeln. Messen lassen sich weder der »Augenblick« noch das »Jetzt«.

Positiv aufgewertet wird das »Jetzt« auch im »rechten Augenblick«. Auch dieser ist nicht berechenbar, er ist unsicher, man weiß nicht, ob er eintrifft. Man kann ihn nicht planen, nicht terminieren, nicht prognostizieren, und doch muss man etwas tun, um ihn nicht zu versäumen. Er fällt einem zufällig zu. Um dem Zufall eine Chance zu geben, seine Unwahrscheinlichkeit wahrscheinlicher zu machen, muss man warten können, gelassen, aber aktiv, um dann schnell zuzugreifen, die Gelegenheit beim Schopfe zu packen, wenn er plötzlich da ist. Der rechte Augenblick lässt sich nicht zwingen, das Terrain aber muss man ihm bereiten, denn: »Bereit sein ist alles« (William Shakespeare). Der rechte Augenblick ist ein Geschenk, der richtige ein Kalkulationsprodukt. Mit richtigen Augenblicken kommt der Profit, im rechten Augenblick das Glück. Der rechte Augenblick entzieht sich den »Zeit ist Geld«-Imperativen. Für den richtigen Augenblick und dessen Berechnung brauchen wir Zeit, für den rechten Augenblick benötigt die Zeit uns.

In einer Welt, in der die Menschen danach trachten, möglichst alle Optionen im Blick zu haben, um in einer ungewissen Zukunft bloß nichts zu verpassen, merken sie häufig nicht, dass sie genau dadurch das Allerwichtigste verpassen: ihr eigenes Leben, das im Jetzt stattfindet. Wir verlieren Präsenz, denken an das, was war, und an das, was kommt, und blockieren dadurch die Sensibilität fürs »Hier und Jetzt«. Unsere Wahrnehmungsräume füllen sich mit Dingen und Gedanken, die weder in unserer aktuellen Umgebung noch im Moment stattfinden. So werden wir schließlich unfähig zur Wahrnehmung des Augenblicklichen. Wir haben das Gefühl, die Zeit rase vorbei, weil wir nicht ankommen, im Hier und Jetzt verweilen und das genießen, was gerade gegenwärtig ist. Im Extremfall drohen Realitätsverlust, soziale Isolation und zunehmende Selbstentfremdung.

Die Politik tut sich mit dem Augenblick schwer. Sie nutzt ihn zwar andauernd, denn auch Politik findet immer nur jetzt statt. Politische Steuerung beschränkt sich allerdings auf Mechanismen, die die raumzeitlichen Rahmenbedingen bestenfalls so gestalten, dass Individuen diese für das bewusste Erleben des Augenblicks nutzen können. Die Jetzterfahrung ist allerdings höchst subjektiv und zu einem gewissen Grad unverfügbar. Daher kann sie zwar begünstigt, nicht aber erzwungen werden. Festhalten kann man allerdings, dass alle Formen von Verdichtung und Zukunftsorientierung dem erfüllten Augenblick eher entgegenstehen. Günstige Bedingungen für Jetzt-Zeiterfahrungen finden sich daher in politischen Enthetzungs-Konzepten wie dem bedingungslosen Grundeinkommen und der Postwachstumsökonomie.

Unternehmen dagegen haben das Potenzial von Jetzt-Erfahrungen längst erkannt. Sie berufen sich meist auf das Flow-Konzept von Mihály Csíkszentmihályi. Der Zustand, völlig in seiner Tätigkeit aufzugehen und weder über- noch unterfordert zu sein, ist das Gelée Royal der Produktivität und damit für Output-orientierte Organisationen äußerst attraktiv. Erste Unternehmen fangen daher an, Arbeitsbedingungen zu schaffen, die die fragilen Flow-Zustände fördern. Für Mitarbeitende ist dies ebenfalls ein erstrebenswerter Zustand, zahlt er doch in hohem Maße auf die empfundene Selbstwirksamkeit ein, und die ist eine wichtige psychologische Ressource.

Auch das »Jetzt« lässt sich mittlerweile kaufen. Es wird vom Markt in bezahlbare Erfahrungen umgemünzt. Achtsamkeits- und Focussing-Methoden, Meditations- und Einkehrtage, Klosterurlaube und Besinnungstage für Führungskräfte, Manager und andere Vielbeschäftigte finden sich allerorten. Dieser Trend ist, wie auch die Appelle zum Abbremsen, die das Etikett der »Entschleunigung« tragen, auch eine Reaktion auf Erschöpfungs- und Defiziterfahrungen. Wieder einmal gelingt es dem Kapitalismus – und das macht ihn so robust –, aus einem Problem, für das er selbst verantwortlich ist, ein florierendes Geschäft zu machen.[13]

Der Weg zu Jetzt-Erfahrungen führt häufig über den Kontakt zum Resonanzraum Natur, auch der eigenen Natur. So wundert es nicht, dass in vielen Achtsamkeitsschulen, die es sich zum Ziel gesetzt haben, den Augenblick bewusst wahrzunehmen, die Fokussierung des eigenen Atems eine zentrale Rolle spielt. Auch Atem findet immer jetzt statt (zumindest wäre dies sehr vorteilhaft). Die Besinnung auf unseren Atemrhythmus von Einatmen – Pause – Ausatmen – Pause führt uns ins Jetzt.

Auch der Kontakt zur äußeren Natur, die Besinnung auf die gegenwärtige Wahrnehmung – Was rieche ich? Was sehe ich? Was höre ich? Wie fühlt sich ein Gegenstand an? – dient als Weg, seine Aufmerksamkeit aus dem Grübeln über vergangene Momente oder dem Wälzen zukünftiger Ereignisse zurück in den augenblicklichen Moment zu holen. Der Erfahrung nach gelingt dies besonders gut bei intensiven Naturerfahrungen, beim Spaziergang im Wald, beim Sitzen am Fluss oder beim Wandern auf dem Berg. Insofern fördert die Sehnsucht nach der Wahrnehmung des Augenblicks eine naturnähere Zeiterfahrung, eine Sensibilität für die Vielfalt der Rhythmen der Natur und das Verbundensein sein als natürliches, rhythmisches Wesen. Auch hierfür braucht es nicht viel. Im Gegenteil, es sollte sogar nicht allzu viel Material im Einsatz sein, sondern eher die auf den Naturkontakt reduzierte Erfahrung. Dazu muss man nicht um die Welt fliegen oder eine entsprechende Tour buchen. Es genügt, vor die Haustüre zu gehen, den nächsten Park aufzusuchen oder sich auf eine Wiese zu legen und in den Himmel zu schauen – denn es ist immer jetzt!

Das Dazwischen. Dem Dazwischen wird allgemein wenig Bedeutung geschenkt. Die Zwischenzeit wirkt wie eine lästige Lücke, die es zu füllen gilt; der Zwischenraum wie ein ungenutztes Stück Land, das möglichst rasch »entwickelt« werden soll. Dabei übersehen wir, dass das Wesentliche dazwischen stattfindet. Die Kraft der Gravitation, die alles im Innersten zusammenhält, wirkt zwischen der Masse von Körpern. Die Moleküle und Atome bestehen aus Kernen und Elektronen, vor allem aber aus viel Raum dazwischen. Das ganze Universum besteht vor allem aus Zwischenräumen. In der sozialen

Welt entsteht Beziehung zwischen Menschen. Dort entsteht im besten Falle das, was mehr als die Summe der Einzelteile ist. Wir nennen das dann Resonanz oder Emergenz. Aber der Ort und die Zeit, an dem und in der dies stattfindet, ist dazwischen.

Die Zwischenzeit ist die Zeit des »Nicht mehr«, aber auch des »Noch nicht«. Unsere Lebenswelten halten allerlei Zwischenräume und Zwischenzeiten bereit, die den Menschen zur rhythmischen Ausgestaltung ihrer Lebensführung und Handlungsabfolgen dienen. Anfänge, Abschlüsse, Übergänge und Intervalle führen Gliederungselemente in den Handlungsablauf ein, die ihm rhythmische Gestalt geben. Die Aufgabe dieser räumlichen und zeitlichen Zwischenwelten besteht vor allem darin, Erlebtes auf Abstand zu bringen. Die so hergestellten Distanzen schaffen Möglichkeiten für Unterscheidungen, integrierten das Unterschiedene aber zugleich wieder, indem sie das Getrennte aufeinander beziehen. So sorgen Übergänge zwischen dem Hier und dem Dort, zwischen Anfängen und Abschlüssen, denen erneute Anfänge folgten, für relativ stabile gesellschaftliche und soziale Verhältnisse.

Auch Architekten und Immobilienhändler wissen um die Bedeutsamkeit des Dazwischen, dem sie den Namen »Passagen« geben. Bauingenieure und Heimwerker sprechen in diesem Zusammenhang von »Dehnungsfugen«. Ohne Dehnungsfuge ist kein Haus, ist keine Brücke stabil, ohne Zwischenraum wäre dieser Text unleserlich.

Das Leben kennt mehr unterschiedliche Zwischenzeiten als der Regenbogen Farben. Wir nennen sie nur nicht immer so. Mal sprechen wir von Übergängen, mal von Schwellen, von Intervall, Transit, Stille und ein andermal von Zeiten des Übergangs zwischen Anfang und Ende. Auch die Zeitformen der Pause und des Wartens können als Kategorien von Zwischenzeiten gesehen werden.

All diese Zwischenzeiten begleiten den Einzelnen und auch Gemeinschaften wie Teams, Familien, Schulklassen, Unternehmen von dem, was war, zu dem, was kommt, vom Hier zum Dort und wieder zurück zum Hier. Sie versetzen die Menschen in die Lage, zwischen Vergangenem und Zukünftigem, Diesseits und Jenseits, Altem und Neuem unterscheiden zu können. Räume und Zeiten des »Dazwischen« geben dem Alltag einen Rhythmus. Sie gliedern die Zeit, organisieren und ordnen Zeiterfahrungen, setzen Schlusspunkte, markieren Anfänge und schaffen so Spielräume. In den hierdurch geschaffenen Distanzräumen und zeitlichen Zwischenwelten, in ihren Oasen, Grotten, Falten, Rissen, Sprüngen, Um- und Abwegen siedeln sich Tagträume, Fantasien und kreative Kräfte an und breiten sich dort aus.

Nur im Halbschatten zeitlicher und räumlicher Zwischenwelten reift die Erkenntnis, dass das, was ist, nicht alles ist. Im »Dazwischen« hat der Möglichkeitssinn seinen Wohnsitz. Darin liegt der Sinn, und das macht seine kulturelle Produktivität aus. Im Zwischenmenschlichen – im Raum und in der Zeit zwischen Menschen – entstehen nicht unwesentliche Dinge wie Vertrauen, Liebe, Freundschaft, Gemeinschaft, Zusammenhalt und viele andere mehr.

Ein Wesensmerkmal der Zwischenzeiten ist, dass nicht vorhergesagt werden kann, was genau in ihnen geschieht. Ihre schöpferische Kraft beruht auf der Tatsache, dass sie zu einem wesentlichen Teil unverfügbar sind. Wir können sie nicht beliebig gestalten, kontrollieren, kalkulieren, ansammeln und beherrschen. Zwischenzeiten lassen sich nicht in die Bilanz von Unternehmen und auch nicht in die Arbeitszeitkontrolle integrieren. Sie lassen sich nicht beliebig beschleunigen, ohne ihren Wesenskern zu verlieren, und entziehen sich so dem Imperativ moderner Ökonomisierung der Zeit. Diese Tatsache ist mit der »Zeit ist Geld«-Logik nur schwer vereinbar.

Zwischenzeiten, Intervalle und Dehnungsfugen werden zu Opfern von Rationalisierungsaktivitäten und von Anstrengungen zur Effizienzsteigerung. Die Leitformel dafür heißt »Verdichtung«. Da gibt es die Verdichtung der Bebauung, Verdichtung des Termin- und Aktionsplans, Verdichtung der landwirtschaftlichen Fläche. Begleitet werden sie durch Erlebnisverdichtung, Programmverdichtung, Wohnraumverdichtung, Arbeitsverdichtung et cetera. Alles das sind Aktivitäten zur Komprimierung und Intensivierung, die auf Kosten des »Dazwischen« gehen. Je enger die Aktivitäten, je dichter die Handlungsabfolge, umso enger und schmaler werden die Übergänge und die Intervalle. Der größte Feind der Zwischenzeiten ist das »Zwischendurch«. Wer öfter mal »zwischendurch« vorbeischaut und immer wieder mal schnell »zwischendurch« die Mails checkt, »zwischendurch« noch jemanden anruft und »zwischendurch« dies und das macht, vertreibt die Zwischenzeiten aus seinem Leben. Er planiert und versiegelt seinen Alltag. Mit den Zwischenzeiten verflüchtigen sich schließlich dann auch die Unterschiede zwischen den Dingen und den Abläufen. Und mit dem Wegfall der Unterschiede schrumpft schließlich auch das Unterscheidungsvermögen. Im Zustand völliger Zwischenlosigkeit werden die Tage zu einem Einheitsbrei pausenloser Aktivität, an dessen Ende man sich trotz Erschöpfung die Frage stellt, wo denn der Tag geblieben ist und was man eigentlich die ganze Zeit über getan hat.

Am eigenen Tagesablauf lässt sich einfach überprüfen, wie viele Zwischenzeiten im eigenen Leben Platz finden. Da wäre zum Beispiel der Heimweg nach getaner Arbeit, der momentan coronabedingt manchmal ein Schattendasein fristet. Da wäre der Übergang aus der Schlaf- in die Wachzeit, besonders gut genießbar mit kleinen Ritualen. Da ist der Anfang der Arbeitszeit – das sofortige Abrufen der E-Mails lässt diese Zwischenzeit meist zu abrupt enden. Und da sind kleine Zwischenpausen, Anfänge und Abschlüsse von Besprechungen – ob virtuell oder analog, die entspannten Kontakt zu den Kollegen ermöglichen.

Der Mensch ist ein Übergangswesen. Von der befruchteten Eizelle bis zu seinem Tod durchläuft er einen Übergang nach dem anderen. Seine Gestalt, seine körperlichen und seine geistigen Fähigkeiten schreiten von einem Übergang zum nächsten fort, und das tun auch die Lebenspläne und der Lebenslauf. Und wenn das Alte stirbt und das Neue noch nicht geboren ist, geht es immer darum, die zuweilen krisenhaften Übergänge so zu gestalten, dass mit dem jeweils Vergangenen abgeschlossen wird. Nur dann ist ein guter Anschluss an das Neue zu finden.

Langeweile. Die Langeweile hat in einer Beschleunigungsgesellschaft einen schlechten Stand. Sie gilt allgemein als unangenehme Zeiterfahrung und daher als vertreibungswürdig. Dabei verbirgt sich in der Langeweile das, was wir häufig vermissen und gerne in Achtsamkeitsseminaren und Meditations-Retreats wiederzufinden versuchen: die lange Weile.

Problematisch ist nicht jener Zustand der leeren, der nicht vergehen wollenden Zeit, den wir mit einem unscharfen Begriff »Langeweile« nennen. Problematisch ist die Ungeduld, mit der man sie gemeinhin zu vertreiben sucht. Wer die Langeweile möglichst schnell loswerden will, wer sie nicht aushält und nicht fähig oder willens ist, sie durchzustehen, erreicht genau das Gegenteil von dem, was er will: Er erhöht das Tempo ihrer Wiederkehr.

Langweilig ist nicht irgendetwas, kein Buch, kein Meeting, kein Vortrag, kein Fußballspiel, keine Landschaft. Langweilig bin ich immer nur mir selbst. Kann man nichts mit sich selbst anfangen, ist man sich selbst nicht genug, geht man sich selbst aus dem Weg, dann wird's einem langweilig. Und wenn in solchen Momenten dann auch die Frage nach dem Sinn allen

Tuns gefährlich nahekommt und nicht abzusehen ist, was dabei als Antwort herauskommt, dann liegt es nahe, das Smartphone aus der Tasche zu ziehen und mal nachzusehen, ob jemand eine Nachricht geschickt hat, oder durch einen Knopfdruck auf eine der herumliegenden Fernbedienungen das bedrohliche Selbst und alle Sinnfragen auf Sicherheitsabstand zu bringen. Kurzum: Man lenkt sich ab.

Die Langeweile ist eine zutiefst menschliche Angelegenheit. Tiere kennen keine Langeweile. Sie sehen ja auch nicht fern, gehen nicht shoppen, finden flimmernde Oberflächen nicht allzu attraktiv. Das ist auch der Grund, warum sie sich nicht langweilen. Das wiederum veranlasste den großen Spötter Voltaire zu der Feststellung: »Wenn Affen sich langweilten, wären sie Menschen.«

Heute ist die Langeweile – bzw. der Kampf gegen sie – zu einem lukrativen Geschäft geworden. Verdient werden kann bei dem Handel mit der Langeweile auf Dauer nur dann, wenn diese nicht ab-, sondern mehr und mehr zunimmt. Dafür sorgen ein boomendes Zerstreuungsgewerbe und ein auf Ablenkung zielendes Unterhaltungsbusiness. Mit bunt bebilderten Versprechen, ablenkender Betriebsamkeit, Pseudoaktivitäten und inszenierter Fröhlichkeit verspricht man den Sieg im Kampf gegen die ängstigenden Gefühle von leerer Zeit und langer Weile. Wer da schwach wird, ist an die Langeweile verloren. Nur wer Zeit für die Langeweile hat, langweilt sich nicht.

In einer Gesellschaft, die dem Tun mehr Platz einräumt als dem Lassen, ist die Langeweile ein Makel, ein Stigma, ein Zeichen des Versagens. Man liest sogar hin und wieder, dass sie – in hohen Dosen zu sich genommen – auch krank macht. Die Belastung durch Langeweile sei höher als die durch Stress, heißt es schon. Kaum diagnostiziert, ist auch schon ein Name für diese »Krankheit« gefunden: »Bore-out«. Man hat sie nicht gerne und möchte auch nicht mit ihr in Verbindung gebracht werden. Aus dieser Logik heraus liegt es nahe, aufkommende Langeweile durch Ablenkung und Aktivität im Keim zu ersticken.

Ungeduld, Stress, Hetze und Ablenkung sind aber genau jene Zeiterfahrungen, die wir im Überfluss haben. An was es uns heute mangelt, ist lange Weile, das sind Orte und Zeiten des Verweilenkönnens und Verweilendürfens, des Innehaltens, des Zusichkommens und des Wohlergehens. Zu diesen gelangt man aber nicht durch den noch so gut organisierten Kampf gegen die Langeweile, man erreicht sie ausschließlich, indem man nichts gegen sie tut. Denn »gut Ding« will nun mal lange Weile haben. Lange Eile haben wir genug!

Sich langweilen heißt zu sich kommen und ist ein unverzichtbarer Bestandteil der Psychohygiene. Die lange Weile bietet Gelegenheit, sich erst zu verlieren, um sich dann wieder zu finden. Wem es an Zeiten mangelt, sich zumindest hin und wieder selbst zu begegnen, läuft Gefahr, sich von sich selbst zu entfremden. Langweilen bedeutet, mit sich selbst in Resonanz zu gehen und dabei festzustellen, wie gut man mit sich selbst auskommt. Die Langeweile konfrontiert die Menschen mit dem Wesentlichen, mit sich selbst. Die Psychotherapeutin Verena Kast beschreibt das in folgenden Worten: »Langeweile ist Humus für Lebendigkeit. (...) Sich langweilen ist die Abwesenheit des Gefühls des Interesses. Es braucht Geduld und Überzeugung, dass nach einiger Zeit dann schon wieder etwas in einem selbst los sein wird.«[14]

Was unserer Geduld oftmals im Wege steht, sind unsere subjektiven und sozialen Wertungen und Bewertungen der Langeweile. Üblicherweise verbinden wir mit Langeweile negative, quälende Zeiterfahrungen: uninteressante Schulstunden, endloses Kaffeetrinken mit Verwandten, als überflüssig empfundene Meetings, wenig spannende Routinearbeiten, sich hinziehende Diskussionen, überlange Fahrten in Zug und Auto. Der am meisten verbreitete Impuls gegen eine Infektion mit dem Langeweilevirus ist Aktivismus, Flucht aus der Situation oder – wenn das nicht möglich ist – Pseudoaktivitäten, unter dem Tisch und über dem Tisch.

Man kann sich aber auch lösen von dieser negativen Wertung des Zustands, den wir »Langeweile« nennen. Langeweile ist nicht öde. Man kann sich die lange Weile auch als offene, unverplante Zeit vorstellen. Sobald man einen solchen Perspektivwechsel vollzieht, wandert die Langeweile aufs weite Feld der attraktiven Zeiten. Dann wird die Langeweile zu jenem »warmen, grauen Tuch, das innen mit dem glühendsten, farbigsten Seidenfutter ausgeschlagen ist. In dieses Tuch wickeln wir uns, wenn wir träumen …«. (Walter Benjamin)

Der eigene Urlaub ist eine niederschwellige Möglichkeit, um sich der Langeweile zu öffnen. Hat man nicht bereits etwas voreilig einen rundum arrangierten Urlaub mit Bildungs- und Fitnessprogramm, mit Non-stop-Erlebnis- und Bespaßungsarrangement gebucht, dann sollte und könnte man es sich hin und wieder leisten, die Zeit einfach mal auf sich zukommen zu lassen, also nichts zu planen, fünfe gerade sein zu lassen und dabei das Risiko einzugehen, für einen Faulenzer oder Müßiggänger gehalten zu werden (zu Ihrer Entlastung: Solche Zuschreibungen gehen meist mit stiller Bewunderung einher). Nur Mut! Versuchen Sie's mal!

Steigern Sie die Zahl der Dinge, die Sie von Tag zu Tag sein lassen. Hören Sie erst damit auf, wenn Sie merken, dass Sie zu faul sind, sich zu langweilen. Das ist dann der Augenblick, in dem Sie hinter der Langeweile angekommen sind. Sie haben, so sagt Ihnen Ihr inneres Navi, »Ihr Ziel erreicht«. Sie befinden sich auf der schönen Seite der Langeweile, dort, wo Sie nicht mehr auf die Zeit zugehen und mit ihr etwas machen müssen, sondern dort, wo die Zeit auf Sie zukommt, Ihnen zuzwinkert und wo Sie endlich mal mit ihr gemeinsame Sache machen können. In diesem Augenblick haben Sie den Sehnsuchtsort der langen Weile erreicht und die Chance, zum »ungeschminkten Gesellschafter« (Hermann Hesse) der Zeit zu werden. Und merken Sie sich: Was immer Sie gegen die Langeweile tun: Lassen Sie es! Gönnen Sie es sich ab und zu, ein Langweiler oder eine Langweilerin zu sein.

Wiederholung. Auch die Wiederholung gehört zum bunten Strauß der Zeitvielfalt, und auch ihr haftet allzu gern das Stigma der Beschleunigungsverliererin an. In einer vermeintlich smarten Welt muss alles auf Anhieb klappen. Es geht um sofortige Bedürfniserfüllung ohne lange Wartezeiten oder Wiederholungen. In der Logik der To-do-Listen geht es ums Abhaken, Erledigen und Hinter-sich-Bringen. Wir gieren nach kleinen Wirksamkeitserfahrungen, die uns unser Belohnungssystem im Gehirn mit der Ausschüttung von Neurotransmittern versüßt. Die Wiederholung kommt da eher als Fehler im Prozess, als Stolperstein im Ablauf daher. Wer wiederholt heute schon gerne die Lektüre eines Artikels oder das Erklären eines komplizierten Sachverhalts? Wiederholungen brauchen Zeit, und die scheint vielerorts rar zu sein.

Dabei übersehen wir, dass es die Wiederholung ist, die als Zeitform in nahezu alle Prozesse eingeschrieben ist. Sie ist die Mutter des Lernens und die Bedingung für Höchstleistungen. Wer kann schon auf Anhieb eine Sprache, ein Instrument oder eine Sportart erlernen? Wer wird nach dem Studienabschluss sofort zum Vorstand? Die Wiederholung ist die Grundlage für neuronales Lernen. »What fires together, wires together«, heißt es in der Hebbschen Lernregel, die besagt, dass die Verbindung zweier Neuronen umso stabiler ist, je öfter sie gemeinsam aktiv sind. Man kann sich das durchaus wie einen Muskel vorstellen, der wächst, wenn er wiederholt benutzt wird.

Das Gehirn wird so zum Protokoll seiner Benutzung. Selbst unsere Aufmerksamkeitsspanne, die viele durch das Hin-und-her-Springen zwischen vergleichzeitigten Reizen in den Bereich von Sekunden heruntertrainiert haben, wird durch die Wiederholung eben jener oberflächlichen Kurz-kurz-Aktivitäten erzeugt.

Auch soziale Systeme wie Familien, Teams, Unternehmen entstehen überhaupt erst durch wiederholte Interaktionen, durch die sich Muster verfestigen und reproduzieren. Es ensteht ein selbstorganisiertes Spiel, das den Regeln folgt, aus denen es besteht. Erlebbar wird dies in Form von gemeinschaftlichen Ritualen. Sie sind der Kitt des sozialen Zusammenlebens, verleihen Stabilität über Regelmäßigkeit, integrieren und sichern den sozialen Zusammenhalt. Über sie wird eine der stärksten sozialen Kräfte geregelt: die Zugehörigkeit zu bestimmten Gruppen. Und wer nicht Teil des sich wöchentlich wiederholenden Strategiekreismeetings ist, der gehört eben nicht dazu zum Strategiekreis. So einfach ist das.

Rituale sind das Skelett jedes sozialen Systems, jeder Gemeinschaft und jeder Gesellschaft. Sie verleihen dem Alltag Kontur, machen ihn stabil und berechenbar und geben der Zeit ihren rhythmischen Verlauf. Eine solche Form der Wiederholung reproduziert nicht nur, sie produziert. Das vermeintliche Wieder-Erkennen und Wieder-Erfahren ist in Wahrheit ein Neuerschaffen. Sie ordnen und strukturieren das Zeitliche, geben dem zeitlichen Chaos Sinn, Form und Bedeutung und machen hierdurch die Welt bewältigbar, erfahrbar und gestaltbar. Es sind nicht die Uhren, wie häufig vermutet, die die Zeit machen – die messen sie nur –, es sind die Wiederholungen.

In der belebten Natur findet sich die Wiederholung als zentraler Bestandteil der evolutionären Prinzipien von Variation, Selektion und Retention – der Beibehaltung durch Wiederholung. Die Vielfalt des Lebens beruht darauf, dass sich etwas verändert (Variation), diese Veränderung hinsichtlich des Überlebens überprüft wird (Selektion) und dann das, was sich bewährt hat, beibehalten wird. Um dann wieder mit neuen Variationen eine neue Wiederholung im Kreislauf des Lebens zu beginnen.

Die Wiederholung ist dabei nicht mit der Kopie zu verwechseln. Die Kopie zielt auf möglichst exakte Gleichheit. Die Wiederholung steht in dialektischer Verbindung mit der Veränderung. Höchstleistungen – beispielsweise im Spitzensport oder in der Musik – entstehen durch unzählige Wiederholungen des Ähnlichen. Die leichten Abweichungen und Variationen im Immergleichen bergen das Lernpotenzial und führen am Ende zur Spitzenleistung. So gilt es, im sich Wiederholenden das Neue zu entdecken.

Wenn hier von Wiederholung gesprochen wird, so ist stets die rhythmische Wiederkehr des Ähnlichen gemeint, die sich an der Zeit der Natur orientiert. Es gibt auch eine andere, unproduktive und leere Form der Wiederholung: die unrhythmische, vertaktete Form der Wiederholung, wie wir sie aus Chaplins großartigem Film *Modern Times* kennen. Das ist leere, das ist erlittene, sinnlose Wiederholung. Wiederholung am Fließband eben, ewig die gleiche Leier. In einer solch leeren, entpersönlichenden Wiederholung wird man gefangen, in ein solches Wiederkäuen wird man eingezwängt. Sie ist von jeglicher Sinngebung gereinigt.

Will man die Produktivität der Wiederholung in sein Leben holen, muss man gegebenenfalls zunächst vorherrschende Abwehrmechanismen besänftigen und wohlwollend auf wiederholende Zeiten im eigenen Leben blicken. Vermutlich werden jede und jeder feststellen, dass viele sich wiederholende Elemente in der eigenen Arbeits- und Freizeit existieren. Und das ist das gut so: Wiederholungen entlasten davon, ständig neu entscheiden und disponieren zu müssen. In einer Multioptionswelt gibt uns die Verlässlichkeit der Wiederholung Orientierung im Ozean an Möglichkeiten. An den regelmäßigen Wiederholungen von Abläufen machen wir das fest, was wir »Zeit« nennen. Es sind die Zyklen und Rhythmen, der sich stetig wiederholende Wechsel von Tag und Nacht, von Helligkeit und Dunkelheit, von Einatmen-Pause-Ausatmen, die uns lebendig machen und am Leben halten. Dies und vieles andere, das sich regelmäßig wiederholt, macht diese unsere unwägbare und prinzipiell undurchschaubare Welt sicherer und vorhersagbarer. Alle sich wiederholenden Zustände sind rhythmisch organisiert und eingebettet in die rhythmischen Wiederholungen der äußeren und der inneren Natur. Ohne Wiederholungen verlöre das Naturwesen Mensch den für sein Überleben notwendigen Kontakt zur Natur.

Auch im Bereich von Innovation, Forschung und Entwicklung ist die Produktivität der Zeitform Wiederholung essenziell. Kleine Anpassungen und Wiederholungen sorgen dafür, dass Fehlerquellen entdeckt, Erfahrungen gesammelt und Produkte marktreif werden. Thomas Edison hat bekanntlich fast 9.000 Versuche unternommen, ehe er die fertige Glühbirne präsentieren konnte.

Wiederholungen können auch die Funktion einer besonderen Auszeichnung haben. Nur was wirklich gut ist, was Lust und Freude bereitet, wird wiederholt und hat das Potenzial, zum Ritual zu werden. Das gilt für antike Theaterstücke – wie beispielsweise die Tragödien des Sophokles, die seit knapp 2.500 Jahren aufgeführt werden – genauso wie für Evergreen-Lieder und Filmklassiker. Nicht umsonst gehört »Dinner for one« zum festen Ritual des alljährlich stattfindenden Jahreswechsels – »By the way, the same procedure as last year, Miss Sophie?« »The same procedure as every year, James.«

Kapitel 6

Nachhaltige Zeitkultur

… fürs Individuum

Den Teilnehmerinnen und Teilnehmern meiner Seminare mute ich manchmal ein Experiment zu: Wenn die zweitägige Veranstaltung jeweils bis 17 Uhr geplant ist, höre ich am ersten Tag schon um 16 Uhr auf und schenke den Anwesenden eine freie Stunde. Diejenigen, die die Suche nach freier Zeit ins Seminar geführt hat, sind dann unverhofft fündig geworden und sehen sich einer nicht unwesentlichen Frage gegenübergestellt: Was tun mit dieser freien Stunde?

Zu Beginn des nächsten Seminartags berichten die Teilnehmenden, was sie mit dem Zeitgeschenk angestellt haben. Die meisten berichten, wie schwierig es war, die Zeit wirklich frei zu lassen, obwohl es das war, wonach sie sich lange gesehnt haben. Der Wunsch nach freier Zeit scheint in unerfülltem Zustand – als Sehnsucht – attraktiver zu sein, als wenn er in Erfüllung geht. Stattdessen griffen die Teilnehmenden reflexartig auf altbewährte und eingeübte Muster zurück. Sie füllten die Zeit sofort mit Aufgaben – meist mit der Erklärung, dadurch etwas zu erledigen, was dann in einer nahen Zukunft zu freier Zeit führen würde. Man kann hieran deutlich unsere internalisierten kulturellen Muster im Umgang mit Zeit erkennen: »Leere Zeit gilt es zu füllen, nur gefüllte Zeit ist sinnvoll genutzte Zeit.« Aber ist gefüllte auch *er*füllte Zeit?

Wir alle können diese Übung in unserem Alltag ausprobieren. Jeder kennt die Situation, dass Termine ausfallen oder verschoben werden. Manch einer übt sich sogar darin, diesen Zustand künstlich zu erzeugen, indem Terminblocker im Kalender platziert werden, die dann frei und ohne Verpflichtungen sind. In der einschlägigen Ratgeberliteratur nennt sich das dann »Termin mit sich selbst«. Meistens sollen diese Zeiträume allerdings dazu dienen, Aufgaben zu erledigen, die sonst liegen bleiben oder ein hohes Maß an Fokus und Konzentration benötigen. Dies kann ein probates Mittel sein, doch es folgt dem immer gleichen Muster, vermeintlich gesparte Zeit wieder zu »investieren«. Dieses Muster ist uns derart in Fleisch und Blut übergegangen, dass uns seine Absurdität gar nicht mehr auffällt: Wir opfern den Augenblick zugunsten einer ungewissen Zukunft. Man könnte das als hoffendes »Zeithamstern« bezeichnen – lieber jetzt die Zeit nutzen, um dann vielleicht in Zukunft freie Zeit zu haben. Dieses vermeintliche Freischaufeln ist Ausdruck unserer Zukunftsfixierung, unseres Strebens nach Nutzenmaximierung und der daraus folgenden Gegenwartsopferung. Wer den Roman *Momo* von Michael Ende gelesen hat, fühlt sich stark an die grauen Herren von der Zeitsparkasse erinnert und stellt vielleicht mit einem leichten Schaudern fest, dass die grauen Herren wirklich existieren – in uns selbst.

Fast scheint es, als würde uns dieses Muster entlasten – als hätte freie Zeit etwas Bedrohliches. Lieber greifen wir auf das Altbewährte zurück, tun das, was der kulturellen Prägung und dem eigenen Wertesystem entspricht, um bloß keine Gefahr zu laufen, Dissonanzen zu erzeugen. Gleichzeitig spüren wir nur allzu oft die Ambivalenz, die dieses Verhalten erzeugt, wenn wir davon träumen, endlich einmal wieder Zeit zu haben, oder uns bei Kollegen oder Freunden darüber beschweren, wie wenig Zeit wir doch gerade haben.

An dieser Situation aktualisieren und konkretisieren sich viele der zentralen Fragen für den eigenen Umgang mit Zeit. Ich möchte Sie einladen, damit ein wenig zu experimentieren – zum Beispiel bei der nächsten Terminverschiebung. Folgende Fragen können dazu eine Anregung sein.

Fragen für freie Momente

- Welches Verhalten beobachte ich an mir selbst in Situationen, in denen ich unverhofft freie Zeit habe? Was genau tue ich dann? Wie geht es mir damit?
- Was sagt mein Verhalten über meinen Umgang mit Zeit und meine Vorstellung von Zeit aus?
- Was bedeutet es für mich, Zeit »sinnvoll zu nutzen«?
- Wie sähe es aus, wenn ich mein gewohntes Verhalten in einer solchen Situation um 180 Grad drehen würde? Was wäre dann anders?
- Was möchte ich in solchen Situationen ausprobieren? Was nehme ich mir für das nächste Mal vor?

Beschleunigungskreislauf – der Wert des Schnellen

Wenn wir uns fragen, wo der häufig verspürte Drang zum Füllen der Zeit herkommt, landen wir bei jenem Spiel, das wir einüben, seit wir angefangen haben, im großen Stil Zeit in Geld zu verrechnen: dem Beschleunigungszirkel. Das Spiel und seine Regeln lassen sich recht einfach erklären. Wir alle kennen es, weil wir ständige Mitspieler*innen sind.

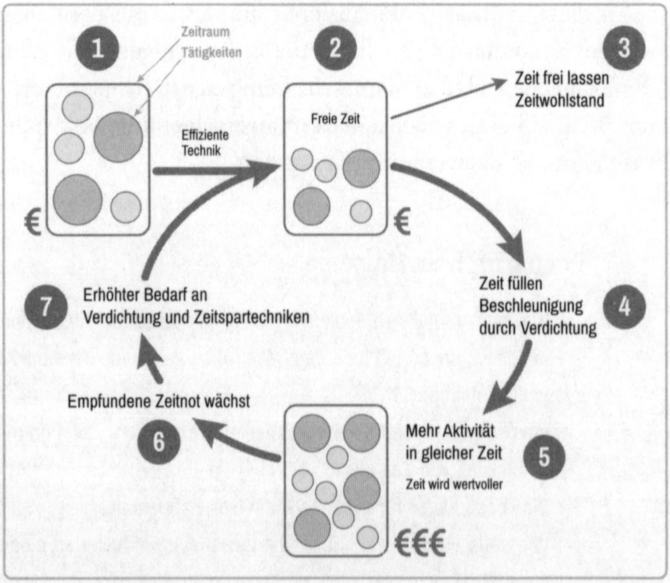

Verrechnen wir Zeit in Geld, so geben wir bestimmten Tätigkeiten in der Zeit einen Wert (1). Beschleunigen wir nun die Art und Weise, wie wir die Aufgaben erledigen – etwa, indem wir durch den Einsatz von Technologie schneller oder effizienter werden –, so erledigen wir die gleiche Anzahl von Tätigkeiten in weniger Zeit, was zu dem führt, das wir »Zeitersparnis« nennen (2). Theoretisch gäbe es an dieser Stelle die Möglichkeit, die frei gewordene Zeit frei zu lassen und sie als eigenen Zeitwohlstand zu definieren (3). Teilweise geschieht dies auch, etwa wenn Menschen ihre Arbeitszeiten reduzieren oder Urlaub und Freizeit ausweiten. Diese »Abzweigung« im Beschleunigungskreis wird uns noch öfter begegnen, wenn es um alternative Zeitverwendung geht. Aus der »Zeit ist Geld«-Logik heraus ist sie aber ein Bruch. Geld kennt kein Genug. Daher wird frei gewordene Zeit stattdessen mit zusätzlichen Tätigkeiten gefüllt, um immer mehr in der gleichen Zeit zu erledigen (4 + 5). Hierdurch wird die Zeit wertvoller – sie »ungenutzt« zu lassen, erscheint absurd. Gleichzeitig erhöht sich die empfundene Zeitnot der Protagonist*innen (6), weswegen der Bedarf an weiteren Zeitspartechniken und entsprechenden Technologien steigt (7). Und so schließt sich der Kreislauf, der einerseits die Grundlage für die vielfach empfundene Hetze und Zeitnot ist, andererseits aber natürlich auch für unseren Geld- und Güterwohlstand und unsere zivilisatorischen Errungenschaften im globalen Norden.

Auch die Umwelt bekommt unseren Beschleunigungswahn zu spüren: Erledigen wir mehr in derselben Zeit, ist dies fast immer mit einem erhöhten Energieverbrauch verbunden. Auch wenn Beschleunigungstechnologien immer effizienter werden, sorgt deren vermehrte und verdichtete Nutzung dafür, dass die Effizienzgewinne sofort zunichtegemacht werden – wir sprechen hierbei von Zeit-Rebound-Effekten.[1] Am Ende entsteht nicht nur subjektiv empfundene Zeitnot, sondern auch eine sehr schlechte Energiebilanz, für die die Natur zur Kasse gebeten wird.

Unser Umgang mit Zeit und unsere kulturell geprägten Vorstellungen von Zeit haben also einen direkten Einfluss auf unseren ökologischen Fußabdruck. Neben politischen Rahmenbedingungen und dem Engagement von Unternehmen und Organisationen hat jede und jeder von uns die Möglichkeit, durch Veränderungen hin zu nachhaltigem Zeitverhalten hier anzusetzen und öfter mal an Position 3 des Kreislaufs »abzubiegen«. Das Schöne daran: Von den zeitlichen Auswirkungen profitieren wir auch persönlich, denn ein Ausstieg aus dem Beschleunigungskreislauf schenkt uns echten Zeitwohlstand. Kernvoraussetzung dafür ist, dass wir uns von der Vorstellung verabschieden, nur maximal ausgenutzte Zeit wäre gute Zeit.

Gesagt, getan? Genau an dieser Stelle hakt es leider oft. Aus der Nachhaltigkeitsforschung wissen wir, dass die Lücke zwischen Wissen und Handeln oft schwer zu schließen ist, weil die Auswirkungen der Veränderungen nicht selbst erlebt werden. Häufig hat man das Gefühl, man verzichte auf Komfort zugunsten von jemandem und etwas, dass woanders und wann anders stattfindet. Die Folge ist, dass die Effekte des eigenen nachhaltigen Verhaltens nicht als positiv erlebt werden und man schnell in alte Verhaltensmuster zurückfällt. Bei der Überwindung dieser Abstraktionslücke kann die Zeitbrille helfen. Der persönliche Nutzen in Form von Zeitwohlstand, Enthetzung, Zeitsouveränität und der daraus resultierenden Zufriedenheit, Gesundheit und dem entlastenden Gefühl der Genügsamkeit wird am eigenen Leib und unmittelbar erlebt. Jeder persönliche Akt, die Zeit nicht reflexartig zu füllen, um noch mehr in sie hineinzustopfen, noch mehr zu konsumieren, produzieren, kommunizieren, kann dann als Akt nachhaltigen Handelns und zugleich als Befreiung gedeutet werden.

In der konkreten Umsetzung kann dies bedeuten, frei werdende Zeit, wie in unserem Beispiel aus dem Seminar, eben nicht reflexartig mit Aufgaben zu füllen, sondern der gelebten Zeitvielfalt den Raum zu öffnen. Kommen Sie ins Ausprobieren, ins Experimentieren. Spontan frei gewordene Zeit bietet zum Beispiel Augenblicke für Jetzt-Erfahrungen. Die lange Weile ist das Tor zu Muße, die Langsamkeit lädt ein zur Selbstgenügsamkeit. Vielleicht ist auch ein kleines Nickerchen angesagt oder der Blick in den Himmel, eine kurze Meditation oder Besinnung auf den eigenen Körper und seine Bedürfnisse. Oder vielleicht auch einfach die Kraft des Seinlassens – gemäß dem Leitspruch »Es ist erstaunlich, wie viel Unheil durch Nichtstun schon verhindert wurde«. Auf diese Weise entstehen kleine »Zeitbiotope«: Zeit-Räume, in denen sich eine Vielfalt von Zeitformen entwickeln kann und Zeiterfahrungen jenseits der Beschleunigung gemacht werden können.

Die Rechnung dazu ist eigentlich ganz einfach: Zeiten der Beschleunigung, Verdichtung und Wertschöpfung sind mit Energie hinterlegt. Sie verbrauchen Ressourcen, und diese sind leider zu einem Großteil immer noch fossiler Art. Jede Zeit, die ich als Individuum damit verbringe, mir selbst etwas Gutes zu tun und gleichzeitig zum Erhalt der natürlichen Ressourcen beizutragen, sind demnach ein kleiner Schritt in die richtige Richtung.

Das entbindet uns sicherlich nicht davon, politische Verantwortung wahrzunehmen und die notwendigen Rahmenbedingungen für eine gesamtgesellschaftlich nachhaltigere Zeitkultur zu schaffen. Dennoch: Auf individueller Ebene ist das Dösen auf der Parkbank ein Akt nachhaltigen Handelns. Und gleichzeitig ist es ein kleiner Akt zivilen Ungehorsams – eben weil wir dadurch nicht einfach blind mitmachen und die eigene Lebenszeit der stetigen Beschleunigung opfern, sondern für uns selbst, die eigene Zeit-Zufriedenheit und zum Wohle der eigenen Um- und Mitwelt handeln.

Die Aufforderung zum zivilen Ungehorsam sollte nicht falsch verstanden werden. Es geht mir nicht darum, zu Straftaten anzustiften. Ich möchte an dieser Stelle aber den Gedanken anstoßen, ob die Art und Weise, wie wir momentan leben und wirtschaften, nicht der viel größere Ungehorsam im Sinne von Unverantwortlichkeit ist, da dadurch viele Mitmenschen und unsere natürliche Lebensgrundlage (und die unserer Kinder) massiv zu Schaden kommen. Hierbei nicht mitzumachen und gleichzeitig den Nutzen des Zeitwohlstands erleben zu dürfen, ist eine Form des Zeit-Ungehorsams, die im besten Falle derart attraktiv ist, dass Sie gerne gleich damit anfangen können.

Fragen für mehr Zeit-Ungehorsam

- Welche Gelegenheit bietet sich mir in naher Zukunft an, um das Ausscheren aus dem Beschleunigungskreislauf auszuprobieren?
- Wie sorge ich dafür, dass ich die Zeit dann bestmöglich genießen kann?
- Wen will ich dazu anstiften, es mir gleichzutun?

Was nun, was tun?

Wollen wir an unserem Umgang mit Zeit wirklich etwas verändern und zu einer nachhaltigen Zeitkultur gelangen, lohnt sich die Reflexion darüber, wie wir Änderungen gestalten können.

Zunächst einmal müssen wir uns mit der banalen, jedoch relevanten Tatsache abfinden, dass wir nie ganz frei in der Gestaltung unserer Zeit sind. Natürlich unterliegen wir äußeren und inneren Zwängen, die uns einschränken und unsere Möglichkeiten reduzieren. Doch so wirklich schlimm ist das manchmal gar nicht, denn zu viel Möglichkeitsüberschuss wirkt oft überfordernd. Diese Begrenzungen können den Vorteil haben, dass sie den Aufwand des Auswählens drastisch reduzieren. Ein erster Schritt in Richtung einer neuen Zeitkultur kann also sein, die eigenen Zwänge aus diesem Blickwinkel zu betrachten und auf ihre entlastende Seite hin zu bewerten. Manchem Zwang (sicherlich nicht jedem) mag so sein Stigma genommen werden, und im besten Fall wird daraus ein Entlastungsmoment. In der Zeit der Corona-Pandemie und des Lockdowns haben viele von uns genau diesen Sachverhalt erfahren: Die Einschränkungen in der Mobilität, im Kontaktverhalten und in den Möglichkeiten, seine Zeit zu gestalten, hatte für viele Menschen auch eine entlastende Seite. Weniger Möglichkeiten bedeuten immer auch weniger Druck, Entscheidungen zu treffen und Erwartungen zu erfüllen.

Bei Veränderungen im eigenen Handeln werden Zwänge aber auch häufig als Ausrede benutzt, gar nicht aktiv zu werden – ganz nach dem Motto »Ich kann ja eh nichts dran ändern«. Das Verstecken hinter den Zwängen wäre aber fatal, da wir damit die Zügel der Verantwortung aus der Hand geben. Wir sind zwar nie ganz frei, aber eben auch nie ganz unfrei. Wir haben immer Möglichkeiten, zu gestalten, womit wir unsere Zeit verbringen. Neben der Überprüfung der Zwänge auf ihre entlastende Funktion hin kann eine zweite Möglichkeit sein, die eigenen Spielräume zu sehen und zu definieren. Wenn man genau hinschaut, erkennt man in fast jeder Aktivität die Möglichkeit, sie auch anders auszuführen – genau das ist unser Spielraum. Egal ob es darum geht, was ich morgens zum Frühstück esse, wie lange ich mit meinen Kindern spiele oder wofür ich mein Geld ausgebe, wir haben stets Gelegenheiten, etwas auszuprobieren und etwas anders zu machen.

In unserem Umgang mit Zeit werden wir immer auch von kulturellen Normen, Regeln und Erwartungen beeinflusst. Wir befinden uns nicht im luftleeren Raum, sondern stehen in Interaktion mit unserer Mitwelt – zweifelsohne verhalten wir uns etwa beim Besuch einer Oper anders als im Fußballstadion oder beim Businesslunch mit Kunden. Der soziale Kontext spielt für unser Verhalten eine zentrale Rolle – er ist das Spiel, bei dem wir mitspielen. Wir sind in diesem Spiel immer Opfer und Täter zugleich, das heißt, wir werden in unserem Verhalten von den Regeln des Spiels beeinflusst und halten selbige gleichzeitig durch unser Verhalten aufrecht. Demnach haben wir immer die Möglichkeit, zu versuchen, die Spielregeln zu ändern, indem wir neue Verhaltensweisen umsetzen und darauf bauen, dass andere Spieler*innen bei diesem neuen

Spiel mitmachen. Dies ist genau der Mechanismus, durch den neue Moden und Bewegungen entstehen.

Die Fridays-for-Future-Bewegung ist ein anschauliches Beispiel hierzu. In weniger als einem halben Jahr ist es Greta Thunberg gelungen, durch ihr neuartiges Verhalten (Schulstreik) sehr viele Mitspieler*innen zu gewinnen und aus ihrem eigenen Musterbruch eine weltweite Bewegung zu machen. Um das Spiel kultureller Prägungen zu verändern, braucht es solche innovative Impulse.

Wir können also entweder uns selbst – die Spieler*innen – oder die Regeln der Interaktion – das Spiel – verändern. Um die Möglichkeiten der Einflussnahme zu ordnen, eignen sich folgende Kategorien:

1. Wir können unser Verhalten ändern.
2. Wir können unseren Beobachtungsfokus verändern.
3. Wir können unsere Deutungen verändern.
4. Wir können unsere eigenen Prämissen verändern.

1. Man kann sein Verhalten ändern – ganz banal im Sinne von »tue etwas anderes« – und beobachten, was dann passiert. In Bezug auf eine nachhaltige Zeitkultur heißt dies, den Imperativen des Beschleunigungskreislaufs nicht zu folgen und die »Ausfahrt« in Richtung Zeitwohlstand zu nehmen. Hierzu kann es hilfreich sein, die eingeübten Verhaltensweisen (z. B. freie Zeit sofort zu füllen) an sich selbst zu beobachten und sich dann bewusst dagegen zu entscheiden. Gelegenheiten dazu gibt es viele.

Fragen zu eigenen Verhaltensmustern

- Wann erlebe ich mein eigenes Zeitverhalten als Teil des Beschleunigungskreislaufs?
- Was sind Auslösereize und wie ist meine Reaktion darauf?
- Was wäre eine radikal andere Reaktion auf den gleichen Reiz?
- Wie könnte eine leicht veränderte Reaktion aussehen?
- Was davon möchte ich ausprobieren?

2. Wir haben die Möglichkeit, unsere Aufmerksamkeit anders zu lenken – im Sinne von »schaue woanders hin«. Was nehme ich bezüglich Zeit wahr und was liegt in meinem blinden Fleck? Diesen Fokus unserer Aufmerksamkeit können wir willentlich beeinflussen. Sehe ich beispielsweise Zeit nur als knappes Gut, das mir durch die Finger rinnt, dem ich hinterherlaufen, das ich sparen, managen, in den Griff bekommen muss? Falls ja, so wird dies meine Zeitrealität prägen. Richte ich meinen Blick auf die vielen schönen Zeiten, die mich erfüllen, zu meiner Zufriedenheit beitragen und Teil des guten Lebens sind, so wird auch diese Perspektive meine Zeitwahrnehmung und mein Verhalten beeinflussen.[2]

Fragen zum eigenen Beobachtungsfokus

- Welche Zeiten in meinem Alltag fallen mir besonders auf, welche finden wenig Beachtung?
- Wann spreche ich über Zeit und welche Empfindungen gehen damit einher?
- Wie könnte ich dafür sorgen, dass meine Perspektive auf die Zeit ausgewogener ist und sie mir nicht nur auffällt, wenn sie zum Problem wird?

3. Zusätzlich können wir die Bewertungen der eigenen Beobachtungen verändern. Dies betrifft auch die Bewertung des Zeitverhaltens. Definieren wir uns als schuldiges Subjekt, das im Umgang mit Zeit nie genug ist und die eigenen Erwartungen stets enttäuscht? Oder sind wir zufrieden mit dem, wie wir sind und was wir haben? Sehen wir äußere Zwänge als Beschränkungen und Hindernisse, die es zu überwinden gilt, oder sind sie für uns Entlastungen vom Entscheidungsterror des Möglichkeitsüberschusses?

Teil unserer Gestaltungsspielräume sind unsere Bewertungsmuster. Sie mögen zwar durch unsere Erziehung und Sozialisation gefestigt sein, sind aber dennoch nicht in Stein gemeißelt – nach einschneidenden Lebenserfahrungen verändern sie sich beispielweise oft. Durch die Methoden des Reframings, einer Neubewertung, lassen sich gefestigte Bewertungen verflüssigen und erweitern.

Fragen zu meinen Bewertungskriterien

- Würde ich eine belastende Situation anders bewerten, wenn ich nicht selbst beteiligt wäre?
- Wie könnte ich die Situation einem fünfjährigen Kind erklären? Und falls es meine Bewertung nicht versteht, könnte es gegebenenfalls recht haben?
- Kann ich mir vorstellen, in einem Jahr über die Situation zu lachen? Falls ja, warum nicht gleich?[3]

4. Wir können unsere eigenen Prämissen verändern, also etwa unsere Annahmen darüber, was gute, schlechte, sinnvolle oder sinnlose Zeit ist. Auf dieser Ebene geht es um unsere Werte, Glaubenssätze und Moralvorstellungen in Bezug auf Zeitnutzung. Sie dienen als Entscheidungsprämissen und sind sowohl

kulturell als auch familiär geprägt. Gegebenenfalls steht uns diese Prägung bei dem Wunsch nach gelebter Zeitvielfalt im Wege.

Diese Prämissen lassen sich nicht nach Belieben umformen, Veränderungen auf dieser Ebene vollziehen sich zum Teil langsam. Dennoch sind sie im Zuge der eigenen Sozialisation erlernt und können daher auch ver- oder umgelernt werden. Der Volksmund hält für die kulturellen Wertungen in Bezug auf Zeitverwendung zahlreiche Beispiele bereit. Von »Der frühe Vogel fängt den Wurm« über »Wer rastet, der rostet« bis hin zu »Müßiggang ist aller Laster Anfang« werden mittels Sprichwörtern zeitliche Wertevorstellungen transportiert. Das Schöne ist, dass auch sie sich immer umformulieren lassen: »Der frühe Vogel fängt den Wurm« ist beispielsweise nur aus der Perspektive des Vogels sinnvoll. Sobald man sich in den Wurm hineinversetzt, ist es sinnvoller zu warten und den frühen Vogel vorbeiflattern zu lassen – »Der späte Wurm lebt länger«! Christa Wolf haben wir eine andere Umdeutung zu verdanken: »Müßiggang ist aller Liebe Anfang.«

Fragen für die eigenen Prämissen

- Welche Sprichwörter/Glaubenssätze prägen mich und meinen Umgang mit Zeit?
- Welches Zeitverhalten speist sich daraus?
- In welchen Situationen stehen diese Prämissen meinen Bedürfnissen nach Zeitvielfalt im Weg?

In allen vier Kategorien können wir uns verändern. Wir werden sicherlich nicht über Nacht unsere Persönlichkeit umkrempeln. Das soll auch gar nicht das Ziel sein. Es geht darum, sich in seinem Umgang mit Zeit wohlwollend zu betrachten, zu unterscheiden, was bereits gut läuft und bleiben kann, wie es ist, und wo sich Möglichkeiten und Räume für Experimente und Veränderungen auftun.

Vom Wissen zum Handeln

»Zwischen Wissen und Tun liegt das Meer« besagt ein italienisches Sprichwort.[4] Wir wissen, was zu tun ist. Die Lösungen für unsere ökologischen Probleme liegen auf dem Tisch. Die unzureichende Umsetzung liegt nicht am mangelnden Wissen. Sie liegt im Tun beziehungsweise im Unterlassen begründet. Dieser Sachverhalt klingt zwar banal, in ihm verbirgt sich aber die gesamte Herausforderung der Umsetzung von Veränderungen.

Die zeitliche Brille hilft uns, den Prozess von Veränderungen klarer zu gestalten und aus Wünschen Wirklichkeiten werden zu lassen. Alleine mit dem Blick auf die Zeit ist es aber nicht getan. Um einen nachhaltigen Unterschied in unserem Verhalten anstoßen zu können, sollten wir uns ein wenig mit der Gestaltung von Lern- und Veränderungsprozessen beschäftigen – ein Thema, das gerade in der Nachhaltigkeitsdebatte enorm wichtig ist.

Wir alle kennen die Liste an Vorhaben, die wir eigentlich irgendwann einmal umsetzen wollten – oft in Form von Vorsätzen für das neue Jahr. Die Vernunft sagt uns, dass wir mehr Sport treiben, uns gesünder ernähren und mal wieder die alten Freunde kontaktieren sollten. Die meisten von uns könnten diese Liste beliebig fortsetzen. Einzig, das zeigt die Forschung rund um die Verhaltenspsychologie, stößt diese Vernunftliste kein Handeln an – sie bleibt im Konjunktiv stecken und sorgt lediglich für ein schlechtes Gewissen und das innere Unbehagen, immerzu mit seinen Vorhaben hinterherzuhinken.

Auf diese Weise werden sachlich sinnvolle Motive mit negativen Gefühlen verknüpft. Die Wahrscheinlichkeit der nachhaltigen Umsetzung sinkt dadurch zusätzlich. Im Gegensatz dazu gibt es manche Vorhaben, die wir mit Verve angehen, die wir anpacken und umsetzen, ohne lange zu zögern. Woher kommt dieser Unterschied?

Eine Erklärung dafür liefert das sogenannte »Zürcher Ressourcen Modell« von Maja Storch und Frank Krause.[5] Dieses Selbstmanagement-Training beschäftigt sich damit, wie man den Schritt vom Sollen zum Wollen schafft. Im Kern steht die Metapher, den Fluss »Rubikon« zu überqueren. Auf der einen Seite des Flusses befindet sich der Status des »eigentlich sollte ich mal …«, in dem gemischte Gefühle vorherrschen, meist begleitet durch ein abwartendes Abwägen des Für und Wider einer Entscheidung. Auf der anderen Seite des Rubikon findet sich der Status des klaren Willens, der Fokussierung auf die Umsetzung, ohne Infragestellungen. Das Training erklärt, wie wir von der einen Flussseite zur anderen kommen. Wir alle kennen Situationen aus unserem Leben, in denen wir den Fluss erfolgreich überquert haben: die Entscheidung für einen bestimmten Arbeitsplatz, einen größeren Umzug, aufwendige Anschaffungen oder Ähnliches. Wir tragen also alle die nötigen Mechanismen und Erfahrungen in uns, um den Fluss zu überqueren. Die Rückschau auf vergangene Ereignisse dieser Art hilft, herauszufinden, was man persönlich dafür braucht, und lässt sich als Ressource für andere Flussüberquerungen nutzen.

Grundsätzlich spielen zwei Motivationsarten dabei eine Rolle. Einmal die »Von-weg-Motivation«, die versucht, Schmerz, Unheil und Unlust zu vermeiden. Und zum anderen die »Hin-zu-Motivation«, die durch ihre emotionale Wirkung, ein Lustversprechen oder eine Aussicht auf Belohnung Zugkraft entwickelt. Gleichzeitig wirken zwei Hirnbereiche bei diesem Prozess mit. Zum einen unsere Ratio, die uns sagt, was wir tun sollten, was richtig und falsch ist. Und zum anderen unser emotionales Erfahrungsgedächtnis, das uns Auskunft darüber gibt, was wir mögen oder nicht mögen. Die Hirnforschung bestätigt, dass keine Information, von der wir denken, wir hätten sie bewusst verarbeitet, ohne Emotionalisierung auskommt. Wir gehen von uns selbst meist als rationale Wesen mit freiem Willen aus. Diese Annahme ist jedoch weitgehend widerlegt. Wir sind und bleiben emotional gesteuert – ob wir das wollen oder nicht.

Das bedeutet aber auch, dass wir den Mechanismus kennen, mit dem wir uns über den Fluss bringen: Die Herausforderung ist es, eine starke emotionale »Hin-zu-Motivation« für das neue, gewünschte Verhalten zu entwickeln. Das heißt, wir brauchen Zugang zu unseren Emotionen. Dieser erfolgt weniger über Sprache als über Bilder, Vorstellungen, Gerüche und Geräusche. Wir alle kennen die emotionale Reaktion, wenn wir das Bild eines geliebten Urlaubsortes sehen oder im Winter den Geruch von Sonnenmilch schnuppern: In Bruchteilen von Sekunden aktiviert unser emotionales Erfahrungsgedächtnis das entsprechende Gefühl und wir befinden uns sofort in der gespeicherten Situation. Diese emotionale Wucht kann uns über den Fluss bringen. Daher sollten wir versuchen, sie mit unserem Veränderungsvorhaben zu verknüpfen.

Am Anfang der Flussüberquerung steht also die Frage, welches Vorhaben diese notwendige emotionale Wucht erzeugt. Diese Entscheidung kann einem leider niemand abnehmen. Aber Sie selbst können dies anhand ihrer eigenen Reaktion überprüfen. Oft spiegelt sich die emotionale Reaktion im eigenen Körper wieder – wir kennen dieses Phänomen beispielsweise vom Überfliegen der eingegangenen E-Mails. Bei einem speziellen Absender stellt sich augenblicklich ein freudiges Gefühl in der Magengegend ein – das ist das beste Zeichen für einen somatischen (körperlichen) Marker, der an die emotionale Reaktion gekoppelt ist.

Für Sie bedeutet dies, möglichst emotional attraktive Bilder und Vorstellungen davon zu entwickeln, wie Ihr zukünftiger Umgang mit Zeit aussieht. Die Bilder sollten sich leicht und frei anfühlen, weil sie übermäßigen Konsum und materielle Zwänge abschütteln. Sie sollten entlastend wirken, weil sie ein »Genug« akzeptieren – eine Zufriedenheit mit dem, was man leistet, wer man ist und was man hat. Sie schaffen Attraktivität über Sinnhaftigkeit, die in einer lebenswerten und zukunftsfähigen Welt liegt. Wählen Sie die Variante, die größtmögliche »Hin-zu-Motivation« bei Ihnen auslöst – im besten Fall ist dies kein Bild vom karibischen Meer mit Luxusjachten und Hummerschnittchen, sondern die Vorstellung eines leichten, genügsamen Lebens im Einklang mit dem eigenen Körper, der Mitwelt und der Natur. Die Zeit für den Arbeitsweg mit dem Fahrrad lässt sich beispielsweise statt mit der Furcht vor Anstrengung mit den Vorstellungen von frischer Luft, Befreiung von Autostau und Parkplatzsuche, einem klaren Kopf und dem schönen Park auf dem Weg verbinden.

Der selbstwirksame Umgang mit Zeit

Eine häufige Aussage meiner Teilnehmer*innen nach Zeitseminaren und Workshops ist: »Eigentlich habe ich gar nicht so viel verändert – nur gehe ich jetzt bewusster mit Zeit um und habe das Gefühl, selbst über meine Zeit zu entscheiden.« Oft muss man das Rad nicht völlig neu erfinden, um einen selbstwirksamen[6] Umgang mit Zeit zu etablieren. Das eigene Zeithandeln zu reflektieren, für sich persönlich Alternativen zu entwickeln, wo dies nötig erscheint, und dann bewusste Zeitentscheidungen zu treffen – das ist die Grundlage von Zeitkompetenz. Das Gegenteil davon wäre es, im Kreislauf aus äußeren Reizen und eigenen Reaktionen festzustecken und immer mit den gleichen Mechanismen zu reagieren. Dieser Zustand fühlt sich fremdbestimmt an. Man erlebt sich als Opfer der eigenen festgefahrenen Verhaltensweisen und sucht die Schuld dafür meist beim äußeren Reiz. Damit ist aber auch die Verantwortung zur Veränderung aus der Hand gegeben. Änderungen sind dennoch in den meisten Fällen möglich, manchmal im Großen, manchmal im Kleinen.

Der Unterschied zwischen selbstwirksamem und determiniertem Umgang mit Zeit zeigt sich in Alltagssituationen, beispielsweise am Umgang mit E-Mails und anderen Push-Benachrichtigungen. Reagiert man blind auf jedes Klingeln und lässt sich von den Nachrichten durch den Tag »pushen«, so ist das Verhalten einseitig konditioniert. In der Regel fühlt man sich dabei getrieben – Schuld sind die eingehenden Nachrichten. Selbstwirksam wäre es, bewusst zu entscheiden, wann man Informationen aufnimmt, wann nicht, und wie man auf die jeweiligen Nachrichten reagiert. Aus dem Push-Prinzip wird so ein Pull-Prinzip. Das bewusste Entscheiden über Verhaltensalternativen fördert die Souveränität und Selbstbestimmung im Umgang mit Zeit.

Das Prinzip der Selbstwirksamkeit lässt sich auch auf unser Bild der Zeit anwenden. Unser Zeitverständnis ist kontingent – das heißt, es könnte auch völlig anders sein. Das merkt man, wenn man mit anderen Zeitvorstellungen konfrontiert wird, etwa im Kontakt mit anderen Kulturen im Urlaub oder auf Dienstreisen. Oder aber in Krisensituationen, wenn sich die Vermutung Bahn bricht, dass unsere bisherigen Konzepte von Zeit nicht mehr zukunftsfähig sind – entweder für uns persönlich oder für unseren Lebensraum.

Sobald man sich aus dem alltäglichen Handlungsstrom zeitweise ausklinkt und sich auf den Weg macht, sich selbst und die eigene Situation von außen zu betrachten, fallen einem schnell neue Wege und Möglichkeiten des Umgangs mit der Zeit auf. Und Anlässe für Selbstbeobachtung und Selbstthematisierung gibt es viele – oft in Zusammenhang mit (Lebens-) Krisen, inspiriert durch Mitmenschen oder aber auch aus der Einsicht heraus, dass es so nicht weitergehen kann; im besten Fall aber aus einer Situation der Lust und des Interesses heraus, sich mit dem eigenen Umgang mit Zeit zu befassen. Manch einer stellt dabei fest, dass weniger schiefläuft als gedacht. Da viele Menschen dazu neigen, sich im Umgang mit Zeit selbst abzuwerten, ist dies eine wichtige Erkenntnis, zeigt sie doch, dass man einen realistischen Blick auf den eigenen Umgang mit Zeit gewonnen hat und klar unterscheiden kann, was gut läuft und was verändert werden sollte. So lassen sich Ideen für Anpassungen und Experimente entwickeln.

Damit dies gelingen kann, ist es notwendig, sich ab und zu Zeit für die Zeit zu nehmen, wie Fritz Reheis betont:

> »Diese Fähigkeit zum Anhalten im ›Jetzt‹ ist eine für die Zeitlichkeit der Handlung zentrale Kompetenz des erwachsenen Menschen. (...) Erst so erfährt sich der Mensch als Subjekt. (...) Die Entwicklungslogik der Zeit führt (...) zu einem Zuwachs an Autonomie, Planungs- und Organisationskompetenz und damit letztlich zur sukzessiven Befreiung des Handelnden vom Zwang, immer das Gleiche wiederholen zu müssen.«[7]

Wenn Sie sich aus dem alltäglichen Handlungsstrom ausklinken wollen, müssen Sie sich zunächst einen geeigneten Zeitraum kreieren. Dieser kann unterschiedliche Formen annehmen. Wichtig ist dabei, dass Sie sich dem gedanklichen Schlendern hingeben können. Es geht nicht darum, Fragen auf einer Liste abzuhaken, sondern eher, sich auf die unangestrengte Suche nach Antworten zu machen. Dies kann zum Beispiel bei einem Spaziergang gelingen, beim Dösen auf einer Parkbank, beim ziellosen Umherfahren mit dem Rad oder bei ähnlichen Tätigkeiten, die Sie geistig leicht beschäftigen und gleichzeitig Raum für Reflexion lassen. Hilfreich ist, wenn Sie einen Zustand der frei schwebenden Aufmerksamkeit erlangen. In diesem Zwischenzustand richten Sie die Gedanken grob aus, ohne sie zu sehr auf ein Ziel zu fixieren. Mit Worten lässt sich dieser geistige Zwischenzustand am ehesten mit »gelöster Fokussiertheit« oder »absichtsvoller Absichtslosigkeit« beschreiben.

Im besten Fall gelingt es Ihnen dadurch, mit sich selbst und Ihren Bedürfnissen in Resonanz zu gehen. »Innere Resonanz – so die These – ist die zentrale Voraussetzung nicht nur dafür, dass Menschen ihr Leben als gutes Leben empfinden. Sie ist auch eine gute Grundlage dafür, dass Menschen die Idee der nachhaltigen Entwicklung zu ihrem persönlichen Leitbild machen. Wer nämlich mit sich selbst im Einklang ist, dem fällt es leichter, sich auch um den Einklang mit anderen zu kümmern.«[8] Im Grunde geht es darum, einen absichtsvollen Zeitraum zu kreieren, der einen Unterschied zu Ihrem sonstigen Umgang mit Zeit macht.

Hat man so einen Moment für Reflexion gefunden, kann man sich zum Beispiel fragen: »Was ist Zeit für mich? Was ist mein Bild von Zeit?« Niemand hat die Zeit je gesehen. Trotzdem verwenden wir sie als Konstrukt jeden Tag für unser Alltagshandeln. Von meiner Zeitvorstellung hängt ab, wie ich mit ihr umgehe, wie ich sie bewerte und gestalte – und im Endeffekt auch, wie ich mein Leben lebe.

Es macht einen großen Unterschied, ob Zeit für mich etwas ist, das knapp ist, das vergeht und das ich sparen, managen, in den Griff bekommen muss. Mit solch einer Vorstellung verhalte ich mich völlig anders, als wenn ich das Bild habe, dass Zeit nicht vergeht, sondern entsteht, und zwar jeden Tag neu, und dass sie eine treue Freundin ist, die von der Geburt bis zum Tod nicht von unserer Seite weicht und das Leben selbst darstellt. Das eigene Bild von Zeit drückt sich meist auch in unserem Sprachgebrauch aus. Achten Sie darauf, wie Sie selbst über Zeit sprechen. Olaf Georg Klein lädt in seinem Buch *Zeit als Lebenskunst* zu einem Experiment ein:

> »Eine gute Möglichkeit, sich selbst auf die Spur zu kommen, ist, statt ›Zeit‹ einmal ›Leben‹ zu sagen und zu beobachten, was dann passiert. Unsere Wahrnehmung verändert sich augenblicklich: ›Ich habe kein Leben?‹ ›Ich leide unter Lebensknappheit?‹ ›Ich habe Lebensprobleme?‹ Es wird deutlich, wie unser Denken und Sprechen über die Zeit uns dazu verführt, auf einer bestimmten Ebene zu bleiben und die dahinter liegenden Probleme nicht zu erfassen. Wenn wir sagen: ›Ich habe keine Zeit‹, scheint das etwas zu sein, was außerhalb unserer Verantwortung liegt. Wenn wir sagen: ›Ich habe kein Leben‹, sprechen wir von uns.«[9]

Fragen zum eigenen Zeitverständnis

- Wenn ich an die Zeit denke, was kommt mir als Erstes in den Sinn?
- Welche Worte oder Ausdrücke verwende ich in Zusammenhang mit Zeit?
- Wenn ich mein Bild von Zeit malen würde, wie sähe es aus?
- Wie würde ich einem kleinen Kind »Zeit« erklären?
- Welches Bild von Zeit entspricht am ehesten meinen Sehnsüchten?

Gute Zeiten, schlechte Zeiten

Auf die Frage hin, warum sie hier seien, antworten die Teilnehmenden meiner Seminare oft: »Um meine Zeit sinnvoller zu nutzen«. Und schon sind wir mitten im Thema: Was sind für uns gute und was schlechte Zeiten? Was heißt überhaupt »sinnvoll«? Und was bedeutet es, Zeit zu »nutzen«?

Die Antworten auf beide Fragen speisen sich sowohl aus einer kulturellen Prägung als auch aus individuellen Vorlieben, Werten und Moralvorstellungen. Unter »Zeit sinnvoll nutzen« wird im Kontext von Profitorganisationen und im deutschsprachigen Kulturraum häufig ein möglichst effizientes Abarbeiten von Aufgaben im Sinne der »Zeit ist Geld«-Logik verstanden. Für wen Zeit gleich Geld ist, für den ist folglich jene Zeit sinnvoll, die für Effizienz, Wettbewerbsvorteile und Produktivität förderlich ist. Zeit sinnvoll nutzen bedeutet demnach, die Zeit nach den Kriterien Rentabilität, Output und Beschleunigung zu bewerten. Meist lässt sich zwischen diesen an Kosten und Nutzen orientierten Kriterien und dem aufgewendeten Ressourcenverbrauch ein direkter Zusammenhang herstellen: Wenn sinnvolle Zeit nur solche ist, die zur weiteren Verdichtung, Beschleunigung und Effizienzsteigerung beiträgt, dann werden in dieser Zeit meist auch Unmengen an Ressourcen verheizt.

Eine solche Zeitbewertung steht einem Leben, das sich an den Rhythmen und Regenerationszeiten der Natur orientiert, entgegen. Zuweilen steht sie auch im Gegensatz zu dem, was wir »gutes Leben« nennen. Was ein gutes Leben ausmacht, ist sicherlich im Detail für jeden anders, jedoch finden sich vor allem in Aussagen von Menschen, die an ihrem Lebensende stehen, Hinweise darauf, was für ein solches Leben ausschlaggebend ist. Die australische Paliativpflegerin Bronnie Ware hat in ihrem Buch *The regrets of the dying* solche Elemente zusammen getragen. Die Aussagen von Sterbenden darüber, was sie im Leben anders machen würden, wenn sie noch einmal eine Chance dazu hätten, gehen nicht nur unter die Haut, sondern fördern auch den gesunden Zweifel an so manchen Zeitbewertungskriterien von Menschen, die mitten im Leben stehen. Die Sterbenden sagten etwa:

> Ich wünschte, ich hätte den Mut gehabt, mein eigenes Leben zu leben – und nicht das, das andere von mir erwarten.
> Ich wünschte, ich hätte nicht so viel gearbeitet.
> Ich wünschte, ich hätte den Mut gehabt, meine Gefühle auszudrücken.
> Ich wünschte, ich hätte den Kontakt zu meinen Freunden aufrechterhalten.
> Ich wünschte, ich hätte mir erlaubt, glücklicher zu sein.[10]

Als Mittel zur Selbstreflexion eignet sich die Perspektive vom imaginierten Lebensende zurück auf das Leben durchaus. Ich wende sie manchmal in Seminaren an, um die Klarheit darüber zu fördern, was den Teilnehmenden im Leben wirklich wichtig und wertvoll ist. Ziel ist es dabei nicht, objektive Moralvorstellungen zu verbreiten, sondern bewusste Zeitentscheidungen zu treffen, die zu einem gelingenden und zukunftstauglichen Leben beitragen.

Natürlich sind individuelle Bewertungskriterien Ergebnis von langfristigen Entwicklungsprozessen, bei denen Erziehung, Sozialisation und individuelle Präferenzen eine Rolle spielen. Sie lassen sich nicht mit der Lektüre eines Buchkapitels und einer kleinen Gedankenreise sofort verändern. Sehen Sie meine Ausführungen als Anregung, als Einladung, die Perspektive zu verändern, Dinge anders zu sehen und Gewohntes infrage zu stellen. Selbst solch kleine Impulse können weitreichende Veränderungen bewirken, wenn sie Resonanz erzeugen und Einzug in Selbstbeobachtung, Reflexions- und Kommunikationsprozesse erhalten.

Gedankenexperiment »imaginiertes Lebensende«

- Wenn ich mir ein gelungenes und nachhaltiges Leben vorstelle – womit werde ich meine Zeit verbracht haben?
- Wie sieht die Schnittmenge zwischen meinen Vorstellungen eines guten Lebens und eines nachhaltigen Lebensstils aus?
- Was davon lebe ich schon heute?
- Inwiefern ändern sich hierdurch meine Bewertungen für sinnvolle/gute und sinnlose/schlechte Zeit?
- Inwiefern hängt das, was ich für sinnvolle beziehungsweise sinnlose Zeit erachte, mit meinem persönlichen Ressourcenverbrauch zusammen?
- Welche Möglichkeiten zur Veränderung meiner Zeitbewertungskriterien sehe ich?

Genug ist genug

Sowohl für einen nachhaltigen Lebensstil als auch für ein gelingendes Leben steht eine Frage im Mittelpunkt: Wann reicht es eigentlich? In einer Multioptions- und Überflussgesellschaft, die sich über stetes Wachstum stabilisiert, darf nie irgendwas genug sein. Der systemerhaltende Imperativ lautet: Es ist (beziehungsweise du bist) nie genug, es geht immer noch mehr, immer schneller, immer weiter. Dass dies auf einem in seinen Ressourcen begrenzten Planeten zwangsläufig in den Kollaps führt, darauf hat der »Club of Rome« schon 1972 warnend hingewiesen – und auch der Mensch ist nicht auf diese ständige Leistungssteigerung ausgelegt. Die ökologische Krise, in der wir uns befinden, bringt einen neuen Imperativ hervor, der den Wachstumsforderungen der kapitalistischen Wirtschaftsordnung entgegensteht: Wenn wir unser System zukunftsfähig gestalten wollen und die Grundlage für unser Zusammenleben erhalten möchten, brauchen wir ein »Genug«.

Natürlich muss über das Maß des »Genug« auch politisch – mit den Mitteln der Demokratie – debattiert und entschieden werden. Mir geht es an dieser Stelle aber zunächst einmal um das persönliche Genug, den eigenen suffizienten Umgang mit Zeit, der zu einem zufriedenstellenderen und ausgeglicheneren Leben führt. Die Idee hinter dem Ansatz der Suffizienz ist die Befreiung vom Übermaß. Dabei geht es mir nicht darum, ein entbehrungsreiches und knausriges Leben zu propagieren, sondern aus dem Beschleunigungskreislauf (im Volksmund auch »Hamsterrad« genannt) auszusteigen und dadurch Zeit für die andere Dinge zu schaffen.

Dieser Ausstieg lässt sich über das persönliche »Genug« finden, und es lohnt sich auch hier wieder, die zeitliche Brille aufzuziehen. Beim Blick auf das eigene Leben und die eigenen Bedürfnisse muss man sich überlegen, wie viele Ereignisse, Tätigkeiten, Ergebnisse man in seiner (begrenzten) Zeit erleben will und wie man persönlichen (Zeit- und Güter-)Wohlstand definiert. Wenn es mein Anspruch ist, zwei Leben in einem zu leben, werde ich nicht umhin kommen, dies unter Zeitdruck zu tun. Und wenn mein persönliches Genug an Geld- und Güterbesitz sehr hoch angesetzt ist, werde ich vermutlich viel Zeit mit Erwerbsarbeit verbringen müssen.[11]

Wir leben in einer Welt, in der wir ständig aus einer Unzahl von Möglichkeiten wählen müssen. Die Reize, die auf uns einprasseln, überschreiten bei Weitem unsere Verarbeitungskapazitäten. Konsum wird zur Belastung, weil wir die tausend Möglichkeiten der Gegenstände, mit denen wir uns umgeben, gar nicht mehr auskosten können – die komplette Lebenszeit eines Menschen würde beispielsweise nicht ausreichen, um alle Musiktitel des Streamingdienstes Spotify anzuhören – und das ist ja nur ein Angebot von vielen auf unseren Smartphones. Die eigene Aufmerksamkeit wird zur knappen und damit wertvollen Ressource, um die fleißig gebuhlt wird.[12]

Das Individuum sieht sich in dieser Gemengelage genötigt, den eigenen und fremden Erwartungen, die an all die Möglichkeiten geknüpft sind, gerecht zu werden, um in der auf Konkurrenz und Wettbewerb ausgerichteten Marktlogik nicht den Anschluss zu verlieren: Online-Weiterbildungsangebote müssen wahrgenommen werden, um auf dem Arbeitsmarkt attraktiv zu bleiben; der berufliche Anschluss wird durch ständige Netzwerk-Aktivitäten gesichert; es braucht Posts und Likes und Shares, um zu zeigen, dass man up to date ist; Artikel und Podcasts wollen rezipiert werden, damit man auf dem neuesten Stand ist; die frisch gekaufte Gitarre verlangt nach Übungsstunden und das smarte Videoschnittprogramm will erlernt werden. Und dann, ja dann will man auch noch eine gute Mutter oder ein guter Vater sein und Quality Time mit der Familie haben und gleichzeitig auf die eigene Balance und Selbstfürsorge achten.

So landen wir im gleichen Mechanismus, mit dem sich das kapitalistische Wirtschaftssystem reproduziert: Um den Status quo zu erhalten, müssen wir der Steigerungslogik folgen und immer mehr beschleunigen und verdichten. Das Individuum sieht sich zunehmend zwischen den Anforderungen von außen und den eigenen Erwartungen an ein glückliches, eigenverantwortliches Leben überfordert, wie Alain Ehrenberg in *Das erschöpfte Selbst* schreibt:

»Wo alles erreichbar, alles möglich scheint, steigen die Ansprüche. Dafür sinkt die Zahl der akzeptablen Entschuldigungen. Am Ende liegt das Scheitern nur am eigenen Ich. Wenn aber jeder selbst für sich verantwortlich ist, dann muss auch jeder selbst die Last des Erfolgszwangs tragen. Und manche brechen drunter zusammen.«[13]

Abhilfe kann eine reflektierte Form des suffizienten Konsums und der Befreiung vom Überfluss schaffen, wie sie etwa der Ökonom Niko Paech beschreibt.[14] Die Kunst besteht darin, die Maßlosigkeit abzuschütteln und dies nicht als Verzichtsleistung, sondern als Selbstschutz, nicht als Einschränkung, sondern als Befreiung zu verstehen. Es geht nicht darum, nie wieder zu konsumieren, sondern darum, zu erkennen, wann es genug ist.

Als Gradmesser für das rechte Maß kann die eigene, nicht vermehrbare Aufmerksamkeit dienen: Es ist dann genug, wenn ich so viele Dinge besitze beziehungsweise so viele Dienstleistungen konsumiere, dass ich den Überblick behalte und meine Aufmerksamkeit den Objekten so widmen kann, dass ich sie auch voll auskoste. Dadurch bin ich in der Lage, resonante Objektbeziehungen einzugehen, die eine selbstwirksame Form der Interaktion ermöglichen und nicht in Überforderung oder stummer Entfremdung münden. Fünf Instrumente, die ich ach so gerne spielen würde, von denen vier aber nur in der Ecke stehen, weil ich nicht genug Zeit habe, erzeugen Unzufriedenheit und ein ständiges Gefühl des Hinterherhetzens und der Ungenügsamkeit (ganz abgesehen von den Ressourcen, die ihre Herstellung verbraucht hat). *Ein* Instrument, für das ich regelmäßig Zeit habe und in dessen Benutzung ich immer besser werde, erzeugt Freude und tatsächlichen Wohlstand.[15]

Der Genuss, das bewusste Wahrnehmen und Auskosten der Optionen, lässt sich weder delegieren noch beliebig beschleunigen. Er braucht einfach seine Zeit und gehorcht eher den Regeln der Ereigniszeit als jenen der Uhrzeit. Niko Paech weist auf die in der Werbung oft unterschlagene Tatsache hin, dass ein Gegenstand oft erst dann Genuss erzeugen kann, wenn man ihm die entsprechende Zeit widmet:

> »Die Ergiebigkeit einer Handlung nimmt mit der Dauer ihrer Ausführung zumeist dann zu, wenn dadurch Lernprozesse möglich sind oder dem Nutzer eine aktive Rolle abverlangt wird – etwa in der Nutzung von Musikinstrumenten, Fahrrädern, Sportausrüstungen, Werkzeugen, Gartengeräten, Segelbooten, Plattensammlungen, Literatur, Haustieren, Gesellschaftsspielen, Kameraausrüstungen, Malwerkzeug etc. Je mehr Zeit in derartige Verwendungen investiert wird, desto geschickter und kompetenter erfolgt dies, sodass ein sogenannter Flow oder besondere Erfolgserlebnisse resultieren.«[16]

Dieser Kompetenzerwerb, der eng mit dem Gefühl der Selbstwirksamkeit gekoppelt ist, kann als Gradmesser für das persönliche rechte Maß dienen. Genug ist es dann, wenn man aktiv lernt und nicht nur reaktiv von Reizangebot zu Reizangebot springt – wenn man in der Lage ist, zu den Dingen und Optionen Beziehungen einzugehen, die einen selbst weiterbringen, weil man sich als selbstwirksam erlebt. Und wenn am Ende eine maßvolle, zufriedene Genügsamkeit steht. Wer dies in gewohntem Kontext üben möchte, kann die Idee des »Neinkaufzettels« übernehmen: Es ist die durchaus humorvoll gemeinte Idee, aufzuschreiben, was man alles nicht einkaufen, bezahlen, nach Hause tragen, nutzen, reparieren, entsorgen will, sondern wovon man sich bewusst befreit und entlastet. Die zeitliche Entsprechung findet sich in der Let-it-be-Liste, zu der wir im Verlauf des Buches noch kommen werden.

Fragen für das persönliche »Genug«

- Was macht für mich den Unterschied zwischen einem gefüllten und einem erfüllten Leben aus?
- Wann bin ich zufrieden mit dem, was ist? Wann kann ich meine Zeit genießen?
- Wie fühlt sich der Zustand der Genügsamkeit für mich an?
- Welches innere Bild hilft mir, mich von hohen Ansprüchen, übersteigerten Bedürfnissen v. a. Objektbedürfnissen zu befreien (z. B. das innere Bild vom »Reisenden mit leichtem Gepäck«)?

Doch Achtung: Ist der Steigerungslogik der direkte Weg versperrt, schleicht sie sich gerne durch die Hintertüre wieder herein. Das macht den Beschleunigungskreislauf als Grundmuster der kapitalistischen Wirtschaftsordnung so stabil. Sie macht aus den selbstverursachten Problemen ein Geschäft. So tauchen allerorten Entschleunigungsangebote auf, bei denen es nur schwer einzuschätzen ist, ob sie eher Teil des Beschleunigungskreislaufes oder ein Gegenentwurf sind. Darunter fallen diverse Angebote für Digital Detox, Achtsamkeit, Gelassenheit und Ähnliches. Auch der weltweite Erfolg der Aufräummethode »Magic Cleaning«[17] der Japanerin Marie Kondō lässt sich unter der Kategorie »höchst profitabler Gegentrend« verbuchen.

Ob ein Bruch des Beschleunigungsmusters eine wirkliche Alternative darstellt oder durch seine Monetarisierung schon wieder Teil der Beschleunigungslogik ist, lässt sich oft schwer feststellen. Als Klärungshilfe kann der Blick auf das »Wozu« dienen: Hat die Maßnahme den Zweck, anschließend noch schneller, effizienter, leistungsfähiger in das Hamsterrad zurückzukehren, so ist sie wohl eher Teil der Beschleunigungslogik. Dient sie der eigenen Zufriedenheit, ohne anderweitig verzweckt zu sein, handelt es sich um eine Maßnahme zum Ausstieg aus dem Kreislauf.

Wenn wir hier von der Befreiung vom Überfluss und dem Maß für »Genug« sprechen, dann muss immer mitgedacht werden, dass dieser Überfluss alles andere als gerecht verteilt ist. Die Ratschläge oben mögen für Menschen, deren Grundbedürfnisse nach Sicherheit, Ernährung und Schutz gesichert sind, richtig sein. In den Ohren von Mitmenschen, denen es am Wesentlichsten mangelt und die etwa aufgrund ihrer Herkunft zu einem »Genug« gezwungen sind, klingen sie wie blanker Zynismus. Überfluss, und das gilt in besonderem Maße für Güterüberfluss, muss stets in Abhängigkeit zur Befriedigung der Grundbedürfnisse gesehen werden.

Die Notwendigkeit, unseren Konsum an die zur Verfügung stehende Zeit anzupassen, gilt übrigens nicht nur für Gegenstände, ganz im Gegenteil: Viel nötiger ist ein bewusster Konsum inzwischen, wenn es um mediale Inhalte geht. Social-Media-Algorithmen werden bewusst so programmiert, dass bei den Nutzern suchtartiges Verhalten ausgelöst und die Angst, etwas zu verpassen, gefördert wird. Dies soll zu längeren Nutzungszeiten führen und in der Ökonomie der Aufmerksamkeit Marktanteile sichern. In diesem Fall bestehen die Marktanteile aus unserer Lebenszeit. Wir selbst sind zum Produkt geworden und unsere Zeit ist es, die andere in Geld verrechnen. Das ist grundsätzlich nicht neu. Der Trick besteht heute nur darin, dass diese Verrechnung von Zeit in Geld nicht mehr nur am Fließband oder im Büro passiert, sondern in unserer Freizeit, wenn wir mit Freunden chatten, Posts weiterleiten und Fotos teilen.

Laut Statistischem Bundesamt verbringen wir täglich drei Stunden mit Medienkonsum[18] (andere Untersuchungen, die die gesamte Mediennutzung berücksichtigen, kommen sogar auf zehn Stunden)[19]. Mittlerweile bieten fast alle Smartphones

Statistiken über den persönlichen Gebrauch an. Das ist durchaus einen Blick wert. Fragen Sie sich selbst: Wie viel Lebenszeit wollen Sie für die Rezeption medial übermittelter Informationen nutzen? Wenn Sie am Abend das Gefühl haben, die Zeit sei Ihnen durch die Finger geflossen, dann liegt das häufig daran, dass wir im oberflächlichen Modus des Aufgaben-Hoppings nirgends ankommen und richtig wirksam werden. Wir verhalten uns selbst wie eine Wischbewegung auf dem Smartphone und wischen von einem Reiz zum nächsten. Der Tag wirkt so, als bestünde er nur aus Störungen, Unterbrechungen und Reaktionen auf äußere Reize.[20] Wir fühlen uns unsouverän und fremdbestimmt. Aber wir können diesen Zustand ändern, indem wir mehr selbst über unsere Zeit bestimmen – und das beginnt bei der Nutzungsdauer und Nutzungsart unseres Smartphones. Wenn Sie es nicht nutzen, bewahren Sie es außerhalb Ihrer Sicht- und Hörweite auf – am besten lassen Sie es in der Hand- oder Laptoptasche.[21] Schaffen Sie sich möglichst störungsfreie Zeiten, in denen Sie wirksam

Das rhythmische Maß

Das rechte Maß folgt dem eigenen Rhythmus von Aktivität und Regeneration – es ist ein menschliches Maß. Der eigene Körper und Geist teilen einem recht zuverlässig mit, wann die eine Aktivität genug ist (z. B. Informationsverarbeitung) und wann eine andere angesagt ist (z. B. Bewegung an der frischen Luft). Eine erste Faustregel für das Finden des eigenen »Genug« lautet also, auf den persönlichen Rhythmus zu hören:

- Woran bemerke ich, wann es mir reicht – an welchem Gefühl, welchem Zustand und welcher Körperregion?
- Was tue ich dann konkret, um meiner Empfindung nachzugehen?
- In welchen Situationen möchte ich zukünftig besser auf diese »Frühwarnsignale« hören?

werden, in denen Sie sich in Ihre Tätigkeit vertiefen und einen Moment des Flow erleben. Den Unterschied werden Sie am Ende des Tages bemerken.

Je mehr Möglichkeiten wir haben, unsere Zeit zu verbringen, desto mehr werden wir zwangsläufig verpassen. Da unsere Kapazität, Reize zu verarbeiten, nicht in gleichem Umfang gewachsen ist wie die Möglichkeiten, mit denen wir uns konfrontiert sehen, wird zur entscheidenden Kompetenz, wie gut oder schlecht wir es schaffen, Dinge sein zu lassen.

Das Lassen ist eine Seite der Unterscheidung »Machen/Lassen«, mit der wir tagtäglich operieren. Mit jeder Entscheidung für etwas treffen wir gleichzeitig Entscheidungen gegen unzählige andere Dinge. Den Schwerpunkt »Machen« haben wir mit unseren To-do-Listen meistens weitgehend optimiert. Für mehr Klarheit und stimmigere Zeitentscheidungen hilft es, das Augenmerk auf die Seite des Lassens zu richten. Fans von Listen können sich auch hierzu eine Let-it-be-Liste anfertigen, mit allen Dingen, die sie (einmal oder zukünftig immer) sein lassen.

Probiert man diese Perspektive einmal aus, stellt man fest, wie sich ein Gefühl der Befreiung einstellt. Aus dem Muster, das Augenmerk stets auf den unbegrenzten Berg an zu erledigenden Dingen gerichtet zu haben, resultiert allzu oft ein Gefühl der Hetze, des Getriebenseins und der rastlosen Suche nach immer mehr Dingen, die noch zu tun sind. Und ja: Wir haben in der Regel mehr Dinge, die wir potenziell tun können, als Zeit, die uns dafür zur Verfügung steht. Das ist ein Ausdruck unseres Reichtums an Objekten und Möglichkeiten, den wir natürlich nicht ohne Schattenseite bekommen.

Schärfen wir unseren Blick für all das, wovon wir uns befreien können, was wir nicht erledigen müssen, worauf wir verzichten können, entwickeln wir damit die Kompetenz, uns auf das zu reduzieren, was für uns wesentlich ist. Wir werden sozusagen wählerisch in Bezug auf die Dinge, mit denen wir unsere Zeit verbringen. Ähnlich wie beim weltbekannten Aufräumkonzept »Magic Cleaning«, das überquellende Kleiderschränke befreit, schaffen wir so neuen Platz im Zeithaushalt.[22] Zudem kann man so einfach mal ausprobieren, was geschieht, wenn man bisherige Tätigkeiten weglässt. Meist sind die Konsequenzen deutlich weniger schlimm, als wir uns das vorher ausgemalt haben. Und auch der Zustand der Gelassenheit lässt sich – wen wundert's – vor allem über das Lassen erreicht.

Wem nichts einfällt, das er oder sie auf seine Let-it-be-Liste schreiben könnte, der kann gerne das Experiment wagen, Kollegen oder Kolleginnen, den eigenen Partner oder die eigene Partnerin, Freunde, die Führungskraft oder andere Personen zu bitten, diese Liste für einen selbst auszufüllen. Die Außenperspektive ist oft sehr erhellend und regt dazu an, die eigenen Erledigungsbedürfnisse gründlich auf den Prüfstand zu stellen. Ich plädiere dafür, die Let-it-be-Liste mit einem inneren Schmunzeln einzusetzen.

In Herman Melvilles Erzählung *Bartleby der Schreiber*[23] lehnt der Anwaltsschreiber Bartleby die an ihn delegierten Aufgaben seines Vorgesetzten stets mit der Aussage »I would prefer not to« ab – sicherlich auch heute ein angesagtes Motto angesichts der Flut von Möglichkeiten, denen wir uns gegenüber sehen.

Für einen nachhaltigen Lebensstil und auch für viele Aspekte des gelingenden Lebens ist das Seinlassen essenziell. Momente der Resonanz, Jetzt-Erfahrungen, Mußestunden und Flow-Erlebnisse stellen sich nur ein, wenn wir die Anzahl der Tätigkeiten begrenzen. Der persönliche Ausweg aus der Beschleunigungsspirale führt über das Weglassen. Für den eigenen Ressourcenverbrauch und den Schutz der Umwelt ist dies allemal besser. Als Inspiration für Ihre persönliche Let-it-be-Liste könnte man da nennen: Fleischverzehr, Flugreisen, maßloser Konsum.

Zeiten die zählen, sind jene, die wir nicht zählen

Zur Beantwortung der Frage nach dem rechten Maß wird in letzter Zeit ein weiteres Konzept immer häufiger herangezogen: das der Resonanz.[24] Während der Ansatz des Verzichts häufig als »Muss« und Verhaltensänderung eher als Zugeständnis für »andere« erlebt wird, setzt die Idee von Resonanz beim eigenen »Wollen« an. Im Zentrum steht die Frage nach gelingendem Leben. Die Antwort darauf ist im besten Falle gleichzeitig ein Gradmesser dafür, wie viel »genug« eigentlich ist.

Im Zentrum dieser Theorie steht die Aussage, dass gelingendes Leben vor allem durch Fähigkeiten und Momente der Resonanz geprägt ist und wir als menschliche Wesen alle ein Resonanzbegehren in uns tragen. Resonanz ist eine Form lebendiger Beziehungsgestaltung, die uns Menschen angeboren ist. Unsere erste pränatale sinnliche Erfahrung ist eine Resonanzerfahrung: das Eingebettet-Sein in den Körper der Mutter. Von diesem Zeitpunkt an ist unser Leben von unzähligen Resonanzerlebnissen geprägt – sei es in Kontakt mit den Mitmenschen, dem Erkunden der eigenen Umwelt oder mit sich selbst.

Resonanzbeziehungen sind Antwortbeziehungen – zwischen Menschen, zu Dingen und Tätigkeiten oder zu den großen Kollektivsingularen Natur, Kunst, Geschichte oder Religion. Der Begriff ist aus der Physik entlehnt und beschreibt eine Subjekt-Objekt-Beziehung als schwingendes System, in dem beide Seiten sich wechselseitig anregen. Auf diese Weise wird das Leben als intensive Begegnung um seiner selbst willen erfahrbar. Wir erfahren Resonanz zum Beispiel in einem guten Gespräch, beim Singen, Musizieren, Tanzen oder beim Sport und im Spiel. Kinder sind wahre Meister der Resonanz. Sie werden von einem kleinen Impuls berührt – oft reichen schon drei Kastanien, die unter einem Baum liegen – und schon beginnt ein ausgiebiges Spiel, bei dem Zeit und Raum vollkommen in Vergessenheit geraten. Momente der Resonanz können aber auch kurz sein: das freundliche Lächeln einer anderen Person, ein gemeinsames Lachen über ein Missgeschick oder von Herzen ausgedrückte Dankbarkeit.

Resonanz ist also stark verknüpft mit einem erstrebenswerten Zustand, einem »Wollen«, einer emotionalen Sehnsucht – im Gegensatz zu anderen Nachhaltigkeitsansätzen, die eher über Angst, »Müssen« und rationale Einsicht versuchen, Transformation zu gestalten. Letztere fördern eher Unzufriedenheit, ein Gefühl dauernder Ungenügsamkeit (des schuldigen Subjekts) und ein aggressives Weltverhältnis, Entfremdung und Ohnmacht. Sie münden in ständigen Vergleichen und in der gleichen Wettbewerbs- und Verfügbarkeitslogik, deren Folgen sie zu vermeiden suchen. Der Resonanzansatz will diesen Widerspruch auflösen. Das Gegenteil von Resonanz ist Entfremdung in Form stummer Weltbeziehungen, die vor allem durch Beherrschung und Verfügbarmachung der Natur und der Zeit erzeugt werden. Die Zeit (und die Welt) wird dadurch zu einem Aggressionspunkt. Wir erleben beispielsweise den Geburtstag des eigenen Kindes nur noch als einen weiteren abzuarbeitenden Punkt auf der nicht enden wollenden To-Do-Liste. Die Zeit wird zur Gegenspielerin, die es in den Griff zu bekommen gilt, um sie endgültig zur ordnen und verfügbar zu machen. Am Ende steht eine stumme, quantitative Beziehung zur Zeit, die jegliche »Süße« verloren hat.

Resonanz hingegen ist immer ergebnisoffen und steht damit im Spannungsverhältnis zur Logik der Steigerung, Verfügbarmachung und Optimierung. Sie lässt sich nicht zwingen, nicht speichern, nicht instrumentell steigern. Man kann nicht um sie kämpfen, weil der Kampf- und Wettbewerbsmodus uns ihr gegenüber verschließt. Der postmoderne Mensch befindet sich im Spannungsfeld zwischen dem Verlangen, mehr

Welt in Reichweite zu bringen, und dem persönlichen Resonanzbedürfnis.

Für eine nachhaltige Zeitgestaltung ist der Fokus auf Resonanz interessant, weil er unabhängig von ressourcenintensivem Konsum auf die wesentlichen Elemente gelingenden Lebens verweist und eine Vorlage liefert, wie ein achtsamer, selbstwirksamer Umgang mit Zeit sowohl ein positives persönliches Weltverhältnis als auch den ressourcenerhaltenden Umgang mit Zeit fördert.

Resonanz ist kein Dauerzustand, sondern eher eine punktuelle und flüchtige Beziehungserfahrung, die nicht beliebig willentlich hergestellt werden kann, sondern in ihrem Wesen unverfügbar ist – was wiederum ihren Reiz ausmacht.

Resonanzbeziehungen sind durch vier Elemente gekennzeichnet:

1. Das Moment der inwendigen Berührung (Affizierung) durch einen Impuls, beispielsweise das Lächeln einer anderen Person in der U-Bahn.
2. Die selbstwirksame Antwort auf den Impuls, die Erwiderung des Blicks in Verbindung mit einer emotionalen und oft auch körperlichen Reaktion (Gänsehaut, Erwiderung des Lächelns).
3. Transformation: Wir fühlen uns durch die Begegnung verändert. Der Blick verändert das Gefühl, mit dem wir durch den Tag gehen.
4. Das Moment der Unverfügbarkeit: Resonanz lässt sich nicht instrumentell herstellen. Ob sie eintritt oder nicht, kann man nicht vorhersagen. Sie lässt sich aber auch nicht verhindern.[25]

Ein Fokus auf Resonanz macht erfüllte von gefüllter Zeit unterscheidbar und richtet die Aufmerksamkeit auf eben jene ungreifbaren Momente, die das Salz in der Suppe des Lebens sind und denen ein wenig Magie anhaftet. Hierauf sollte sich die Frage nach dem »Genug« richten. Hartmut Rosa schreibt hierzu:

> »Wenn die Welt nicht mehr als Aggressionspunkt, sondern als Resonanzpunkt erscheint, dem wir nicht in einem Modus der Aneignung, Beherrschung, Kontrolle begegnen (...), sondern in einer Haltung des anverwandelnden und selbstwirksamen Hörens und Antwortens (...), verliert das Steigerungsspiel seinen Sinn und, wichtiger noch, seine psychische Antriebsenergie. Dann wird eine andere Welt möglich!«[26]

Wenn wir auf der Suche nach dem erfüllten Leben sind, dann tun wir gut daran, unseren Blick auf Resonanzzeiten zu richten. Ein Leben, das auf die Wertigkeit von Resonanzmomenten ausgerichtet ist, braucht weniger und ist freier und unabhängiger von der Objektwelt und deren Versprechungen, die eh nie eingelöst werden. Es geht darum, mehr Zeit zu haben, um bei sich zu sein und dadurch auch fähig, in Resonanz mit der Mit- und Umwelt zu gehen.

Fragen zu Momenten der Resonanz

- Wann habe ich in letzter Zeit Resonanzmomente erlebt?
- Wie sahen diese konkret aus? Womit bin ich in Resonanz gegangen? Was hat mich berührt und wie habe ich darauf geantwortet?
- In welchem Zustand, in welcher Haltung habe ich mich dabei erlebt?
- Inwiefern möchte ich mich zukünftig auf Resonanzmomente einlassen? Wie kann das konkret aussehen?

Insbesondere Momente der Resonanz benötigen Zeitformen, die sich dem Beherrschungsmodus der »Zeit ist Geld«-Logik entziehen. »Das Glück lässt sich nicht zwingen« – so beschreibt der Volksmund die Tatsache, dass viele der wesentlichen Zustände für ein gelingendes Leben unverfügbar sind. Der Organisationstheoretiker Günther Ortmann nennt diese Zustände Nebenprodukte – weil sie sich nicht garantieren, reproduzieren oder mit Sicherheit erzeugen lassen.[27] Im Gegenteil, sie scheinen unwahrscheinlicher zu werden, sobald man sie absichtlich »erzeugen« möchte. Zu diesen Nebenprodukten gehören nicht unwesentliche Dinge des Lebens wie Vertrauen, Kreativität, Muße, Liebe und Zuversicht.

Diese unverfügbaren Zustände lehren uns eine besondere Haltung gegenüber der Zeit. Der Anspruch auf Kontrolle, Vorhersehbarkeit, Verlässlichkeit ist bei ihnen eher hinderlich. Stattdessen geht es darum, sich der Zeit zu öffnen, sich selbst als Teil von ihr zu sehen und die Zeit auf sich zukommen zu lassen. Dabei hilft es, die Kraft des »Lassens« zu nutzen. Zum einen in Form von »Sich-berühren-Lassen« und »Sich-Einlassen«, zum anderen im »Seinlassen« von Kontrolle, Ansprüchen und Erwartungen an Struktur, Pünktlichkeit und Erfüllung. An die Stelle von »predict and controll« tritt »sense and respond«.[28] Die dahinterliegende Haltung findet sich irgendwo zwischen »egal« und »engagiert«. In dieser Haltung ist man interessiert für das, was im Entstehen ist, und zeigt sich zugleich offen dafür, dass selbiges auch ausbleiben kann. Es geht um eine »lustvolle Experimentierhaltung« und darum, sich mit dem Unbekannten anzufreunden.

Das Verfügbarkeitsprogramm der »Zeit ist Geld«-Logik steht diesen Zeiten diametral entgegen. Die Sehnsucht nach unverfügbaren Zeiten wird zwar häufig zu Verkaufszwecken eingesetzt – etwa im Versprechen des »Urlaubs mit Wohlfühlgarantie« – solche Versprechen sind aber in dem Wissen formuliert, dass niemand im Nachhinein das ausgebliebene Wohlfühlen einklagen würde (wobei dies sicherlich ein interessantes Experiment wäre).

Die Akzeptanz der Tatsache, dass die wesentlichen Elemente gelingenden Lebens unverfügbar sind, kann uns vom Zwang befreien, die eigene Zeit damit zu verbringen, mehr Dinge und Optionen verfügbar zu machen, um auf diese Weise sein Glück zu suchen, und Ereignisse berechenbar herbeiführen zu müssen. Den Wachstumsimperativ der Moderne und sicherlich auch die protestantische Arbeitsethik, möglichst viel Zeit mit produktiven Tätigkeiten zu verbringen, können wir individuell überwinden. Diese Unverfügbarkeit eröffnet die Möglichkeit, die Zeit auf sich zukommen zu lassen und mit zugewandter Neugier zu beobachten, was sie mit sich bringt. Dieser Zustand ist nicht voraussetzungsvoll und braucht weder besonders viel Qualifikation noch Gegenstände, noch Dienstleistungen, noch Ressourcen. Wir können ihm einfach den Nährboden bereiten, indem wir uns darin üben, die entsprechende Haltung einzunehmen.

It's now or never

Eine Ursache für unsere häufig empfundene Zeitnot ist der Umstand, dass uns ständig vor Augen geführt wird, es sei woanders oder wannanders besser, attraktiver, sinnvoller. Um die Versäumnisangst hat sich eine ganze Industrie gebildet, die mit Versprechen auf die Zukunft und den damit verbundenen Sehnsüchten eine Menge Geld verdient. Wer will schon zufriedene Kunden? Aus der Unzufriedenheit mit dem Status quo, der Angst, die besseren Optionen zu verpassen und stets die Gegenwart zugunsten eines »noch nicht, aber bald« zu opfern, speist sich einer der Antriebe der »Zeit ist Geld«-Logik.

Durch die Erweiterung unserer Informationsreichweite werden wir stets über das Wannanders und Woanders informiert. Wie eine Karotte baumelt es uns vor der Nase herum und sobald wir dem Impuls nachgeben, nach ihr zu schnappen, haben wir schon verloren.

Nach dieser Logik bedeutet eine Sache tun immer, sich gegen unzählige andere zu entscheiden, die man potenziell in der gleichen Zeit tun könnte. Und dieses Versäumen speist eine Angst, für die wir einen hohen Preis zahlen – das bewusste Erleben des Augenblicks, das Hier-und-Jetzt. Wie wir wissen, findet das Leben nur in genau dieser Gegenwart statt. Wir versäumen also nicht die ungenutzten Gelegenheiten, sondern das Leben selbst. Die Tage wirken, als rinnen sie uns durch die Finger, wir erleben uns gehetzt und rastlos, weil wir nicht im Augenblick verweilen. Auf Neudeutsch heißt dieser Zustand *fomo – the fear of missing out*.

Um aus diesem Kreislauf der Versäumnisangst auszubrechen, kann es zunächst einmal helfen, sich diesen Mechanismus bewusst zu machen und für sich innerlich zu akzeptieren, dass es überhaupt keinen falschen Ort und keine falsche Zeit gibt. Der Ort, an dem wir uns befinden, und der momentane Augenblick ist unser Leben und die einzige Situation, die wir gestalten können – es ist immer jetzt! Ob dies der richtige oder falsche Ort ist, unterliegt unseren eigenen Bewertungskriterien. Auch wenn uns von außen vielleicht etwas anderes suggeriert wird, so können wir uns doch bewusst dazu entscheiden, genau jetzt zur rechten Zeit am rechten Ort zu sein.

Zumal es ja gar kein Leben in der Zukunft gibt. Leben findet immer nur in der Gegenwart statt. Selbst die Fixierung auf die Möglichkeiten der Zukunft, in die wir uns auch gesellschaftlich gerne fliehen, werden nur erlebbar, wenn sie sich vergegenwärtigen. Es mag auch helfen zu akzeptieren, dass die Anzahl der Dinge, die wir verpassen, immer größer ist als jene, die wir wahrnehmen können. Das war schon immer so und wird vermutlich auch immer so sein – so what? Diese Gelassenheit kann man auch noch ein wenig weitertreiben und eine *jomo* entwickeln, eine *joy of missing out.* So bekommen wir zurück, was wir uns durch den eigenen Reichtum an Möglichkeiten selbst geraubt haben – die ungeteilte Präsenz in der Gegenwart – an dem Ort und zu der Zeit, zu der das eigene Leben stattfindet.

Wenn sich die schwirrenden Gedanken der Zukunftsfixierung nicht leicht abschütteln lassen, hilft die Be-Sinnung, die Konzentration auf die momentanen Sinneseindrücke. Was rieche ich gerade? Was höre ich? Was sehe ich, wenn ich genau hinschaue? Was fühle ich gerade? In vielen körperbetonten Schulen (z. B. Yoga) wird mittels Fokussierung auf den eigenen Leib die Be-Sinnung auf den Augenblick gefördert. Manchmal helfen auch schon ein Spaziergang, eine Runde leichtes Joggen oder ein paar Körperübungen, um den schwirrenden Geist ins Jetzt zurückzuholen. Zum Jetzt gehört aber nicht nur Kontemplation und geistiges Schlendern. Auch das völlige Eintauchen in eine Tätigkeit – sei es Programmieren, Kochen, Schweißen und vieles andere mehr – gehört dazu und trägt am Ende des Tages dazu bei, dass uns die Zeit länger vorkommt, weil wir wirklich wirksam waren.

Bedürfnisse und ihre Befriedigung

Das persönliche »Genug« und die Einschätzung des rechten Maßes hängen natürlich auch mit den eigenen Bedürfnissen und dem Anspruch an ihre Befriedigung zusammen. Fritz Reheis beschreibt in *Die Resonanzstrategie,* dass sich im Wesen menschlicher Bedürfnisse und dem Streben nach ihrer Befriedigung ein zyklisch wiederkehrendes Zeitverständnis findet:

»Bedürfnisse bedeuten nämlich innere Unruhe, die nach einer entsprechenden Aktivität verlangt und wieder verschwindet, wenn sie befriedigt ist – bis sich neue Bedürfnisse melden. (…) Auf jeder Bedürfnisebene gibt es jeweils charakteristische Zyklen. Auf der biologischen etwa zwischen Anstrengung und Erholung, auf der emotionalen und affektiven zwischen Gebundenheit und Freiheit, auf der kognitiven zwischen Zweifel und Gewissheit.«[29]

Aus diesem Kreislauf geht der Antrieb für Veränderungen hervor, die entweder auf der Bedürfnisseite ansetzen oder aber für deren Befriedigung sorgen sollen. Das Reflektieren der persönlichen Muster der Bedürfnisbefriedigung darauf hin, ob sie wirklich zum eigenen Wohl beitragen oder eher zusätzliche Belastungen mitbringen, ist ein wichtiger Schritt hin zu einem guten Leben. Will man es zudem zu einem nachhaltigen Leben machen, lohnt sich ein zweiter Schritt, in dem man überprüft, inwiefern die Muster der Bedürfnisbefriedigung natürliche Ressourcen beanspruchen und ob sie wirklich zufriedener machen. Brauche ich etwa eine Flugreise, um eine Pause einzulegen, oder ist ein regionaler Urlaub vielleicht sogar stressfreier, nachhaltiger und günstiger? Und führt er nicht sogar zu einem doppelten Effekt der Entspannung, weil ich weniger Arbeitszeit darauf verwenden muss, das nötige Einkommen zu generieren? Aus solchen Überlegungen ergeben sich Impulse zu alternativen Befriedigungsmechanismen und die Möglichkeit, die Abhängigkeit von eigenen Bedürfnissen infrage zu stellen.

Die Art, wie wir unsere Bedürfnisse befriedigen, schlägt sich massiv auf unsere Zeitkultur nieder. Bin ich zum Beispiel 60 Stunden in der Woche mit Erwerbsarbeit beschäftigt, um mir mit dem Gehalt Dinge zu kaufen, die nach einem kurzen Glücksmoment wieder beiseitegelegt werden, also nicht wirklich zu einem guten Leben beitragen? Oder ist diese Verwendung meiner Zeit nötig, um meine Existenz und die meiner Familie zu sichern, und damit essenziell für ein gutes Leben?

Für diese Fragen kann eine Einordnung entlang der Bedürfnishierarchie von Abraham Maslow helfen: Die Befriedigung der Grundbedürfnisse (körperliche Bedürfnisse und Sicherheit) hat Priorität vor sozialen und individuellen Bedürfnissen. Letztere und ihre dazugehörigen Befriedigungsmechanismen stehen im Fokus, wenn es darum geht, sie mit Blick auf ein gelingendes Leben und einen nachhaltigen Lebensstil infrage zu stellen und gegebenenfalls anzupassen.

Fragen zur Bedürfnisbefriedigung

~ Mit welchen Tätigkeiten befriedige ich meine Bedürfnisse nach Existenzsicherung?
~ Wie viel Prozent meiner Zeit verwende ich ungefähr darauf?
~ Welche sozialen und individuellen Bedürfnisse habe ich und wie sieht deren Befriedigung aus? Wie viel Zeit und wie viele Ressourcen verwende ich darauf?
~ Welche Veränderungsimpulse habe ich hin zu einem genügsameren und nachhaltigeren Lebensstil?

Vielfältige Zeiten leben

Wir haben gesehen, dass zu einem kompetenten Umgang mit Zeit gehört, das eigene Zeitverständnis und die daraus resultierenden Bewertungskriterien für Zeit zu reflektieren und für sich abzuleiten, wann ein »Genug« erreicht ist. Um ein gutes Leben und mehr Momente der Resonanz zu erreichen, braucht es vor allem eines: vielfältigere Zeiten. Es gilt, die beobachteten und neu sortierten Bedürfnisse nun nicht wieder verdichtend möglichst effizient umsetzen zu wollen, sondern der Bedürfnisbefriedigung die je nötige Zeitform zuzugestehen, also Zeitvielfalt im eigenen Leben zuzulassen und aktiv zu fördern.

Was dabei hilft, ist eine neugierige Experimentierhaltung. Bauen Sie sich kleine Prototypen, die Sie dann ohne viel Überlegen einfach mal ausprobieren, um neue Erfahrungen im Umgang mit der Zeit zu machen. Dies beinhaltet natürlich auch, dass es nicht so klappen kann, wie Sie es sich vorgenommen haben. In jedem Fall entsteht aber ein Erfahrungswert, mit dem Sie dann den nächsten Schritt gehen können. Ein Vorgehen in Schleifen, ein freudvolles Ausprobieren und eine Prise Humor sind dafür förderlich.

Fragen zu gelebter Zeitvielfalt

Erinnern Sie sich an die Ausführungen zu verschiedenen Formen der Zeit in Kapitel 5? Mit gezielten Fragen können wir ihre Präsenz in unserem Leben aufspüren und verstärken.

- Welche Zeitformen kommen in meinem eigenen Leben bereits vor?
- Welche Zeitformen fehlen mir in meinem Leben?

Betrachten Sie das Wechselspiel von Schnelligkeit und Langsamkeit in Ihrem Leben:

- Welche Rolle spielt Schnelligkeit in meinem Leben?
- In welchen Situationen erlebe ich Schnelligkeit als hilfreich? Zu welchem Preis bekomme ich sie dann?
- Wann ist Schnelligkeit für mich eher ein Problem?
- Wann bin ich gerne langsam und welche Bedingungen brauch ich dafür?
- Welche Qualitäten hat diese langsame Zeit für mich?
- Was steht der Langsamkeit im Weg und wie kann ich sie fördern?

Auch Warten und Pausen lassen sich durch gezielte Reflexion entdecken:

- Welche Wartesituationen sind für mich eine Zumutung, welche eher eine gute Zeit? Warum?
- Welche Wartesituationen möchte ich zukünftig anders gestalten und wie?
- Wie leicht oder schwer fällt es mir, Pausen zu machen?
- Wann habe ich beim Pausemachen ein schlechtes Gewissen, wann nicht? Warum?
- Welche Pausen tun mir gut? Welche würden mir zusätzlich guttun?
- Wie könnte ich mehr Pausen in meinen Arbeits- und Freizeitalltag integrieren?

Wenn sich alles flexibilisiert, verlieren wir die Orientierung. Flexibilität und Stabilität sind wie Schnelligkeit und Langsamkeit: Sie stehen in einer Wechselwirkung des gegenseitigen Bedingens. Damit etwas flexibel sein kann, braucht es stabile Elemente, zwischen denen die Flexibilität wirken kann. Damit Stabilität nicht zur Erstarrung führt, braucht es wiederum Flexibilität. Überlegen Sie selbst, welche stabilen, verbindlichen Elemente Sie für eine gute Orientierung brauchen. Welche stabilisierenden Zeiten gibt es in Ihrem Alltag? Wie können Sie deren Wirkung gegebenenfalls noch verbessern? Ein erster Ansatz sind hier Rituale, Wiederholungen und Routinen. Sie entlasten ungemein von Koordinationsentscheidungen und begrenzen die Anzahl an Möglichkeiten.

Jeder Mensch bildet in seinen täglichen Handlungen Formen von Routinen. Wiederholende Muster der Aktion beziehungsweise Interaktion dienen als Rituale, die Komplexität reduzieren und Orientierung in der Zeit geben. Wenn man sich jeden Morgen hinsetzt und bei einer Tasse Kaffee die Zeitung liest, muss man eben nicht jeden Morgen neu entscheiden, was man denn nun als Nächstes tut. Das ist banal und zugleich auch nicht. Wir brauchen Rituale. Sie orientieren uns in der Zeit, indem sie uns signalisieren, wann das eine aufhört und das andere anfängt. Mit ihnen gestalten wir Übergänge von einer Tätigkeit zur anderen und sorgen dafür, im Meer an Möglichkeiten eine gute Auswahl zu treffen und den Entscheidungsdruck zu reduzieren.

In Gruppen, Familien, Organisationen und Teams bilden sich ebenfalls Rituale. Sie haben eine hohe Vergemeinschaftungsfunktion und unterstützen so den Identitätserhalt als soziales System. Vom Aufnahmeritual im Verbrechersyndikat bis hin zu Begrüßungsritualen zu Beginn eines Arbeitstages – unser soziales Leben ist voll von Mustern der Wiederholung. »Play it again Sam« – mit der berühmten Zeile aus dem Film *Casablanca* im Ohr sind wir eingeladen, einen Blick auf unsere Rituale zu werfen.

Fragen zu meinen Ritualen

~ Welche Rituale nutze ich, um meine Zeit zu »ordnen«?
~ Welche davon sind mir heilig?
~ Wie gestalte ich Übergänge – z. B. von Freizeit zu Arbeitszeit – oder zwischen Aufgaben?

In meinen Workshops taucht das Thema regelmäßig auf. Häufig erarbeite ich ganz konkrete Ritual-Prototypen mit den Teilnehmenden, die sie anschließend ausprobieren können. Ein paar Beispiele zur Inspiration:

~ Guten-Morgen-Rituale einrichten und so den Tag für sich beginnen.
~ Einen rituellen Übergang zwischen Arbeits- und Freizeit etablieren: Am Ende eines Arbeitstages sollte man sich vor

Augen führen, was man alles bewirkt hat – und eben nicht, was man alles nicht geschafft hat. Dabei lassen sich auch Wünsche für den nächsten Tag sortieren.

- Fokussierungsrituale, Körperarbeit, Meditation und Sport helfen dabei, sich besser konzentrieren zu können.
- Zeitliche Dehnungsfugen einplanen, etwa die »minute to arrive« zwischen Meetings, um Präsenz herzustellen.
- Guten-Abend-Rituale einrichten und so den Tag für sich beschließen.

Oft richten wir unseren Blick auf die Zeiten, die uns belasten, Kraft rauben, stören. Wir nennen sie gerne »Zeitfresser« oder »Zeitdiebe«. Zeit fällt uns gerne dann auf, wenn wir sie im Mangel erleben. Dabei übersehen wir meist die vielen guten Zeiten – jene, die uns Kraft geben, die uns mit Sinn, dem Gefühl der Wirksamkeit und Dankbarkeit erfüllen und die wir bereits jetzt schon leben. Ich nenne diese Zeiten »Ressourcenzeiten«. Sie sind unsere Quelle für Zufriedenheit, Ausgeglichenheit und Resilienz.

Wir können zwischen aktiven Ressourcenzeiten und eher kontemplativen unterscheiden. Die einen sind von Leistung und Wirksamkeit geprägt: der erfolgreiche Projektabschluss, das gut gelaufene Gespräch, die fertiggestellte Gartenhütte oder der absolvierte Halbmarathon. Die anderen sind eher regenerierend: die Mußestunde, der gemütliche Spaziergang, der Mittagsschlaf, die Yogastunde und Ähnliches. Manche Ressourcenzeiten sind sehr offensichtlich, wie beispielsweise Schlaf, Urlaub, Momente mit Freunden, andere verstecken sich in persönlichen Ritualen, Eigenarten und Vorlieben. Natürlich zählen auch die Zeiten der Resonanz zu den Ressourcenzeiten.

Überlegen Sie selbst: Was sind zum Beispiel Ihre Ressourcenzeiten innerhalb der Arbeitszeit? Wie können Sie sie schützen und genießen? Inwiefern stehen Ihre Ressourcenzeiten mit einem nachhaltigen Leben in Einklang?

Für einen gelingenden Umgang mit Zeit ist es wichtig, die eigenen Ressourcenzeiten zu kennen, sie bewusst zu leben, zu genießen und vor Übergriffen zu schützen. Es sind Zeiten hoher Priorität und die Besinnung darauf soll helfen, sie ohne schlechtes Gewissen zu leben.

Nachhaltige Zeitkultur
… in der Arbeitswelt

Wollen wir unsere nicht nachhaltige, an der »Zeit ist Geld«-Logik ausgerichtete Zeitkultur wirklich einschneidend verändern, braucht es mehr als »nur« eine Veränderung der individuellen Lebensführung. Wir sind alle Spielerinnen und Spieler, die ihr Verhalten zwar zu einem gewissen Maße selbst anpassen können, deren Handlungen aber auch erheblich von den Regeln des Spiels beeinflusst werden, das wir gemeinsam spielen. Und diese Regeln werden nicht zuletzt von der Arbeitswelt und der herrschenden Wirtschaftsform geprägt. Echte Zeitvielfalt kann also nur dann zustande kommen, wenn nachhaltige Zeitkulturen auch in der Wirtschaft Einzug halten. Die Wirtschaft als ein Teilbereich der Gesellschaft hat die Vorstellung, Zeit sei Geld, erst produktiv gemacht. Unser momentaner Geld- und Güterwohlstand beruht auf diesem Prinzip, und zugleich bezahlen wir ihn mit dem Preis der bekannten ökosozialen Probleme. Für die Überwindung unserer planetaren Krisen brauchen wir dringend eine Transformation unserer Art zu wirtschaften.[30]

Wenn man die Wirtschaft und ihr einseitiges Zeitverständnis transformieren möchte, steht man schnell vor der Frage, wozu und wem die Wirtschaft eigentlich dient. Wenn der Sinn des Wirtschaftens der »Shareholder Value« und ein schneller »Return on Invest« ist, dann ist die »Zeit ist Geld«-Logik kurzfristig in der Tat die passende Lösung. Nehmen wir aber eine mittel- bis langfristige Perspektive ein, versagt die beschleunigende »Zeit ist Geld«-Logik mit ihren Scheuklappen in Richtung Zukunft sogar bei dieser Zielsetzung – schließlich ist sie drauf und dran, die Erde und damit die Voraussetzungen jedes Wirtschaftens und Gewinnstrebens zu zerstören.

Beantworten wir die zentrale Frage aber damit, dass die Wirtschaft vor allem dem Erhalt des Gemeinwohls, der Befriedigung der menschlichen Bedürfnisse, der kulturellen Entfaltung und des friedlichen Miteinanders dient, kommen wir ohnehin zu einer völlig anderen Schlussfolgerung über die dafür nötige Zeitkultur. Aktivitäten zur kurzfristigen Gewinnmaximierung kommen einem dann genauso sinnlos vor wie Massentierhaltung und menschenunwürdige Arbeit in Billiglohnländern.

Es kann für die Wirtschaft sicher nicht die Lösung sein, ins andere Extrem zu pendeln und die »Zeit ist Geld«-Logik völlig abschaffen zu wollen. Ein möglicher Weg aber ist es, einen zentralen Aspekt dieser Logik – nämlich das Etikettieren mit Geldwerten – zukünftig konsequenter auf sich selbst anzuwenden. Die Gewinne unseres bisherigen Wirtschaftens speisen sich nämlich allzu oft daraus, dass eben nicht alle Kosten in die Bilanz integriert werden. Würde man sämtliche Kosten berücksichtigen, die durch die Herstellung eines Produktes oder die Nutzung einer Dienstleistung an anderen Orten verursacht werden oder in Zukunft entstehen, sei es durch ökologische Auswirkungen oder die Folgen entmenschlichter Arbeitsbedingungen, würde ein ganz anderer Preis auf dem Discounter-T-Shirt und dem argentinischen Steak stehen. Eine in diesem Sinne realistischere Preisbildung würde Konsumentinnen und Konsumenten bei ihren Kaufentscheidungen beeinflussen – die Spielregeln wären geändert.

Auch in den Unternehmen würden auf diese Weise ein völlig anderes Bild von Kosten und Nutzen entstehen und sich daraus andere Formen des Zeithandelns in der Wirtschaft ergeben – eben solche, die ökonomisch sind, weil sie weniger Kosten verursachen, indem sie Rücksicht auf natürliche Regenerationszeiten, Stoff- und Energiekreisläufe, menschliche Rhythmen und die soziale Mitwelt nehmen würden. In dieser Form des Wirtschaftens – so meine These – würde das Konzept der Zeitvielfalt an Attraktivität gewinnen. Es wäre nicht länger produktiv, allein die Schnelligkeit zu kultivieren, sondern verschiedene Zeitformen, die in ihrem Zusammenspiel die Regeln der Marktwirtschaft mit den ökosozialen Folgen verbinden. Hoffnung für eine solche zeitenreflexive Form des Wirtschaftens keimt dort auf, wo selbst Vertreter*innen des Beschleunigungsspiels langsam zu dämmern scheint, dass sich die Art des Wirtschaftens ändern muss, um die Grundvoraussetzung des Wirtschaftens selbst überhaupt erhalten zu können.

Und das ist enorm wichtig, denn Organisationen und Unternehmen haben als Subsystem der Gesellschaft ein großes Transformationspotenzial:

> »Sie schaffen Gemeinschaft und damit gegenseitige Unterstützung, Anerkennung, Inspiration und Weiterentwicklung. Sie haben meistens ein konkretes, gemeinsames Anliegen, was auf gesellschaftlicher Ebene schwer herstellbar ist. Organisationen haben für Veränderungen zumeist genügend finanzielle und personelle Ressourcen und sie bilden vor allem einen Schutz- und Orientierungsrahmen (…).«[31]

Innerhalb dieses Rahmens können Elemente einer nachhaltigen Zeitkultur ausprobiert und umgesetzt werden. Beispiele dafür sind etwa familienfreundliche Arbeitszeitmodelle, Vertrauensarbeitszeit, das Recht auf Homeoffice, eine Verkürzung der Wochenarbeitszeit, Jobsharing, die 4-Tage-Woche und Ähnliches. All dies sind Modelle, die ihre konkrete Ausformung innerhalb von Unternehmen und Organisationen finden. Ob sie in diesen Ausformungen Zeitvielfalt fördern, kann nicht pauschal beantwortet werden. Den Erfahrungen nach kommt es dabei vor allem darauf an, wie die Maßnahmen kommuniziert und eingeführt werden, weil entscheidend ist, wie die Mitglieder der Organisation mit diesen Möglichkeiten umgehen. Dazu ist zunächst eine ehrliche und authentische Absicht des Unternehmens nötig. Wenn die Beschäftigten eine versteckte Rationalisierungsstrategie hinter neuen Arbeitszeitmaßnahmen wittern, werden vermutlich eher negative Effekte entstehen.

Zusätzlich braucht es eine Qualifizierung in Form von Impulsen dazu, wie die neuen Arbeitszeitmodelle die Zeitvielfalt fördern können. Dies kann durch Workshops, Zeiten des Austauschs oder Großgruppenmethoden geschehen, mit denen im Optimalfall ein resonanzfreundlicher Rahmen gestaltet wird, in dem sich die Teilnehmenden mit dem Thema Zeitvielfalt auseinandersetzen können. Viel mehr Anleitung oder Direktive sind meistens gar nicht notwendig. Die Teilnehmenden wissen in der Regel sehr gut, was sie für eine gelebte Zeitvielfalt brauchen und welche Fragen es hierzu noch zu klären gibt.[32]

Um dem Konzept der Zeitvielfalt in Organisationen zur Anwendung zu verhelfen, braucht es vor allem kulturelle Akzeptanz. Der unausgesprochene Imperativ lautet bisher meist »nur aktive Zeiten sind gute Zeiten«. Dies lässt sich wunderbar in den täglichen Sprachspielen im Arbeitskontext beobachten: Da begegnen sich Menschen und bestätigen sich mit kurzen Floskeln (»Sorry, ich habe gerade überhaupt keine Zeit«, »ich bin völlig durchgetaktet«), wie aktiv und beschäftigt sie doch gerade sind. Das subjektive Empfinden der Personen entspricht sicherlich dieser sprachlichen Äußerung, nur wird selten reflektiert, inwiefern dieses Verhalten autosuggestiv wirkt und selbst zur Aufrechterhaltung der empfundenen Hetze beiträgt – schließlich reproduziert man damit ständig das Bild, dass man nur ein gutes Mitglied der Organisation ist, wenn man möglichst pausenlos beschäftigt ist.

Zeitvielfalt steht in einem System, in dem diese Interaktions- und Bewertungsmuster vorherrschen, immer unter Rechtfertigungsdruck. Zeit zu haben erscheint äußerst verdächtig. Wer überprüfen möchte, ob dieses Muster in der eigenen Organisation vorhanden ist, kann dies leicht ausprobieren: Bitte bei laufendem Betrieb für eine halbe Stunde die Füße auf den Schreibtisch legen und vor sich hindösen. Erscheint ein Kollege/eine Kollegin und fragt irritiert, was man denn gerade so mache, so sollte die Antwort lauten: »Nichts, ich habe Zeit«. Am Grad der Irritation lässt sich die Wirksamkeit des beschriebenen Musters erkennen.

Das Spiel verändern

Organisationen können wir uns als Spiel vorstellen, dessen Regeln das Verhalten der einzelnen Spieler*innen beeinflusst. Dabei sollte man Spiel und Spieler*innen nicht gleichsetzen oder verwechseln – wir haben es hier mit verschiedenen Veränderungsebenen zu tun. Beide sind wichtig, folgen aber unterschiedlichen Logiken.

Bei einzelnen Personen lassen sich die Einstellung, Sinnkriterien, Motive, aber auch das Verhalten verändern. Manche Änderungen vollziehen sich einfach und schnell, andere eher langsam und mit großem Aufwand. Dies ist die Ebene der Spieler*innen. Als Unternehmen kann man für Veränderungen auf dieser Ebene beispielsweise Informationen verbreiten und darauf hoffen, dass möglichst viele Personen ihre Meinungen hin zu nachhaltigen Überzeugungen verändern und sich dann entsprechend verhalten. Sucht man nach Erklärungen für das Verhalten von Individuen, so finden sich diese innerhalb der Person, ihrer Psyche, ihrer Wesensart. Wie man hier ansetzen kann wurde im vorhergehenden Kapitel beschrieben.

Das Verhalten von Menschen wird aber nicht nur von ihnen selbst, sondern vor allem von sozialen Kontexten, von den Mustern der Interaktionen beeinflusst. So lässt sich beispielsweise erklären, dass ein überzeugter Klimaschützer in seinem Job als Bankberater Fonds mit Derivaten von Ölkonzernen an seine Kunden verkauft. Aus der Logik seiner beruflichen Rolle heraus handelt er so konsistent – entsprechend der Interaktionsmuster und den daran geknüpften Erwartungen. Das ist die Ebene des Spiels. Es besteht aus Mustern und Regeln der Interaktion, die das Verhalten der Spieler*innen steuern und reproduzieren. Für das Überleben der Organisation ist es essenziell, diese Muster auch unabhängig von den Spieler*innen aufrechtzuerhalten. So spielt die Organisation »GLS Bank« etwa seit vielen Jahren das Spiel »ökosoziale Bank«, aber mit wechselnden Spieler*innen.

Organisationen und Unternehmen haben einen Einfluss darauf, wie sie ihr Spiel gestalten und damit das Verhalten der Mitspieler*innen beeinflussen – nicht nur das ihrer eigenen Mitglieder, sondern auch das Verhalten all ihrer Anspruchsgruppen wie Kunden, Zulieferer, Mitbewerber oder NGOs. Innerhalb geltender Rahmenbedingungen wie Gesetze und Regulierungen entstehen hier Gestaltungsspielräume und damit auch eine Verantwortung, diese zu nutzen. Für die Umsetzung einer Kultur nachhaltiger Zeitvielfalt haben Organisationen daher eine besondere Bedeutung.

Wie Organisationen von gelebter Zeitvielfalt profitieren

Genauso wie für Individuen ein nachhaltiges Zeitverständnis nicht nur bedeutend ist, um das »Soll« eines nachhaltigeren Lebens zu erfüllen, sondern ihnen den Schlüssel zu einem guten Leben bietet, ist gelebte Zeitvielfalt auch für Organisationen nicht nur moralischer Anspruch, sondern bietet ihnen viele Vorteile. Richtig umgesetzt, profitieren Organisationen von gelebter Zeitvielfalt – auch in einem auf Wettbewerb hin ausgelegten Marktumfeld. Denn schneller ist selbst in der Konkurrenzlogik nicht immer besser. So geht es beispielsweise häufig gar nicht um Geschwindigkeit, sondern um das richtige Timing – etwa, um ein Produkt auf den Markt zu bringen. Dies setzt voraus, dass man Zeit zum Beobachten, Abwägen, Zuhören hat, um dann eine gute Entscheidung bezüglich des rechten Zeitpunkts zu treffen. So wird auch das Warten zu einer höchst produktiven Zeitform.

Um den Nutzen des Konzepts von Zeitvielfalt für Unternehmen zu sehen, braucht es ein wenig Differenzierung. Zunächst muss zwischen Profit- und Non-Profit-Organisationen unterschieden werden. Letztere haben häufig bereits den Organisationszweck, die Zeitvielfalt in Gesellschaften aufrechtzuerhalten oder wieder herzustellen. Öffentliche Schulen etwa sorgen dafür, dass es institutionalisierte Zeiten für Lernen, Entwicklung und sozialen Austausch gibt. Vereine und gemeinnützige Organisationen treten für Interessen ein, die jenseits der Beschleunigung für den Erhalt der Gesellschaft, der Mitwelt und der Wohlfahrt notwendig sind. Auch demokratische Institutionen wie Ministerien und Ämter ticken anders. Sie brauchen einen anderen zeitlichen Code, um ihre Funktion im Sinne der Gesellschaft ausüben zu können und eben nicht vom Primat des Kapitals gesteuert zu sein. Sie bilden ein zeitliches Gegengewicht und gestalten zugleich das Spielfeld des »Zeit ist Geld«-Spiels, etwa durch Gesetze und Regelungen. Hier wird die Gegenabhängigkeit sehr deutlich: Das Spiel profitorientierter Unternehmen braucht die Sicherheit von Regeln und Spielfeldern, die jenseits der Profitlogik entstehen, um ein nachhaltiges Spiel zu spielen. Die demokratischen Institutionen wiederum finanzieren sich durch Steuern, die aus dem Profit entstehen, und können so das Spielfeld aufrechterhalten. Natürlich ist der Grad an Einfluss und die Art der Gegenabhängigkeit ständigen Entscheidungsprozessen ausgesetzt, deren Teilnehmende dieses Spiel wiederum zu ihren Gunsten beeinflussen möchten. Dabei greift die Beschleunigungslogik leider zunehmend auch auf Bereiche über, die eigentlich davor geschützt werden sollten. Die Verkürzung der Schulzeit mittels der Verdichtung des Lernstoffs in Schulen ist ein Beispiel dafür – die gezielte Beeinflussung von politischen Entscheidungen durch Interessenvertreter der Wirtschaft ein anderes.

Blicken wir in einzelne Profit-Organisationen, so finden wir auch dort meist bereits unterschiedliche Zeitformen. Nur verstecken sich diese häufig hinter einer Beschleunigungsfassade. Im Grunde braucht es für die Ausübung fast jedes Unternehmenszwecks die Produktivität unterschiedlicher Zeitformen. In der Forschung und Entwicklung braucht es Zeit für Experimente und Wartezeiten, um Reifungsprozesse zu ermöglichen. In der Personalabteilung werden unter anderem Zeiträume fürs Lernen, für die Verbesserung und die Entwicklung organisiert. Im Marketing braucht es Zeiten für Kreativität, im Vertrieb für Beziehungsaufbau und in der Finanzabteilung für Genauigkeit und Verlässlichkeit. Im Grunde herrscht meist nur in der Produktion und in der Logistik das reine Primat der Schnelligkeit. Hier geht es um Stückzahlen pro Zeit, Reduktion von Stückkosten und Steigerung des Outputs und es herrscht mitunter der Takt der Maschinen vor, dem sich die Menschen unterzuordnen haben. Charlie Chaplin hat in seinem Filmklassiker *Modern Times* aus diesem Taktschlag eine düstere Version gemacht. Leider ist der Film heute aktueller denn je, obwohl er aus den Zwanzigerjahren des letzten Jahrhunderts stammt: Global betrachtet arbeiten heute noch deutlich mehr Menschen unter diesen Umständen als zur Entstehung des Films – man denke nur an die Produktion und Entsorgung von Elektronikartikeln, die Textilwirtschaft oder an die Fleischproduktion.

Die Bildung von Gewerkschaften und Arbeitnehmervertretungen ist wiederum der Versuch, das Primat der Beschleunigung zu begrenzen und die Zeitvielfalt in Form von Pausenzeiten, Begrenzung der Arbeitszeiten, Arbeitsschutz und Arbeitssicherheit wieder zu etablieren. In den Ländern des globalen Norden ist dies in vielen Bereichen auch gelungen. Allerdings speist sich der Profit vieler Unternehmen genau daraus, dass diese Standards der Zeitvielfalt in anderen Produktionsländern nicht eingehalten werden.

Für Unternehmen, deren Zweck nicht (nur) die reine Massenproduktion ist, stellt das Konzept der Zeitvielfalt auch eine Form zukunftsfähigen Wirtschaftens dar. Es braucht die Qualität unterschiedlicher Zeitformen, die in den Unternehmensprozessen miteinander verbunden sind, um nachhaltige Wertschöpfung wahrscheinlicher zur machen. Dies ist keine neue Erkenntnis, sondern im Grunde die Ausgangsannahme für die meisten Unternehmen. Die Herausforderung ist, dass dies meist mit dem kulturell vorherrschenden Code des »Schneller ist besser« kollidiert. Wer im Unternehmen langsam ist, die Gedanken schweifen lässt, döst oder grübelt, hat das Gefühl, gegen die Grundvereinbarung, die Produktivzeit gegen Gehalt zu tauschen, zu verstoßen. Entgrenzen sich dann noch die Arbeitsbedingungen, etwa durch fehlende Arbeitszeitregeln, Beschleunigungsdruck und außertarifliche Entlohnung, greift fast automatisch das Paradigma vom Wert beschleunigter Zeiten.

Im Grunde wissen wir, dass dies in den meisten Fällen der falsche Weg ist – auch aus einer ökonomischen Perspektive heraus. Es wäre für das Überleben des Unternehmens schädlich, wenn die Geschäftsführung in Hektik verfallen würde, die Entwicklungsabteilung nicht abwarten würde, bis die Technik einsatzbereit ist, oder das Marketing die sich verändernden Bedürfnisse der Kunden aus dem Blick verliert. All das erleben wir aber da draußen ständig. Wäre es da nicht ein adäquater Schritt, sich auch als Unternehmen aktiv zum Konzept der Zeitvielfalt zu bekennen? Zu akzeptieren, dass es verschiedene Geschwindigkeiten braucht, um gut zu wirtschaften? Und auch dass menschliche Bedürfnisse nicht immer gleich schnell sind und eine Unternehmenskultur, die dies berücksichtigt, auch die Attraktivität als Arbeitgeber erhöht?

Fragen zur unternehmerischen Zeitvielfalt

- Bei welchen Prozessen nutzen wir die Qualität der Schnelligkeit?
- Wo sollten wir eher langsam und bedacht sein?
- An welchen Stellen macht es Sinn, notwendige Langsamkeit aus ihrem Schattendasein zu befreien und zur expliziten Ressource zu erklären?
- Welche Rolle spielt Timing für unser Geschäftsmodell?
- Mit welchen Zeitformen können wir Kreativität und Innovationsgeist fördern?
- Mit welchen eher Vertrauen, Beziehungsaufbau und Identifikation?
- Wie sieht die Zeitvielfalt in unserer gelebten Organisationspraxis momentan aus und wie könnte sie zukünftig aussehen?

Das Bekennen und bewusste Gestalten der Zeitvielfalt ist ein Teil der Maßnahmen rund um nachhaltiges Wirtschaften. Sie sind eng verzahnt mit Umweltstandards oder Auflagen zu Arbeitsschutz und Arbeitssicherheit und wirken daher leider in den Augen der Ökonomen meist wie ein lästiges Übel, ein Bremsklotz in Form von Auflagen. Statt zu überlegen, wie man diese wieder abbauen, umgehen oder pro forma bedienen kann, liegt in der kulturellen Akzeptanz der Zeitvielfalt ein Hebel für anderes Wirtschaften, das seine eigenen Vorteile mit sich bringt.

In meinen Seminaren und Workshops wird der Bedarf hiernach regelmäßig deutlich: Da sitzen Forscher, Designer und Programmierer vor mir, die sich nichts sehnlicher wünschen als zwei Stunden täglich in ihrem eigenen Tempo ihren »schöpfenden« Tätigkeiten nachgehen zu können, sich aber durch das Primat ständiger Erreichbarkeit daran gehindert sehen; Führungskräfte, die gerne Zeit für den qualitativen Beziehungsaufbau im Team hätten, dafür aber operativ zu stark eingebunden sind; Ingenieure, die gerne mal wieder mit Hingabe »basteln« würden, jedoch durch lästigen Kleinkram dran gehindert werden. Die vermeintliche Lösung scheint in Zeitkompetenzseminaren zu liegen, und so landen sie bei mir. Allerdings wird dabei verkannt, dass das Problem gar nicht bei den Personen selbst, sondern in den Strukturen und der Kultur des Unternehmens liegt. Entsprechend finden wir auch dort die passenden Hebel zur Veränderung.

Wege zur nachhaltigen Zeitkultur in Organisationen

Möchte man das Spiel eines Unternehmens oder einer Organisation verändern, geht es im Grunde darum, neue Spielregeln einzuführen und sie so bedeutsam zu machen, dass Mitspieler*innen dazu bereit sind, sich gemäß dieser Regeln zu verhalten. Dieses Vorgehen kann auf ganz unterschiedliche Art und Weise geschehen: etwa durch Druck, Drohungen, Bestrafungen, Belohnungen, Anreize, Sinnstiftung oder Einsicht. Um den richtigen Weg und die richtigen Hebel für Veränderungen zu finden, lohnt sich ein kurzer Ausflug in das Feld der Organisationsentwicklung.

In Anlehnung an das Modell der Entscheidungsprämissen von Fritz B. Simon[33] und das erweiterte Modell zur Organisationsentwicklung (das magische Dreieck der Organisation) können wir vier Beobachtungs- und Interventionsebenen unterscheiden, auf denen das Spiel beeinflusst wird:

1. Strategie
2. Strukturen und Prozesse
3. Personen
4. Kultur

1. Strategie. Die Strategie beschreibt die Ausrichtung der Organisation – ihren Zweck, die Ziele und ihre Vision und Mission. Sie funktioniert als eine Art Kompass, an dem sich einzelne Organisationsbestandteile ausrichten. Die Strategie beeinflusst, wie nachhaltig das Spiel einer Organisation gestaltet ist und wie ehrlich die Organisation es damit meint. Meist gibt es offizielle Strategiepapiere, in denen wohlklingende Ziele und Absichten anschaulich aufbereitet erklärt werden. Auf der »Hinterbühne« findet sich dann allerdings oft eine Strategie hinter der Strategie, die im Extremfall sogar komplett gegensätzlich sein kann.

Im Sinne einer nachhaltigen Zeitkultur sollte die Organisationsstrategie die Vorteile von gelebter Zeitvielfalt klar benennen, beispielsweise als Teil der Nachhaltigkeitsbestrebungen. Es macht einen großen Unterschied, ob sich die Strategie auf Wettbewerb, Marktanteile oder »Time to market« fokussiert oder ob sie auf einen übergeordneten Zweck ausgerichtet ist, etwa darauf, durch die Art des Wirtschaftens faire Arbeitsbedingungen entlang der Wertschöpfungskette zu ermöglichen.

Letzteres nennt sich auf Neudeutsch »Working with Purpose« und erfreut sich unter jungen Arbeitnehmer*innen glücklicherweise zunehmender Beliebtheit. Nicht nur Startups und junge Non-Profit-Organisationen haben die Bedeutung und Strahlkraft dieser Formen des Arbeitens und Wirtschaftens erkannt. Das Gefühl, etwas Sinnvolles zum Zustand des Planeten und der eigenen Zukunftsfähigkeit beizutragen, scheint allmählich eine ernstzunehmende Alternative zu den Geldversprechen herkömmlicher Organisationen zu werden. Das Pflänzchen ist zwar noch klein, die Währung »Sinn« scheint jedoch an Wertigkeit zu gewinnen – was wiederum Ausdruck eines kulturellen Wandels sein könnte. Strategie und Kultur beeinflussen sich wechselseitig und sollten nicht losgelöst voneinander gedacht und gestaltet werden.

2. Strukturen und Prozesse. Auf dieser Ebene wird es konkret. Hier entscheidet sich, ob eine Organisation ihre Nachhaltigkeitsstrategie nur als Feigenblatt benutzt oder ob sie es wirklich ernst meint. Die Elemente der Strategie sollten sich in Strukturen und Prozessen niederschlagen. So strukturieren sich manche Organisationen neuerdings kreisförmig[34] und nicht länger als Pyramide, um sich zum Beispiel besser an sich wandelnde Kundenbedürfnisse anpassen und Entscheidungen möglichst nah am Kunden treffen zu können. Kreisförmige Organisationen setzen auf die Funktionalität von Selbststeuerung und Beteiligung und beanspruchen häufig für sich, die Zeit-gemäßere Organisationsform zu sein. Die klassische Pyramide ist eher eine für Reproduktion, Verlässlichkeit und stabile Umweltbedingungen angemessene Struktur, in der die Hierarchie eine zentrale Ordnungsfunktion übernimmt.

In den Prozessen einer Organisation nehmen die Bestrebungen nachhaltigen Wirtschaftens Form an. Sie sollten so gestaltet sein, dass sie konsequent die Energie- und Materialflüsse und deren Eigenzeiten berücksichtigen. Dabei muss man nicht bei null ansetzen: Initiativen wie die Gemeinwohlökonomie ermöglichen es, Geschäftsprozesse auf externalisierte Kosten, Umweltauswirkungen und soziale Verträglichkeit zu prüfen und anzupassen, wodurch Eigen- und Systemzeiten außerhalb des Unternehmens automatisch mitgedacht werden.[35]

Zeitvielfalt findet in den Prozessen der Organisation ihre Ausformung. Sind selbige streng auf ökonomische Effizienz und Beschleunigung ausgelegt? Oder orientieren sie sich an der Qualität unterschiedlicher Zeitformen und machen diese für die Organisation nutzbar? Dies ist also auch die Ebene, auf der das Vorhandensein von Gelegenheiten für Zeitvielfalt überprüft werden muss.

Unterstützt werden kann Zeitvielfalt auf Ebene der Prozesse unter anderem durch Programme, die ein anderes Zeitverhalten ermöglichen. Dies sind beispielsweise vielfältige Arbeitszeit-, Überstunden- oder Urlaubsregelungen, außerdem die Möglichkeit, den eigenen Bedürfnissen nach Pausenzeiten, kollegialem Austausch und selbstbestimmter Zeiteinteilung nachzugehen. Prinzipiell sind hier viele verschiedene Zeitprogramme denkbar. Welche jeweils Sinn machen, hängt mit der Kultur der Organisation, ihrem Zweck, dem Marktumfeld und auch den Bedürfnissen der Mitarbeitenden zusammen. Daher sollten die Entscheidungen darüber auch nicht rein auf Managementebene getroffen werden, sondern mit Vertretern verschiedener Anspruchsgruppen innerhalb und außerhalb der Organisation. In entsprechenden Workshops können so Programme entwickelt werden, die zunächst prototypisch ausprobiert und anschließend angepasst werden können. Im besten Fall findet die Organisation auf diese Weise Programme, die angenommen werden (also Mitspieler*innen finden) und dann auch einen wirklichen Unterschied machen.

Ein zweiter Weg, durch den Organisationen »lernen«, sind Krisen. Die Corona-Pandemie beispielsweise zwang viele Organisationen dazu, schnell neue Programme und Prozesse der

Arbeitszeitgestaltung auszuprobieren, etwa um Homeschooling zu ermöglichen. Die Ergebnisse solcher Krisenprozesse sind häufig überraschend umsetzbar und eignen sich auch für Zeiten außerhalb von Krisen. Das, was vorher schwer vorstellbar war oder an Bedenken und komplizierten Entscheidungsverfahren gescheitert ist, war auf einmal ganz einfach möglich und hat nicht selten zum Überleben der Organisation beigetragen.

3. Kultur. »Culture eats structure for breakfast.« Dieses bekannte Bonmot des amerikanischen Managementvordenkers Peter Drucker bringt zum Ausdruck, dass Strategien, Strukturen und Prozesse nur Lippenbekenntnisse bleiben, wenn sie sich nicht in der gelebten Kultur einer Organisation, in der Summe aller Haltungen und Handlungen wiederfinden. Das Herausfordernde an Kultur ist: Sie lässt sich nicht im Sinne einer Ursache-Wirkungs-Logik gestalten. Sie entsteht vielmehr selbstorganisiert. Das hat jeder schon einmal erlebt, der in einem langatmigen Meeting einen zynischen Blick auf die »Regeln für effiziente Meetings« geworfen hat, die dort schön gerahmt an der Wand hängen.

Kultur ist das Spiel, das zwischen Menschen entsteht, ihr Verhalten bestimmt und hierdurch zugleich reproduziert wird. Beobachten lässt sich dabei immer nur das Verhalten der Spieler*innen, das durch die Muster und Regeln des Spiels beeinflusst wird, nicht die Kultur selbst. Kultur ist ein Erklärungs- und Beschreibungsmodell für das, was man nicht sehen, wohl aber spüren kann. Jeder kennt das Gefühl, in ein Geschäft zu kommen und sich sofort völlig fehl am Platze zu fühlen – oder umgekehrt in ein Unternehmen zu kommen und zu merken, dass es dort viel lockerer zugeht als gedacht, und man sich sofort wohlfühlt. Das, was man in diesem Moment wahrnimmt, sind Teile der Organisationskultur. Sie ist deshalb so relevant, weil sie darüber entscheidet, was auf der Hinterbühne eines Unternehmens wirklich aufgeführt wird. Für die Transformation zu einem sinnerfüllten, zukunftsfähigen und nachhaltigen Arbeiten ist sie die entscheidende Interventionsebene.

Doch wie lässt sich Organisationskultur verändern und entwickeln? Strategien, Ziele, Prozesse und Strukturen lassen sich auf Papier niederschreiben. Kultur entwickelt sich, ob man will oder nicht. Diese Entwicklung kann man nur unterstützen, indem man Rahmenbedingungen schafft, die sie fördern, oder der Entwicklung hinderliche Rahmenbedingungen aus dem Weg räumt.

Und genau an dieser Stelle kommt die Zeit in zweierlei Hinsicht ins Spiel. Zum einen sind Zeit (und auch Raum) Voraussetzungen, um Kulturentwicklung zu fördern. Eine Organisation, deren Mitglieder nicht wenigstens ein wenig Zeit miteinander haben, wird keine geteilte Kultur entwickeln. Folglich ist es nur konsequent, für die Kulturentwicklung Zeiträume zu gestalten, in denen der Fokus der Aufmerksamkeit auf kulturrelevante Themen gelenkt werden kann und sich die Mitglieder der Organisation hierzu austauschen können. Solche Zeiträume wirken – sofern sie authentisch, absichtsvoll und wertschätzend gestaltet sind – kulturstiftend.

Zum anderen ist die Zeit genau der Faktor, der dafür sorgt, dass auf Papier formulierte Absichten in der Realität wirksam werden oder eben nur theoretische Konstrukte beziehungsweise Absichtserklärungen bleiben. Die Wirkung in der Zeit, getragen und verkörpert durch Menschen, ihre Haltung und ihr Verhalten, macht also den entscheidenden Unterschied.

Um eine Kultur der Zeitvielfalt zu fördern, sollte Zeitvielfalt vorgelebt werden. Vor allem Führungskräfte sind hier gefragt. Ihr Verhalten wirkt musterprägend. Wenn Führungskräfte durchs Unternehmen eilen und immer auf dem Sprung sind, wird dies die gelebte Zeitvielfalt eher reduzieren. Auf diese Weise reproduzieren sie die ungeschriebene Spielregel, dass nur derjenige ein gutes Mitglied der Organisation ist, der ständig auf Trab ist. Eine Führungskraft, die sich selbst Zeit zum Nachdenken gibt, abwartet und zuhört, Pausen macht, präsent ist und absichtsvoll kommuniziert, fördert eine Kultur der Zeitvielfalt. Das bedeutet auch, auf subtile Sprüche bezüglich der Geschwindigkeit anderer zu verzichten, sodass alle ohne schlechtes Gewissen die Qualität nicht beschleunigter Zeitformen für die Organisation produktiv machen können. Und es bedeutet auch, die Konkurrenz in Bezug auf Schnelligkeit innerhalb der Organisation zu reduzieren und nicht nur diejenigen zu belohnen, die stets als Erstes fertig sind. Vor allem bedeutet es aber, zeitlich zu differenzieren, wann etwas tatsächlich schnell gehen muss und wann nicht. Die Antwort »asap – as soon as possible« auf die Frage hin, bis wann etwas fertig sein soll, ist hierfür denkbar schlecht geeignet.

Die Pausenkultur ist ein Indiz für gelebte Zeitvielfalt

- Wie offen oder wie heimlich kann man in der Organisation Pause machen?
- Welche Blicke oder Sprüche hat man dabei zu erwarten?
- Wie werden Pausen von Führungskräften vorgelebt?
- Herrscht der kulturelle Code vor, dass pausenlose Aktivität erstrebenswert ist (meist ausgedrückt durch lange Arbeitszeiten, E-Mails spätabends und am Wochenende etc.)?
- Wie könnte eine andere Pausenkultur die Produktivität, Innovationskraft, Gesundheit der Organisation fördern?
- Wie könnte dies konkret im Arbeitsalltag aussehen?

4. Personen. Auf der Ebene der Personen, der Spieler*innen, dreht es sich um Persönlichkeitsentwicklung, Lernen, Kompetenzerwerb, Überzeugungen, Werte, Motive, et cetera. Es geht darum, Personen abzuholen, mitzunehmen, zu überzeugen oder zu beteiligen und ihnen Zeiträume für Selbstbeobachtung und Selbstreflexion zur Verfügung zu stellen.

Wie für die einzelnen Spieler*innen gelebte Zeitvielfalt aussieht, ist ausführlich im vorherigen Kapitel beschrieben. Diese Konzepte eignen sich auch, um die Mitglieder in Organisationen zur Zeitvielfalt zu qualifizieren und zu ermutigen.

Formen der Zeitvielfalt in Unternehmen und Organisationen

Wie sieht eine Organisation aus, in der das Konzept der Zeitvielfalt erfolgreich umgesetzt wird? Woran lässt sich dies beobachten?

Lassen Sie mich das anhand einer Geschichte erzählen: Natalia arbeitet als Produktmanagerin in einem mittelständischen Unternehmen, das Medikamente herstellt. Nachdem sie gemeinsam mit ihrem Partner morgens die Kinder versorgt hat, setzt sie sich kurz auf den Wohnzimmerteppich und meditiert 15 Minuten, um sich auf die Aufgabe zu fokussieren, die gleich vor ihr liegt. Sie braucht Konzentration, um die Präsentation für das Salesmeeting Ende der Woche vorzubereiten, und weiß, dass sie solche Aufgaben vormittags am besten erledigt. Um Ideen zu sammeln, mit welchen Argumenten sie die Marketingleitung vom Bedarf zur Anpassung der Kampagne überzeugen kann, macht sie zunächst einen kurzen Spaziergang um den Block. Sie grübelt und wägt ihre Gedanken ab. Wieder im Homeoffice sammelt sie ihre Ideen, priorisiert sie und baut die wichtigsten drei in die Präsentation ein. Nach

90 Minuten gönnt sie sich eine kurze Pause, ruft dann ihre E-Mails ab und schaltet ihren Status auf »erreichbar«. Für die nächsten zwei Stunden können sie ihre Kolleg*innen im Homeoffice erreichen. Sie beantwortet Mails, ruft einen Kollegen an, um sich für die Präsentation abzustimmen, und nimmt anschließend an einer virtuellen Besprechung teil.

Zeitvielfalt ist im Grunde kein neues Konzept. Im Unternehmen ist es die Ermöglichung, den Arbeitsalltag gemäß des menschlichen Bedürfnisses nach Rhythmus zu gestalten. Es bedeutet, dass Mitarbeiter Entscheidungsfreiheiten haben, um eigene Tätigkeiten so zu gestalten, dass es einerseits dem eigenen Rhythmus gerecht wird und andererseits zu den zeitlichen Anforderungen der Aufgabe passt.

Häufig wird Zeitvielfalt nicht explizit umgesetzt, sondern kommt auf versteckten Wegen in die Organisation. Auslöser ist meist ein Mangel, ein Problem oder Bedarf, der sich auftut. Klassisch sind dies:

- Steigende Krankheitszahlen vor allem im Bereich der psychischen Erkrankungen, ausgelöst durch die Verdichtung von Aufgaben, unklaren Erwartungen und Zeitdruck.
- Sinkende Innovationsraten oder steigender Bedarf an Innovationen, der nicht gedeckt werden kann.
- Der Bedarf, die eigenen Formen des Arbeitens und Wirtschaftens gemäß neuer Nachhaltigkeitskriterien zu bewerten und anzupassen (sei es aus intrinsischer Motivation heraus, wegen veränderten Kundenbedürfnissen oder Initiativen von Mitbewerbern).
- Die Notwendigkeit, neue Formen der Organisationsstruktur zu etablieren und neue Arten der Zusammenarbeit zu ermöglichen, etwa um sich den rasch ändernden Marktanforderungen besser anpassen zu können.
- Der Wunsch, die eigene Attraktivität als Arbeitgeber zu erhöhen, um Talente anzuziehen.

- Das Bedürfnis, sinnorientierte Formen des Arbeitens zu fördern – Stichwort »New Work« oder »Working with Purpose«.

Die Maßnahmen, die daraufhin beschlossen und umgesetzt werden, haben implizit immer etwas mit Zeitvielfalt zu tun. Diese können etwa sein:

- Die betriebliche Gesundheitsförderung oder das Gesundheitsmanagement achtet auf ein Angebot zur Balance unterschiedlicher Zeiten: Ruhe- und Pausenzeiten, Bewegungszeiten, Ernährungszeiten und andere mehr.
- Ein Innovationsmanagement fördert Zeiten und Räume für Kreativität, Grübeln, Sinnieren, kreativen Austausch und manchmal sogar fürs Nichtstun (aus der Hirnforschung wissen wir, dass in Zeiten des Nichtstuns ein Netzwerk verschiedener Hirnareale aktiv wird und uns Ideen, Einfälle und Gedankenfetzen ins Bewusstsein spielt – das sogenannte Default Mode Network).[36]
- Im Bereich der sozialen und ökologischen Nachhaltigkeit wird das Bewusstsein für Balance, Ressourcenerhalt und Zukunftsfähigkeit auch in Bezug auf gelebte Zeitformen geschärft. Nachhaltigkeit umfasst nicht nur Stoff- und Energieflüsse, sondern schließt die Gestaltung der Zusammenarbeit und die Gesundheit der Mitarbeitenden mit ein.[37]
- Arbeitskonzepte wie zum Beispiel agile Methoden, die im Zuge der digitalen Transformation zunehmend an Beliebtheit gewinnen, sind im Grunde nichts anderes als Konzepte, um Zeitvielfalt wieder möglich zu machen. Das agile Projektmanagement-Rahmenwerk Scrum[38] beispielsweise entwirrt die Gleichzeitigkeit, indem es Zeiträume für die unterschiedlichen Tätigkeiten Planen – Handeln – Reflektieren in strukturierten Phasen voneinander trennt. Neben Zeiten für Planung und Abstimmung mit dem Auftragge-

ber gibt es definierte Zeiten der Umsetzung und Konzentration. Anschließend erfolgt die Bewertung des Ergebnisses und des Prozesses in der Zeit der Retrospektive, um danach in die nächste Schleife des Prozesses einzusteigen.

~ Kreisförmige Organisationen als Alternativen zur Struktur der Pyramide sollen helfen, Entscheidungsprozesse näher an den Bedarf des Kunden zu rücken, und übergeben Steuerungsfunktion an interdisziplinäre Wertschöpfungsteams. Führung wird dort als verteilte Funktion gestaltet. Implizit verbergen sich hier Möglichkeiten, Zeitvielfalt produktiv zu machen, im erhöhten Grad an Entscheidungsautonomie der einzelnen Teams: Wie hier jeweils mit Zeit umgegangen wird, welche Zeitformen als hilfreich erlebt werden, kann innerhalb der Teams entschieden werden.[39]

~ Vielerorts wird eine Vielfalt an Arbeitszeitmodellen eingeführt, um für junge Arbeitnehmer*innen attraktiver zu werden, etwa die Ermöglichung an Lebensphasen angepasster (v. a. familienfreundlicher) Zeitgestaltung und flexibler Urlaubsregelungen.

~ Die Bewegung rund um sinnorientiertes Arbeiten achtet im besten Falle nicht nur darauf, dass Inhalt und Ergebnis der Arbeit sinnvoll sind, sondern auch auf die Form, über die selbige erreicht werden. Dies impliziert eine nachhaltige Form der Zeitgestaltung – sprich Zeitvielfalt –, die sich am menschlichen Maß der Mitarbeitenden, dem Rhythmus aus Aktivität und Regeneration orientiert.

Es gibt also bereits zahlreiche Initiativen, die das Konzept der Zeitvielfalt einschließen und die nachhaltige Zeitkultur unterstützen. Für Unternehmen und Organisationen besteht die Herausforderung darin, bei laufendem Betrieb innerhalb der operativen Sach- und Beschleunigungszwänge eben jene Zeiträume zuzulassen und ein Zeitkultur zu fördern, in der das Leben von vielfältigen Zeiten ohne Sanktionsbefürchtungen möglich ist.

Im unternehmerischen Alltag kann die Art und Weise, wie Zeitvielfalt gelebt wird, höchst unterschiedlich ausfallen. Im Grunde muss jede Organisation selbst herausfinden, welche Formen der Zeitvielfalt passen und welche nicht. Um Anstoß und Inspiration dazu zu geben, hier ein paar Beispiele aus der Arbeit mit und in Organisationen:

- Meetings mit einer kurzen Check-in-Runde starten, bei der zunächst der Fokus auf den eigenen Fokus gelenkt wird und die Teilnehmenden kurz die Frage beantworten »Was möchte ich ›parken‹, um hier wirklich präsent sein zu können?«.
- Den Anfang und den Abschluss der Arbeitszeit gestalten, zum Beispiel durch bewusste Begrüßung und Verabschiedung oder andere Rituale.
- Rituale für Wertschätzung und Erfolge etablieren.
- Tägliche Rituale zur Planung und Reflexion der eigenen Aufgaben, ihrer Prioritäten und der Aufgabenverteilung – angelehnt an Daily-Standup-Meetings, bei denen jedes Teammitglied sich fragt »Was habe ich gestern getan? Was tue ich heute? Was steht mir im Weg?«.
- Die Form von Meetingzeiten an die Inhalte anpassen und zwischen Planungsmeetings, Besprechungen zur Synchronisation der Teilnehmenden, Reflexionsmeetings und Entscheidungstreffen unterscheiden.
- Klare Kennzeichnung von Projektabschlüssen, Meilensteinen und Projektanfängen.
- Zeiten und Räume für fokussiertes, störungsfreies Arbeiten anbieten.
- Zeiten für intensiven Austausch und ungestörte Gespräche ermöglichen.

- Zeiträume schaffen, um die Aufnahme oder Verabschiedung von Teammitgliedern zu gestalten.
- Die Möglichkeit anbieten, guten Gewissens Pause machen zu können, wenn sie gebraucht wird.
- Zeit für gemeinsames Essen, Genuss und private Themen schaffen.
- Prozesse zur Konfliktklärung und für Feedback etablieren.
- Zeit und Raum für Weiterbildung (etwa eine Bibliothek), Ideenfindung und Kreativität schaffen.

Ein Beispiel: VAUDE

Gemeinsam mit meiner Kollegin Lissi Reitschuster war ich als Organisationsentwickler der MANEMO eG an einem Kulturentwicklungsprozess des mittelständischen Unternehmens VAUDE Sport GmbH & Co. KG beteiligt. VAUDE ist dafür bekannt, das Thema Nachhaltigkeit ganzheitlich im Unternehmen umzusetzen.[40] Unser Auftrag lautete, als Bestandteil der Nachhaltigkeitsstrategie die Vertrauens- und Innovationskultur im Unternehmen zu fördern.

Vertrauen und Innovationsfreude sind zwei Zustände, die sich nicht einfach verordnen lassen. Beide sind in nicht unwesentlichem Maße unverfügbar und entziehen sich der direkten Erzeugungsabsicht. Es lassen sich lediglich förderliche Bedingungen für beides schaffen – und an dieser Stelle kommt das Thema Zeitvielfalt ins Spiel. Sowohl die methodische Gestaltung des Kulturentwicklungsprozesses als auch die Maßnahmen zur Steigerung von Vertrauens- und Innovationskultur hängt maßgeblich davon ab, ob verschiedene Zeitformen wirksam werden können. In einer Atmosphäre von operativer Hektik, Tür-und-Angel-Gesprächen und rastlosem Abarbeiten wird sich beides nicht einstellen.

Die Herausforderung lautete also: Wie lässt sich etwas fördern, dass sich gerade nicht direkt fördern lässt, weil es den eigenen Mustern der Selbstorganisation folgt? Wie können wir den Nährboden für Vertrauen und Innovationskraft bereiten? Den Anfang machten unsere Überlegungen zum Design der Organisationsentwicklung mit zwei zentralen Fragen:

- Wie können wir Form und Inhalt passend gestalten, sodass die Art und Weise, wie wir den Organisationsentwicklungsprozess gestalten, von Vertrauen und Innovation geprägt ist?
- Welche Form von Zeitvielfalt braucht es, um den Themen einen guten Raum zu geben?

Ausgehend von diesen Fragen entwickelte sich ein co-kreativer Prozess, in dem wir mit Vertreter*innen von VAUDE einen innovativen Entwicklungsprozess mit Formaten wie Kulturtagen, Open Spaces, Coachings und Workshops gestaltet haben.

Zum Thema Vertrauen boten wir Zeiträume an, in denen die Mitarbeiter*innen folgende Fragen für sich bearbeiten konnten:

- Was brauchen meine Kollegen meiner Meinung nach von mir, damit das Vertrauen zwischen uns wächst?
- In welchen Zeiträumen wächst Vertrauen und wie können wir diese im Unternehmensalltag umsetzen?
- Wie gehen wir vertrauensvoll mit Misstrauen um? Welche Zeiträume braucht es hierzu?

Das Ergebnis bestand aus mehreren Maßnahmen:

- Das Thema Vertrauenskultur wurde in der Unternehmensstrategie verankert.
- Der Austausch über Vertrauen, seine hinderlichen und förderlichen Bedingungen im Unternehmensalltag wurden explizit gewünscht, um die kulturelle »Erlaubnis« zu schaffen.

- Die Universität Sankt Gallen wurde mit einer Studie zum Thema »Vertrauenskultur bei VAUDE« beauftragt, um das Thema messbar zu machen.
- Es wurde ein klarer zeitlicher Prozess geschaffen, um Misstrauenssituationen zu klären.
- Die Thematisierung von Vertrauensbeziehungen wurde in Feedbackprozesse aufgenommen.
- Mitarbeiter*innen und Führungskräfte wurden durch Seminare zum Thema Vertrauen sensibilisiert.

Der Auftrag zur Entwicklung der Innovationskultur hingegen war etwas anders gelagert. Hier ging es noch stärker um »Zeiten für Innovationen«. Aus der Innovationsforschung wissen wir, dass wir dann innovativ sind, wenn wir einfachen Tätigkeiten nachgehen und der äußere Reizdruck reduziert ist. Bekannt sind »die drei B«: im Bett, im Bad und in der Bahn. Die Herausforderung für VAUDE war es, in den Arbeitszeiten, die auf Produktivität ausgelegt sind, Zeiten zu schaffen, die solche eher kontemplativen Zustände ermöglichen, in denen dann neue Ideen, Gedanken und Einfälle ihren Nährboden finden.

In Workshops erarbeiteten die Vertreter*innen des Unternehmens Strukturen und Prozesse, um Innovationen im Unternehmensalltag wahrscheinlicher zu machen. Folgende Fragestellungen standen hierzu im Fokus:

- Wann sind wir am innovativsten und wie sehen diese Situationen konkret aus?
- Wie können wir innerhalb der Arbeitszeit solche Zeiträume möglich machen?
- Welche Rahmenbedingungen sind hierzu nötig?
- Wie gestalten wir die Übergänge in die Innovationszeiträume und wieder heraus?
- Welche Kreativitätstechniken helfen, den Innovationsgeist zu fördern?

- Was machen wir, wenn die Muse uns nicht küsst? Wie gehen wir mit der Unverfügbarkeit von Einfällen um?
- Wie kommunizieren wir die erarbeiteten Maßnahmen, um in der Kollegschaft eine möglichst hohe Akzeptanz für Innovationszeiten zu schaffen?
- Welche Hindernisse stehen Innovationen bei uns im Wege und wie können wir diese abbauen?

Die Ergebnisse kristallisierten sich unter anderem in Form des neuartigen Ideenmanagement-Prozesses »Steps«, in dem über verschiedene Stufen potenzielle Innovationen identifiziert und bewertet werden.[41] Steps basiert auf dem Konzept der Zeitvielfalt. So wird explizit berücksichtigt, dass Ideen Zeit zum Reifen brauchen und der Prozess zugleich, wo nötig, Schnelligkeit, Dynamik und Beharrlichkeit fördern soll. Zudem wurde ein Raum für Innovationszeit eingerichtet – ein Ort, der den Geist beflügelt und die Muse einlädt, der aber auch einen räumlichen Übergang vom operativen Modus in den kreativen Modus darstellt und dies auch nach außen hin signalisiert.

Mut zur Vielfalt

Neben allen Methoden, Ideen und Maßnahmen ist es meiner persönlichen Erfahrung nach am wichtigsten, ins Ausprobieren zu kommen und eine Kultur zu fördern, in der neue Erfahrungen gemacht werden können. Häufig lässt sich dabei feststellen, dass es um die Kultur der Zeitvielfalt im eigenen Unternehmen gar nicht so schlecht bestellt ist. Sie entspricht den natürlichen Zeitbedürfnissen der Menschen, die in den Organisationen tätig sind, und ist daher zwangsläufig vorhanden. Meist führt sie aber eine Art Schattendasein. Sie wird »heimlich« und mit schlechtem Gewissen gelebt. Es ist daher zunächst hilfreich, die eigene Organisation auf Zeitvielfalt hin zu beobachten und zu fragen, an welchen Stellen das Bedürfnis aus dem Schatten ins Licht geholt werden kann, indem ein klares Bekenntnis zur Produktivität von Zeitvielfalt stattfindet und Maßnahmen etabliert werden, um diese Produktivität der Organisation zugänglich zu machen.

Das Konzept der Zeitvielfalt findet auf unterschiedlichsten Wegen Einzug in Organisationen und Unternehmen. Entweder explizit, indem die eigene Zeitkultur in den Fokus genommen wird und der Bedarf entsteht, selbige weiterzuentwickeln. Oder eben implizit im Zuge von anderen Initiativen. Wie auch immer der Weg aussieht, das Konzept sollte Teil der Interaktions- und Bewertungsmuster werden. Es lebt, wenn ohne schlechtes Gewissen im Betrieb pausiert werden kann, wenn nicht alle immer so tun müssen, als wären sie besonders gestresst und in Eile, wenn man sich einfach hinsetzen und nachdenken kann ohne Irritationen auszulösen.

Für manch einen mag dies wie eine ferne Utopie klingen, und natürlich muss das Konzept der Zeitvielfalt stets an bestehende Rahmenbedingungen angepasst werden – man denke nur an den Unterschied zwischen produzierendem Gewerbe und Dienstleistungsbetrieb – aber ich möchte an dieser Stelle anregen, sich den vielleicht zunächst unrealistisch klingenden Ausführungen zur Zeitvielfalt zu nähern, ihnen im eigenen Möglichkeitssinn einen Platz einzuräumen und ins Ausprobieren zu kommen. Vermutlich leben Sie bereits mehr Zeitvielfalt, als es Ihnen bewusst ist.

Nachhaltige Zeitkultur
... in der Politik

Ökosysteme erzeugen ihre Stabilität und Elastizität durch eine möglichst große Vielfalt an Lebensformen. Gesellschaften und soziale Systeme erhöhen ihre Lebens- und Überlebenschancen durch ihren Reichtum an Zeitformen. Gerade in einer Welt, in der Volatilität, Unsicherheit, Komplexität und Ambiguität zunehmen und Politik und Gesellschaft zunehmend flexibler auf sich schnell ändernde Rahmenbedingungen reagieren müssen, ist es als Bewältigungsstrategie zu schlicht, allen Herausforderungen mit dem gleichen Mechanismus von »Zeit ist Geld« zu begegnen. Beschleunigung ist kein Allheilmittel gegen Zeitprobleme oder ökosoziale Herausforderungen – weder auf individueller noch auf gesellschaftlicher Ebene. Ebenso unzureichend für einen nachhaltigeren Umgang mit den Zeiten ist der simple Reflex ins gegenteilige Extrem der radikalen Entschleunigung. Die erhoffte Resilienz der Systeme entsteht vor allem durch eine Vielfalt an Aktions- und Reaktionsmöglichkeiten, für die es eine Vielfalt an Zeitformen braucht.

Eine nachhaltigere Gesellschaft und eine vorsorgende Ökonomie müssen daher Hand in Hand gehen mit einer ökosozialen Zeitpolitik, einer zeitbewussten und vorausschauenden Umweltpolitik, die vehementer als bisher ökonomische, soziale und ökologische Grenzen thematisiert und klar ein »Genug« definiert. Es geht um eine Zeitpolitik, die nicht in erster Linie vom Willen zur Herrschaft über die innere und äußere Natur motiviert wird, sondern von der Akzeptanz und Pflege ihrer zeitlichen Eigendynamiken. Die Zeitmuster der Natur würden dann nicht länger als zu überwindende Vorgaben begriffen, sondern – wie in der Bionik praktiziert – als Impulse und Anregungen für kreative Lösungen genutzt.

Ohne umfangreiche staatliche Eingriffe auf Basis einer differenzierten Zeitkulturfolgenabschätzung wird die drohende Selbstzerstörung nicht aufzuhalten sein. Der Selbstberuhigung dienende niedliche Klimaschutzpäckchen und Entschleunigungsappelle in Sonntagspredigten reichen nicht aus. Ebenso kann bezweifelt werden, ob die Vision des »Green Growth« – eines Festhaltens am Wachstumsmodell mithilfe umweltfreundlicher Technologien – sich realisieren lässt. Technologienentwicklung ist sicherlich ein Bestandteil der nachhaltigen Transformation. Das Wachstums- und Beschleunigungsspiel muss aber in sich transformiert werden.

Die Mittel der Politik sind unser Haupthebel hierfür. Wir können die Verantwortung nicht auf Individuen oder Organisationen abwälzen. Die Politik ist mehr denn je gefragt, ihre Verantwortung wahrzunehmen und Rahmenbedingungen für ein gelingendes Leben, ein friedliches Miteinander und mehr Gemeinwohl zu schaffen. Und das beinhaltet Bedingungen für eine Kultur der Zeitvielfalt, die Wohlstand nicht nur am Bruttoinlandsprodukt bemisst, sondern an der Vielfalt an Lebensformen, den Möglichkeiten zur vielfältigen Zeitgestaltung und den Regenerationsmustern der Umwelt.

Ein erster zögernder Schritt in Richtung einer ökologischeren Zeitpolitik wurde von der Enquete-Kommission »Schutz des Menschen und der Umwelt« des 12. Deutschen Bundestages 1994 unternommen. Dort wurden als Leitlinien für eine dauerhafte umweltgerechte Entwicklung zum Management von Stoffströmen unter anderem vier Regeln vorgeschlagen, die die Relevanz von Eigenzeiten betonen:

1. »Die Abbaurate erneuerbarer Ressourcen soll ihre Regenerationsrate nicht überschreiten.«
2. »Nicht erneuerbare Ressourcen sollen nur in dem Umfang genutzt werden, in dem ein physisch und funktionell

gleichwertiger Ersatz in Form erneuerbarer Ressourcen (...) geschaffen wird.«

3. »Stoffeinträge in die Umwelt sollen sich an der Belastbarkeit der Umweltmedien orientieren (...).«
4. »Das Zeitmaß anthropogener Einträge bzw. Eingriffe in die Umwelt muss im ausgewogenen Verhältnis zum Zeitmaß der für das Reaktionsvermögen der Umwelt relevanten natürlichen Prozesse stehen.«[42]

Leider sind die Ergebnisse dieser Enquete-Kommission auch ein Beispiel dafür, dass sich zwar einfach wohlklingende Empfehlungen erarbeiten lassen, diese aber allzu oft keinen Einzug in die Gesetzgebung finden und daher in der Praxis auch nicht realisiert werden – zumindest nicht im notwendigen Ausmaß. Seit der Veröffentlichung dieser Leitlinien 1994 hat sich kaum etwas getan, im Gegenteil: Unter anderem aufgrund intensiver Landwirtschaft, die nach wie vor von der EU subventioniert wird, ist die Biomasse an Fluginsekten zwischen 1989 und 2014 um 76 Prozent zurückgegangen.[43] Und der tägliche Flächenverbrauch der Bundesrepublik Deutschland für Siedlung und Verkehr lag 2020 nach wie vor bei durchschnittlich 56 Hektar pro Tag – das entspricht einer Größe von etwa 80 Fußballfeldern.[44] Diese Liste könnte man beliebig fortführen, der Punkt ist: Seit 1994 hat sich das Ausmaß, in dem wir die Umwelt tagtäglich schädigen, nochmal rapide vergrößert. Versöhnlich formulierte Absichtserklärungen wie der Enquete-Bericht werden nichts ändern, wenn sie nicht in Realpolitik übersetzt werden.

Für die Zukunftsfähigkeit unserer Gesellschaft brauchen wir politische Bedingungen für eine ökosoziale Marktwirtschaft. Die marktliberalen Imperative des Neoliberalismus sind noch viel zu wirksam. Für alle, die es bis heute noch nicht verstanden haben: Die Hand des freien Marktes ordnet zwar, leider aber nur nach dem Muster des Matthäusprinzips: Diejenigen, die eh schon haben, denen wird noch mehr gegeben. Denjenigen, die wenig haben, wird noch mehr genommen. Die Tatsache, dass die reichsten 10 Prozent der Menschen circa 83 Prozent des Weltvermögens besitzen, spricht dafür Bände.[45] Mit diesem Prinzip lässt sich keine gerechte und zukunftsfähige Gesellschaft entwickeln. Außerdem ist der Marktliberalismus bisher nie konsequent gewesen. Er leidet an zeitlicher Kurzsichtigkeit und ist mindestens auf dem Auge der externalisierten Kosten blind.

Die Befürworter*innen des freien Marktes argumentieren häufig mit der Innovationskraft, die diese Wirtschaftsform hervorbringt. Und ja: Im Wettbewerb werden Ideen geboren und umgesetzt. Nur leider orientieren sich diese Ideen zwangsweise an der Konkurrenzlogik und werden nur umgesetzt, wenn sie Wettbewerbsvorteile bringen. Somit entstehen kreative Lösungen zur Umgehung von Umweltstandards und zur Externalisierung von Schäden und Kosten in andere Gebiete der Welt und in die Zukunft. Das kann aber nicht das Ziel sein. Es braucht also keinen freien Markt, sondern einen starken öffentlichen Sektor.

Natürlich braucht es dabei auch Regulierungen. Regulierungen, um Disbalancen auszugleichen und entgrenzte Verhältnisse zu begrenzen. Klare Regeln für fairen Wettbewerb sorgen für eine Transparenz der realen Kosten und damit auch zu entsprechenden Kaufentscheidungen. Ethische Selbstverpflichtung scheint nur dort zu wirken, wo die Gewinne durch Reputationssteigerung und Marketingeffekte die Kosten, die aus der Selbstverpflichtung hervorgehen, übersteigen. An der Frauenquote in deutschen Unternehmen wurde dies jüngst eindrücklich bewiesen: Seit 2001 ist das Thema verstärkt im Fokus, Selbstverpflichtungen haben leider nicht funktioniert. Von 2015 bis 2017 konnte der Anteil an Frauen in Vorständen um nur 1,4 Prozent gesteigert werden. Daher ist es mehr als überfällig, dass 2021 das »Gesetz für die gleichberechtigte Teilhabe von Frauen und Männern an Führungspositionen in der Privatwirtschaft und im öffentlichen Dienst (FüPoG)« entsprechend erweitert wird, um die nötige Veränderung anzustoßen.

Auch die Coronakrise hat gezeigt, dass zur Überwindung von Krisen das Spiel von Steuerung und Selbststeuerung in Richtung staatlicher Steuerung verschoben werden muss. Bei der Bewältigung unserer planetaren Krisen verhält es sich ebenso.

Lösungsmittel – Impulse für eine nachhaltige Zeitpolitik

Kants kategorischer Imperativ muss im Beschleunigungszeitalter eigentlich aktualisiert werden: »Handle stets so, dass deine aktuelle Mitwelt und nachfolgende Generationen die gleichen Lebensgrundlagen zur Verfügung haben, die du für dein Leben vorfinden möchtest – und gestalte die gesellschaftlichen Rahmenbedingungen so, dass dies auch wirklich möglich ist.« Aus den berechtigten Ansprüchen der nachfolgenden Generationen an Chancengleichheit und ein erfülltes Leben speist sich eine neue Moral mit neuen Imperativen für nachhaltige Zeitpolitik. An dieser Stelle wäre eine stärkere Beschleunigung ausgesprochen wünschenswert, mahnen doch die momentanen Klimaentwicklungen zur Eile an. Obwohl sich auf Mikroebene viel tut, sorgen Beharrungsmechanismen und Lobbyismus dafür, dass sich am Beschleunigungsspiel selbst nicht allzu viel ändert.[46]

Politik ist immer auch Zeitpolitik – nur wird in der Regel wenig auf die zeitliche Dimension referenziert. Das ist umso erstaunlicher, da Gesetze mitunter erhebliche zeitliche Auswirkungen auf Wirtschaft, Zivilgesellschaft, Familien und Individuen haben – man denke nur an die Hartz-IV-Gesetze, die Abschaffung der Wehrpflicht oder die Einführung der Elternzeit.

In Bezug auf Zeitvielfalt ist die grundlegende Forderung an die Politik recht einfach formuliert: »Prüft und schafft gesetzliche Rahmenbedingungen, die dafür sorgen, dass die Vielfalt an gelebten Zeitformen zunimmt, damit sich die Gesellschaft stabilisiert, ein gelingendes Leben und Miteinander besser möglich ist und eine lebenswerte Zukunft auch für Folgegenerationen erhalten bleibt.«

Die Maßnahmen und Themenkomplexe, die sich hieran anschließen, sind mannigfaltig. Ein kurzer Gang durch bereits initiierte und debattierte Ansätze, die zum Teil explizit, zum Teil implizit mit dem Konzept der Zeitvielfalt verbunden sind, soll zeigen, wo die derzeit interessantesten Hebel für eine nachhaltigere Zeitpolitik stecken.

Preis ausschreiben. Aus der »Zeit ist Geld«-Logik heraus macht es keinen Sinn, mit dem Zug von München nach Hamburg zu fahren, wenn das Flugzeugticket 30 Prozent billiger ist und die Reisezeit 1,5 Stunden weniger beträgt. Aber: Vielleicht ist die Zugfahrt viel angenehmer, die Zeit im Zug inspirierender oder erholsamer. Vielleicht fallen einem im Zug die besten Ideen ein oder man kommt mal wieder dazu, ein Buch durchzulesen. Vielleicht kommt man auch auf den Gedanken, dass das Flugzeug gar nicht billiger ist, sondern der Preis für die Flugreise sehr wohl bezahlt werden muss – nur halt von jemand anderem zu einer anderen Zeit.

Die Einpreisung der wahren Kosten von Produkten und Dienstleistungen ist ein erster Schritt in die richtige Richtung, der auch in der bestehenden Marktwirtschaft zu einschneidenden Veränderungen führen könnte. Wenn die Folgekosten etwa von Flugreisen oder Massentierhaltung von den Konsument*innen mitbezahlt werden müssten, würde das im Alltag schnell zu anderen Konsumentscheidungen führen, weil so nachhaltiges Verhalten günstiger wird als unnachhaltiges. Die Mittel sowohl zur Erfassung der wahren Kosten als auch zu deren Einpreisung sind im Ansatz bereits vorhanden und müssten auf staatlicher Ebene nur noch konsequent umgesetzt werden.

Verfahren des True Cost Accounting sind in Wissenschaft und NGOs bereits verbreitet.[47] Sie machen beispielsweise transparent, dass Bio-Hackfleisch um 126 Prozent und konventionell erzeugtes Hackfleisch um 173 Prozent teurer sein müsste, wenn die Folgekosten eingepreist wären.[48]

Dass es grundsätzlich möglich ist, solche versteckten Kosten über politische Maßnahmen einzupreisen, sieht man an der jüngst beschlossenen CO_2-Steuer. Diese ist zwar viel zu niedrig angesetzt – laut einer Studie des Potsdam-Instituts für Klimaforschung (PIK) hätte erst ein Preispfad von 50 € (2021) bis 130 € (2030) pro Tonne CO_2 wirklich steuernde Wirkung, Bund und Länder haben sich allerdings auf einen Einstiegspreis von 25 € pro Tonne geeinigt, der bis 2025 auf 55 € angehoben wird –, aber die Rahmenbedingungen sind zumindest vorhanden.[49]

Mit einer CO_2-Steuer auf wissenschaftlich sinnvollem Niveau würde die Klimabelastung einzelner Konsumgegenstände schnell beim Konsumenten ankommen. Die Herstellung eines iPhone 12 Pro Max verursacht zum Beispiel 86 Kilo CO_2. Folgt man der Empfehlung des PIK, wäre also 2021 eigentlich ein Preisaufschlag von 4,30 Euro fällig. Was beim einzelnen Gerät nicht nach viel klingt, würde sich bei weltweit über 1,3 Milliarden verkauften Smartphones zu einem stattlichen Betrag summieren. Die Einnahmen aus solchen Steuern könnten anschließend konsequent genutzt werden, um klimafreundliche Formen der Energiegewinnung, von Verkehr, Industrie und Landwirtschaft zu unterstützen.

Für eine Kultur der Zeitvielfalt hätte die Transparenz der wahren Kosten zur Folge, dass nicht beschleunigte Zeitformen nicht länger unter Rechtfertigungsdruck stehen würden. Ihre positive Ökobilanz und ihr Beitrag zu einem gelingenden Leben und Miteinander wären sichtbarer und würden an Akzeptanz gewinnen.

Stop financing Bullshit. Ein wesentlicher Schritt, um nachhaltiges Verhalten zu fördern, wäre es, damit aufzuhören, aktiv dagegen zu arbeiten. Momentan wird ein nicht unerheblicher Betrag unserer Steuergelder dafür verwendet, umwelt- und klimaschädliche Formen des Wirtschaftens zu unterstützen. Die derzeitige Subventionspolitik fördert vor allem Wirtschaftszweige, die von den Zeiten der Natur abhängig sind, aber gegen sie arbeiten, um wettbewerbsfähig zu bleiben. In besonderem Maße trifft dies auf die Landwirtschaft zu.

In der EU werden landwirtschaftliche Betriebe jährlich mit 54 Milliarden Euro subventioniert. Sie bewirtschaften in Deutschland etwa die Hälfte der gesamten Landesfläche und haben daher ökologisch einen enormen Einfluss. Besonders problematisch ist dabei die Tatsache, dass der Großteil der Subventionen an die bewirtschaftete Fläche gekoppelt ist. So gehen über 80 Prozent der Zahlungen an nur 20 Prozent der Landwirte.[50] Nur etwa 4 Prozent sind an klima- und umweltfreundliche Produktionsmethoden gekoppelt. Dabei hat die Landwirtschaft massiven Einfluss auf nahezu alle Bereiche des nachhaltigen Wirtschaftens. Für den Erhalt der Biodiversität, die Reduktion klimaschädlicher Emissionen, den Schutz von Wasser und Böden, menschen- und tierfreundliche Fleischerzeugung und den Ausbau pflanzlicher Ernährung stellt sie einen entscheidenden Hebel dar. In der Ende 2020 verabschiedeten Agrarreform der EU wurde immerhin ein kleiner Schritt in die richtige Richtung gewagt: Jeder Mitgliedsstaat soll 30 Prozent der Direktzahlungen an die Teilnahme von Umweltprogrammen knüpfen. Betriebe sollen zusätzliche

Mittel erhalten, wenn sie über grundlegende Klima- und Umweltauflagen hinausgehen. Zu Recht kritisieren Umweltverbände diese Maßnahmen aber als nicht ausreichend.

Neben der Landwirtschaft werden noch andere klimaschädliche Formen des Wirtschaftens massiv mit Steuergeldern unterstützt. Laut Umweltbundesamt betrugen die umweltschädlichen Subventionen 2012 in Deutschland ganze 57 Milliarden Euro:

> »Umweltschädliche Subventionen führen dazu, dass die Verursacher einen Teil der Kosten der Produktion und des Konsums nicht selber tragen. Sie bürden sie stattdessen dem Staat und der Gesellschaft auf: beispielsweise in Form erhöhter Krankheitskosten oder Kosten zur Beseitigung entstandener Umweltschäden. Umweltschädliche Subventionen verzerren auf diese Weise auch den Wettbewerb zu Lasten umweltfreundlicher Techniken und Produkte. Dies konterkariert den Umweltschutz und behindert den Übergang zu nachhaltigen Produktions- und Konsummustern.«[51]

Das Forum Ökologisch-Soziale Marktwirtschaft hat im Auftrag von Greenpeace eine Studie hierzu durchgeführt, in der konkrete Schritte zur Reduktion der Subventionen bei einer gleichzeitigen Entlastung des Bundeshaushalts von bis zu 46 Milliarden Euro jährlich skizziert werden.[52] Hierzu zählen die Aufhebung der Steuerbefreiung für Kerosin, die Verringerung der Strompreisausnahmen für die Industrie und der Ausstieg aus der Steuerbegünstigung für die Stromerzeugung.

Subventionen sind ein Dauerstreitthema der Politik. Sie stehen für den zentralen Aushandlungsprozess, wie viel Regulierung und Steuerung von außen sinnvoll ist und wie viel den Kräften des Marktes überlassen werden soll. Solange der Staat

Subventionen vergibt, sollten diese konsequenter an umweltfreundliches Wirtschaften gekoppelt sein. Dass wir mit unseren Steuergeldern Formen des Wirtschaftens begünstigen, die Folgekosten verursachen, die zusätzlich ein Vielfaches der Subventionen ausmachen – etwa im Gesundheitssektor durch multiresistente Keime aufgrund subventionierter intensiver Fleischerzeugung – ist völlig absurd. Will die EU ihren Green New Deal mit dem Ziel der Klimaneutralität bis 2050 umsetzen, geht dies nur über eine radikale Veränderung der Subventionspraxis.

Der globale Charakter unserer Wirtschaft verhindert, dass einzelne Länder Vorstöße in die richtige Richtung wagen. Die G-20-Staaten, die alleine für rund 80 Prozent des weltweiten CO_2-Ausstoßes verantwortlich sind und ihre Subventionspolitik dringend in eine klimafreundlichere Richtung lenken müssten, agieren in einem globalen Markt, für den es nur wenige globale Regeln gibt. Die WHO gibt zwar den Rahmen vor, die Orientierung an Umweltstandards, fairen Löhnen und Arbeitsbedingungen bleibt aber nationale Angelegenheit. Und diejenigen, die für diese nationale Angelegenheit zuständig sind, fürchten, im globalen Wettstreit an Bedeutung zu verlieren.

Gut erkennen lässt sich dieser Sachverhalt an der Steuergerechtigkeit. Obwohl weltweit agierende Konzerne in einem internationalen Wettbewerb stehen, können sie sich in Fragen der Besteuerung die nationalen Varianten herauspicken, die ihnen am besten gefallen. So kommt es dazu, dass Dienstleistungen und Produkte oft nicht in den Ländern besteuert werden, in denen sie verkauft und konsumiert werden. Beispielsweise hat Apple Retail UK im Geschäftsjahr 2019 bei einem Umsatz von 1,4 Milliarden Pfund nur 6,2 Millionen Pfund Steuern gezahlt. Das entspricht einem Steuersatz von knapp 16 Prozent.[53] Auf ähnliche Art und Weise verschieben Facebook, Google, Amazon und Netflix über Lizenzgebühren auf legale Art und Weise hohe Beträge an Tochterfirmen in Irland oder Luxemburg, da in diesen Ländern deutlich niedrigere Steuersätze gelten. Nach Berechnungen des Ifo-Instituts aus 2020 entgehen dem deutschen Staat auf diese Weise jährlich 5,7 Milliarden Euro Steuereinnahmen. Dieser entfesselte Finanzkapitalismus findet seine perversen Auswüchse darin, dass die Verursacher in fetten Jahren die Gewinne einstreichen und in mageren Jahren mit Steuergeldern gerettet werden. Auch dies ist eine Form von Umverteilung. Nur leider nicht zugunsten von zukunftsfähigen Formen des Lebens und Wirtschaftens.

Auch die Selbstverpflichtungen von Unternehmen können diese Lücke politischer Regulierung nicht schließen, wie sich an der Verpflichtung zu umweltfreundlichen Investments erkennen lässt. Obwohl große Finanzakteure wie die Deutsche Bank, die Allianz und der weltweit größte Finanzinvestor Blackrock medienwirksam angekündigt haben, sich aus umweltschädlichen Investments zurückzuziehen und so am Zwei-Grad-Ziel des Pariser Klimaabkommens mitzuwirken, hat sich fünf Jahre später nicht allzu viel verändert.[54] Alleine die 12 größten fossilen Projekte, die von Finanzinstituten wie der Deutschen Bank, UBS, J.P. Morgan u.a.m. finanziert werden, würden durch ihre Realisierung 75 Prozent des CO_2-Budgets aufbrauchen, das der gesamten Menschheit noch bleibt, bevor die Erderwärmung nicht mehr auf 1,5 Grad Celsius begrenzbar ist.

Das Ziel jeglicher Subventionierungs- und Transparenzinitiativen muss sein, Nachhaltigkeit zum Default-Modus von Entscheidungen zu machen. Bei Ausschreibungen und Förderungen müssen klar diejenigen Initiativen bevorzugt werden, die zu einer zukunftsfähigen Gesellschaft beitragen. Dies gilt auch für die Vielfalt an gelebten Zeitformen. Anstatt die künstliche Beschleunigung natürlicher Rhythmen etwa bei der Tiermast zu fördern, muss Landwirtschaft unterstützt werden, die sich an den Wachstums- und Regenerationszyklen der Natur orientiert und nach natürlichen Rhythmen arbeitet. Im

Alltagsleben bedeutete ein solcher nachhaltiger Default-Modus, dass man sich aktiv gegen die umweltfreundliche Verhaltensweise entscheiden muss. Flugtickets zum Beispiel würden dann standardmäßig inklusive Treibhausgas-Kompensation des Fluges angeboten, und wer das nicht möchte, muss diese Option aktiv abwählen.

Zusätzlich können wir uns politisch dafür einsetzen, dass Formen der Finanzmarktregulierung zunehmen. Initiativen wie die Bürgerbewegung Finanzwende bieten Möglichkeiten dafür.[55] Außerdem kann jede und jeder darauf achten, in welchen Investments das eigene Geld wirkt. Allzu vielen ist die Widersprüchlichkeit nicht bewusst, dass die eigene Altersvorsorge oder der Sparplan für die Kinder den zukünftigen Generationen schadet. Wer sichergehen möchte, dass dies nicht der Fall ist, kann zu einer ökosozialen Bank wie der GLS-Bank oder der Triodos Bank wechseln.

Wohlstand anders messen. Die Mehrung des Wohlstands ist zentraler Bestandteil unserer (sozialen) Marktwirtschaft. Nur bleibt in vielerlei Hinsicht unklar, was Wohlstand überhaupt ist und wie er sich bemessen lässt. Bisher wurde hierzu vor allem das Bruttoinlandsprodukt eines Landes herangezogen. Diese Betrachtung ist allerdings recht einseitig. So sagt die Summe aller in einem Land hergestellten Güter, Waren und Dienstleistungen zwar etwas über die Höhe an Umsatz aus, aber noch lange nicht, ob selbiger gerecht verteilt ist und ob er zu nicht materiellen Formen des Wohlstands beiträgt. Außerdem erfasst das BIP nicht marktförmig erbrachte Leistungen wie unbezahlte Hausarbeit nicht.

Sind die existenzerhaltenden Grundbedürfnisse erfüllt, steht das BIP nur in begrenztem Ausmaß in Verbindung zu den Elementen, die Menschen für ein gelingendes Leben, ihre Zufriedenheit und Gesundheit ausmachen. Hierzu zählen vor allem Gerechtigkeit, Zugang zu Bildung, stabile Beziehungen und persönliche Weiterentwicklungs- und Selbstverwirklichungschancen. Diese Aspekte stehen eher in Verbindung mit Zeitwohlstand als mit monetärem Reichtum.

Den Wohlstand einer Gesellschaft ganzheitlich zu messen, ist eine komplexe Aufgabe. Sie ist aber nötiger denn je. Denn was gemessen wird, beeinflusst das politische Handeln. Messungen, die an der Realität der Menschen vorbeigehen, führen demnach auch zu einer Politik, die dies tut. Um dem entgegenzuwirken wurde 2011 in Deutschland die Enquete-Kommission »Wachstum, Wohlstand, Lebensqualität – Wege zu nachhaltigem Wirtschaften und gesellschaftlichem Fortschritt in der Sozialen Marktwirtschaft« ins Leben gerufen. Sie sollte ganzheitliche Wohlstands- und Fortschrittsindikatoren entwickeln, die das BIP ergänzen und so zu politischen Entscheidungen führen, die dem empfundenen Wohlstand der Bürgerinnen und Bürger eher entsprechen und gleichzeitig eine zukunftsfähige Gesellschaft fördern.

Die Kommission legte zehn Leitindikatoren in den drei Wohlstandsdimensionen Materieller Wohlstand, Soziales und Teilhabe sowie Ökologie vor.[56] Unter den Ergebnissen finden sich auch Indikatoren, bei denen vor allem der Zeitaspekt zur Bemessung des Wohlstands im Fokus steht. So werden zum Beispiel Zeiten für Bildung, persönliche Tätigkeiten, soziale Beziehungen und persönliche Freizeit explizit genannt.

Es wurde also jede Menge Zeit und Geld investiert, um Wohlstand anders zu bemessen. Aber dieses Wissen schlägt sich kaum in politischen Entscheidungen nieder. Nach wie vor wird der Erfolg der Politik an den Wachstumszahlen des BIP bemessen.

Dabei hätte die Zeitperspektive bei der Wohlstandsbestimmung den Vorteil, dass sie über die jeweilige Zeitverwendung die Alltagsrealität der Menschen besser widerspiegelt. Der Zugang zu Bildung ist wichtig, aber wann findet Bildung im Leben eines Menschen statt und wann nicht? Wann ist Zeit für sozialen Austausch und für persönliche Freizeit? Im Grunde verbirgt sich dahinter die Frage nach den Möglichkeiten einer gelebten Zeitvielfalt, die sich im Zeitwohlstand der Menschen ausdrückt. Der Zeitforscher Jürgen Rinderspacher sieht hierin ein zentrales Kriterium für Lebensqualität. Er unterscheidet vier Komponenten von Zeitwohlstand:[57]

1. Rein quantitativ genügend Zeit für die eigenen Bedürfnisse zu haben.
2. Über gesellschaftliche Zeitinstitutionen wie beispielsweise das arbeitsfreie Wochenende zu verfügen, die zu gemeinsamer Zeit mit anderen Menschen animieren.
3. Über möglichst viel selbstbestimmte Zeit zu verfügen – also über die Verwendung der eigenen Zeit souverän bestimmen zu können.
4. Eine adäquate Arbeitsdichte, die die psychophysischen Belastungen in Grenzen hält, um nicht die Lebenszeit, die mit Arbeit verbracht wird, qualitativ zu entwerten.

Gemeinwohl fördern. Eine Initiative, die einige der bisher genannten Aspekte umsetzt, ist die aus den 1990er-Jahren stammende Gemeinwohlökonomie (GWÖ). Sie baut darauf auf, dass die Wirtschaft nicht der Geldvermehrung um ihrer selbst willen, sondern dem Gemeinwohl dienen sollte, und leitet daraus Maßnahmen ab, um bemessen zu können, ob diese Absicht in die Praxis umgesetzt wird. Die GWÖ aktualisiert damit einen alten Anspruch, der schon in der griechischen Antike formuliert wurde und sich in den Verfassungen mehrerer Staaten wiederfindet.[58]

Mit der von Christian Felber entwickelten Gemeinwohlbilanz existiert ein wirksames Werkzeug, um die Auswirkungen von Unternehmen und Non-Profit-Organisationen auf das Gemeinwohl zu bemessen und damit vergleichbar zu machen. Die Gemeinwohlbilanz kann als Erweiterung der auf Kennzahlen basierenden Unternehmensbilanz gesehen werden und schlüsselt auf, inwiefern Unternehmen im Hinblick auf Menschenwürde, ökologische Nachhaltigkeit, soziale Gerechtigkeit u. a. m. dem Gemeinwohl dienen oder eben nicht. Sie macht damit transparent, was sonst lieber unter Verschluss gehalten wird: Die wahren Kosten zur Erstellung von Produkten und Dienstleistungen.

Bisher beruht die Erstellung einer Gemeinwohlbilanz auf der Freiwilligkeit von Unternehmen. Seit Beginn der Initiative haben sich 2.000 Unternehmen, mehrere Kommunen und Länder der Bewegung angeschlossen. Je größer die Gefolgschaft wird, desto wahrscheinlicher ist es, dass Elemente der Gemeinwohlorientierung zur Berichtspflicht für andere Unternehmen wird. Auf dieser Grundlage kann dann über Subventionen, Fördermittel, Auftrags- und Kreditvergabe entschieden werden. Nachhaltige und faire Unternehmen wären so im Vorteil. Regionale Wirtschaftskreisläufe würden gefördert, ethische Formen des Wirtschaftens unterstützt. Es entstünden menschenwürdige Arbeitsplätze und Umweltschäden würden reduziert. Damit ist die GWÖ ein wirksames Mittel, um auch die Subventionspolitik zukunftsfähig auszurichten.

Auch in der Gemeinwohlbilanz verbirgt sich das Konzept der Zeitvielfalt. Sie stellt dem einseitigen Beschleunigungsimperativ Kriterien zur Bemessung von Zeiten der innerbetrieblichen Mitbestimmung, ökologischen Verhaltens, gerechterer Arbeitszeitgestaltung und andere mehr entgegen.

Bedingungsloses Grundeinkommen einführen. »Was würden Sie tun, wenn für Ihr Einkommen gesorgt wäre?« Diese Frage steht im Zentrum eines Konzepts, das den Beschleunigungskreislauf durchbrechen möchte – das bedingungslose Grundeinkommen (BGE). Die Idee dahinter ist nicht neu und wird seit mehreren Jahrzehnten kontrovers diskutiert: Allen Mitgliedern einer Gesellschaft soll bedingungslos ein monatlicher Geldbetrag überwiesen werden, der eine bescheidene aber würdevolle Teilhabe ermöglicht. So soll der Tatsache Rechnung getragen werden, dass sehr viel Arbeit in unserer Gesellschaft gar nicht entlohnt wird – etwa Pflege, Kindererziehung oder ehrenamtliche Tätigkeiten. Das BGE möchte Arbeit ein Stück weit von Einkommen entkoppeln und diejenigen Tätigkeiten wertschätzen, die einen wichtigen Beitrag zur Gemeinschaft leisten, aber keinen finanziellen Ausgleich erhalten.

Mittlerweile gibt es viele verschiedene Ausformungen des BGE, hinter denen unterschiedliche Umsetzungs- und Finanzierungskonzepte stehen. Es gab auch bereits einige Feldversuche zur Realisierung. Derzeit findet in Deutschland eine dreijährige Studie mit 1.500 Proband*innen statt, bei der das Deutsche Institut für Wirtschaftsforschung zusammen mit dem Verein »Mein Grundeinkommen« untersucht, wie sich ein Grundeinkommen von 1.200,– Euro monatlich auf das Leben und Verhalten auswirkt.

Aus zeitlicher Sicht könnten sich einige interessante Erkenntnisse ergeben, denn das Grundeinkommen nimmt dem Beschleunigungsspiel den Wind aus den Segeln. Es schafft die Basis zur Befriedigung der Grundbedürfnisse, die es dann erlaubt, freier in der Zeitgestaltung vorzugehen. Vermutlich wird vor allem in prekären Arbeitsverhältnissen diese Verschiebung große Wirkung zeigen. Bisher schlecht bezahlte Jobs müssten besser entlohnt oder anderweitig attraktiver werden, wenn sie mit dem Grundeinkommen »konkurrieren« müssen.

Das Grundeinkommen funktioniert als ein Umverteilungsmechanismus, der das Potenzial hat, gerechte Ausgangsbedingungen zu schaffen, zu mehr zeitlicher Selbstbestimmung beizutragen und damit einen wesentlichen Beitrag zum Zeitwohlstand zu leisten. Reduziert sich der Wettbewerbsdruck, könnten dadurch mehr Raum und Zeit für Resonanzmomente und damit für gelingendes Leben entstehen.[59]

Kommunale Zeitpolitik fördern. Jede politische Entscheidung hat immer auch eine zeitliche Seite. Bei Arbeitszeitgesetzen, Familien-, Pflegezeit oder Ladenöffnungszeiten ist dies recht offensichtlich. Aber auch andere Gesetzesinitiativen im Bereich Bildung, Gesundheit oder Mobilität sollten schon im Entstehungsprozess auf ihre Zeitlichkeit hin reflektiert werden. Die Deutsche Gesellschaft für Zeitpolitik hat sich dies zur Aufgabe gemacht und tritt dafür ein, der meist unterrepräsentierten Zeitperspektive im politischen Geschehen mehr Raum und Zeit zu geben. Dies ist vor allem deshalb wichtig, weil die zeitlichen Bedingungen und Auswirkungen oft im blinden Fleck der Politik liegen, zugleich aber sehr eng mit der zeitlichen Qualitätserfahrung der Menschen in Verbindung stehen. Zeitpolitik hat das Potenzial, die erlebte Lücke zwischen Politik und Realitätserfahrung zu verkleinern.

Die Ebene, auf der Zeitpolitik wirksam und für die Menschen erfahrbar wird, ist die kommunale Ebene. Das Deutsche Institut für Urbanistik schreibt hierzu:

> »Auf kommunaler Ebene hieße das, Zeitkonflikte zu erkennen und Zeit, unter Einschluss aller relevanten Akteure in Wirtschaft und Gesellschaft, aktiv und bewusst zu gestalten. Leitbild einer solchen Politik sollte der Ausgleich ungleicher Zeitinteressen und die Erhaltung bzw. Herstellung einer in sozialer und ökologischer Hinsicht zukunftsfähigen städtischen Zeitstruktur sein. ›Zeit‹ als neues Thema und Handlungsfeld liegt dabei quer zu herkömmlichen Ressortgrenzen und Akteurskonstellationen,

sie böte somit auch die Möglichkeit eines Neuentwurfs von Politik.«[60]

In der Stadt Wolfsburg, die stark mit dem Takt des VW-Werks verknüpft ist, hat eine solche Zielsetzung schon in den 1990er-Jahren zur Einführung der Viertagewoche und zur Flexibilisierung der Arbeitszeiten geführt. In Italien gibt es in den großen Städten sogar »Zeitbüros«. In Bozen etwa ist die Initiative »Tempi della Città – Zeiten der Stadt« aktiv. Ihr Ziel ist es, die Zeiten zwischen Familie, Arbeit und den Individuen besser abzustimmen, die Öffnungszeiten im öffentlichen Dienst besser zu synchronisieren und die Räume und Zeiten der Stadt besser zu nutzen. Dort wurden Zeitbanken ins Leben gerufen, die in Stadtteilen die Möglichkeit bieten, Freizeit untereinander zu »tauschen«, indem die eigenen Fertigkeiten anderen zur Verfügung gestellt werden. Auf dieser Zeitbank wird nicht Geld, sondern Zeit angelegt, die dann mit anderen Personen getauscht werden kann.

In Deutschland hat das Bundesministerium für Familie, Senioren, Frauen und Jugend den umfassenden Leitfaden »Kommunale Zeitpolitik für Familien« herausgebracht, in dem beschrieben wird, wie sich selbige umsetzen lässt und welche Handlungsfelder erfahrungsgemäß im Fokus stehen.[61] Dazu, wie gelebte Zeitvielfalt in Kommunen politisch ausgebaut werden kann und ein nachhaltiger Umgang mit Zeit im eigenen Lebensraum gefördert wird, finden sich darin zahlreiche Praxisbeispiele und Umsetzungskonzepte.

Um diesen Transfer zu gestalten, sind Bürger*innenräte ein probates Mittel, das die Lücke zwischen der Politik und dem Erleben der Menschen zu schließen vermag. Die Räte werden mit ausgelosten Bürger*innen besetzt. Sie haben den Auftrag, sich zu einem bestimmten Thema eine multiperspektivische Meinung zu bilden und daraus Ratschläge für die Politik abzuleiten. Im Grunde fungiert der Rat wie eine Kommission oder ein Sondergremium, nur eben nicht mit Politikern, sondern mit zufällig ausgewählten Bürger*innen. Sie sind ein Mittel der direkten Demokratie, das die Beteiligung von Bürger*innen an politischen Entscheidungsprozessen verbessert und sich vor allem für kommunale Belange – in diesem Fall Zeitbelange – hervorragend eignet. In Deutschland setzt sich der Verein »Mehr Demokratie« dafür ein, die Politikverdrossenheit vieler Bürger*innen auf diese Weise zu überwinden.

Macht Zeitpolitik!

Die Politik muss dringend ihre Blindheit auf dem Zeitauge kurieren und sowohl die erlebte Zeitrealität der Bürger*innen als auch die Zeiten der Natur in ihren Entscheidungen berücksichtigen. Eine mit der staatlichen Ordnungspolitik kooperierende ökosoziale Zeitpolitik sieht sich nicht als Instrumentarium zur Mehrung des Geld- und Güterwohlstandes, sondern als Vehikel zur Verbesserung der Lebensqualität, der Steigerung eines ökologischen Zeitwohlstandes und der Entwicklung einer sozial und ökologisch verträglichen Lebensweise.

Die Ökonomie ist Mittel zu diesem Zweck. Sie würde zu einer vorsorgenden Ökonomie, die sich als Einheit von Produktion und Reproduktion, von Effizienz und Suffizienz konstituiert. Konzepte und Kriterien, um die Zukunftsfähigkeit wirtschaftlichen und politischen Handelns zu bewerten, gibt es mittlerweile viele. Ziel muss eine Mäßigung von Wachstum und Gewinnabsichten sein. Es geht darum, nicht nur ökonomisch attraktive Ausschnitte zu betrachten, sondern die ganze Bilanz zu ermitteln, kreisförmige Material- und Energieflüsse zu fördern und diese mit der erlebten Zeitqualität von Menschen zu verbinden. Wenn wir die zentrale Rolle der

Zeit erkennen und uns als Individuen, in Unternehmen und als Gesellschaft eine nachhaltigere Zeitkultur schaffen, wird es Mensch und Natur besser gehen. Zeit ist dann nicht mehr Geld, nein, Zeit ist dann Leben.

Zeit ist Leben

> »Jetzt! Jetzt!« rief die Königin. »Schneller, Schneller!« Und nun sausten sie so schnell dahin, dass sie beinahe nur noch durch die Luft segelten und den Boden kaum mehr berührten, bis sie plötzlich, als Alice schon der Erschöpfung nahe war, innehielten, und im nächsten Augenblick saß Alice schwindlig und atemlos am Boden. Voller Überraschung sah sich Alice um. »Aber wir sind ja die ganze Zeit unter diesem Baum geblieben! Es ist ja alles wie vorher.« »Selbstverständlich«, sagte die Königin. »Hierzulande musst du so schnell rennen, wie du kannst, wenn du am gleichen Fleck bleiben willst.«

Lewis Caroll fasst in *Alice im Wunderland* das Leben in der Beschleunigungsgesellschaft in passende Worte. Sein weißes Kaninchen, das ständig hastig auf die Uhr blickt und gebetsmühlenartig »keine Zeit!« sagt, verkörpert den Zeitdruck. Vielleicht wird diese Formel bald zu einer sich selbst erfüllenden Prophezeiung, sobald wir tatsächlich keine Zeit mehr haben werden, weil wir uns keine Zeit für die Natur genommen haben. Die Philosophin Eva von Redecker schreibt hierzu:

> »Die Natur ist kein Reservoir an Dingen, sondern ein Ensemble von Gezeiten. Wir begreifen das Ausmaß des Weltverlusts vielleicht besser, wenn wir ihn als Zeitverlust verstehen. (…) Das aber bräuchte Zeit. Stattdessen tref-

fen die ausgehöhlten planetaren Lebensrhythmen in der Gegenwart mit unserer eigenen Erschöpfung zusammen. Vielleicht ist das der eigentliche Skandal, dass wir keine Zeit hatten, als der Natur an etlichen Stellen die Zeit ausging. Dass wir selbst gezwungen waren, unsere Arbeitszeit in Formen der Selbsterhaltung zu stecken, die dem Anliegen der Naturerhaltung meist sogar direkt entgegenlaufen. (...) Wo keine Zeit ist, müssen wir sie offenbar erst noch schaffen – oder auch zurückerobern.«[62]

Was wir also tun können, ist, uns Zeit nehmen – Zeit für die Zeit. Damit können wir sofort anfangen. Damit geht einher, dass wir etwas anderes loslassen: die Muster und Werte, die dafür sorgen, dass wir das Gefühl entwickeln, keine Zeit zu haben. Aus der »Zeit ist Leben«-Perspektive ist ständige Aktivität eine Verschwendung von Zeit, weil die Präsenz des gegenwärtigen Augenblicks dabei einer Zukunft geopfert wird, von der man gar nicht weiß, ob sie wirklich so eintreten wird.

Unsere Zeit ist voll von vielversprechenden Ideen, Konzepten und Möglichkeiten. Die Liste der hier vorgestellten Alternativen ist glücklicherweise nicht vollständig. Ich möchte Sie gerne dazu einladen, sich die Zeitbrille aufzuziehen und existierende Konzepte weiterzudenken, darüber in Austausch zu gehen und vor allem ins Handeln zu kommen. Das kann über Engagement in Vereinen, Parteien, NGOs oder ehrenamtliche Tätigkeiten geschehen – oder dadurch, dass Sie damit aufhören, die falschen, unnachhaltigen Beschleunigungsmechanismen zu unterstützen. Fragen Sie sich im doppelten Sinne: »Was kann ich für meine Zeit tun?« Vielleicht konnten wir Sie mit unseren Ausführungen ein wenig dazu anstiften.

Es gibt nur zwei Tage in unserem Leben, an denen wir nichts tun können. Der eine ist gestern und der andere ist morgen. Die Zeit ist jetzt, das Leben ist jetzt, denn Zeit ist Leben!

Anmerkungen

Kapitel 1: Die Krisen der Gegenwart

1 Ward van Heddeghem et al. (2014): Trends in worldwide ICT electricity consumption from 2007 to 2012, in: Computer Communications.
2 Ralph Hintemann/ Simon Hinterholzer: Energy consumption of data centers worldwide. How will the Internet become green? http://ceur-ws.org/Vol-2382/ICT4S2019_paper_16.pdf

Kapitel 5: Zeitvielfalt

1 Wer sich der Kunst systemischer Beratungs- und Coachingfragen nähern möchte, dem sei Fritz B. Simons Buch empfohlen: Fragen können wie Küsse schmecken, Carl Auer Verlag.
2 David Foster Wallace (2012): This is water, Kiepenheuer & Witsch.
3 Vgl. Elmar Hatzelmann/Martin Held (2009): Zeitkompetenz, Beltz.
4 https://www.planet-wissen.de/technik/energie/erdoel/pwiewieisterdoelentstanden100.html
5 http://www.biologie-schule.de/die-langsamsten-tiere.php
6 http://www.nfp68.ch/de/projekte/themenschwerpunkt-3-boden-agrarsystemen/bodenverdichtung
7 Handelsblatt: Kostolanys beste Börsenweisheiten.
8 https://www.zeit.de/wissen/umwelt/2013-06/gepard-beschleunigung-rekord
9 https://www.perfect-fit.at/wie-viel-schlaf-braucht-meine-katze
10 https://de.wikipedia.org/wiki/Siebenschl%C3%A4fer
11 https://de.wikipedia.org/wiki/Sommerruhe
12 https://www.quarks.de/gesundheit/schlafentzug/
13 Dieses Buch ist natürlich ebenfalls nicht ganz frei von dieser Dialektik.
14 Verena Kast (2013): Langeweile – das Leben muss nicht öde sein, in: Einfach Leben, Herder.

Kapitel 6: Nachhaltige Zeitkultur

1 Vgl. das Forschungsprojekt »Zeit-Rebound, Zeitwohlstand und nachhaltiger Konsum« (ReZeitKon, www.rezeitkon.de).
2 Ich arbeite dafür gerne mit dem Konzept der Ressourcenzeiten, siehe S. 217.
3 In Anlehnung an die Soforthilfe bei Stress von Dr. med. Eckart von Hirschhausen.
4 Ich habe das Sprichwort ein wenig abgewandelt. Im Original lautet es: »Tra il dire e il fare c'è di mezzo il mare.« und bedeutet in direkter Übersetzung: »Zwischen Sagen und Tun ist die Mitte des Meeres.«
5 Das Zürcher Ressourcen Modell »ZRM®« ist ein Selbstmanagement-Training und wurde von Dr. Frank Krause und Dr. Maja Storch für die Universität Zürich entwickelt. www.zrm.ch
6 Meine Ausführungen orientieren sich an den Modellen der Selbstwirksamkeit meiner beiden MANEMO-Kolleginnen Miriam Paetzold und Lissi Reitschuster.
7 Fritz Reheis (2019): Die Resonanzstrategie, oekom verlag, S. 215.
8 Fritz Reheis (2019): Die Resonanzstrategie, oekom verlag, S. 188.
9 Olaf Georg Klein (2007): Zeit als Lebenskunst, Wagenbach, S. 13.
10 Vgl. Bronnie Ware (2013): 5 Dinge, die Sterbende am meisten bereuen. Einsichten, die Ihr Leben verändern werden, Arkana. Die Aussagen wurden von mir zusammengefasst und sind keine wörtlichen Zitate.
11 Wer sich hierzu einige sehr inspirierende Anregungen holen möchte, dem sei Marianne Gronemeyers Buch mit dem genialen Titel Das Leben als letzte Gelegenheit empfohlen (Wissenschaftliche Buchgesellschaft, 2013).
12 Schön beschrieben in Georg Franck (1998): Die Ökonomie der Aufmerksamkeit. Ein Entwurf, Carl Hanser.
13 Alain Ehrenberg (2015): Das erschöpfte Selbst. Depression und Gesellschaft in der Gegenwart, Campus Verlag.
14 Siehe Niko Paech (2012): Befreiung vom Überfluss. Auf dem Weg in die Postwachstumsökonomie, oekom verlag.
15 Vgl. Manfred Folkers/Niko Paech (2020): All you need is less. Eine Kultur des Genug aus ökonomischer und buddhistischer Sicht, oekom verlag, S. 158.
16 Manfred Folkers/Niko Paech (2020): All you need is less. Eine Kultur des Genug aus ökonomischer und buddhistischer Sicht, oekom verlag, S. 169.
17 Die Magic-Cleaning-Methode von Marie Kondō beruht darauf, dass jedes Kleidungsstück aus dem Schrank in die Hand genommen wird und bewusst darüber entschieden wird, ob es bleiben darf, weil es einen persönlich glücklich macht, oder ob man sich davon befreien kann (verschenken, verkaufen, recyclen). Vgl. Marie Kondō (2013): Magic Cleaning: Wie richtiges Aufräumen Ihr Leben verändert, Rowohlt.
18 https://www.destatis.de/DE/Themen/Gesellschaft-Umwelt/Einkommen-Konsum-Lebensbedingungen/Zeitverwendung/Tabellen/aktivitaeten-alter-zve.html
19 Laut einer Studie der SevenOne Media GmbH beträgt die tägliche Mediennutzungsdauer der zwischen 14- und 69-Jährigen 620 Minuten, siehe https://www.

sevenonemedia.de/documents/924471/1111769/Media+Activity+Guide+2020.pdf/f5d31769-e7f0-97a4-1f7e-254d56000e59?t=1603709458463 (2020), S. 8

20 Mehr hierzu im Buch »Gefühlte Zeit: Kleine Psychologie des Zeitempfindens«, Wittmann, M., München; C. H. Beck-Verlag. (2012)

21 Eine Studie hat gezeigt, dass alleine schon das Smartphone auf dem Tisch liegend ablenkt: Ward, A. et al. »Brain Drain: The Mere Presence of One's Own Smartphone Reduces Available Cognitive Capacity.« Journal of the Association for Consumer Research 2 (2017), S. 140–154.

22 Marie Kondō (2013): Magic Cleaning: Wie richtiges Aufräumen Ihr Leben verändert, Rowohlt.

23 Hermann Melville (2010): Bartleby der Schreiber, Anaconda Verlag.

24 Allen voran seien hier Hartmut Rosa mit seinem Buch Resonanz: Eine Soziologie der Weltbeziehung (Suhrkamp, 2019) und Fritz Reheis' Die Resonanzstrategie. Warum wir Nachhaltigkeit neu denken müssen (oekom verlag, 2019) genannt.

25 In Anlehnung an Hartmut Rosa (2018): Unverfügbarkeit, Residenz.

26 Hartmut Rosa (2018): Unverfügbarkeit, S. 116, Residenz, 2. Auflage.

27 Vgl. Günther Ortmann (2011): Kunst des Entscheidens. Ein Quantum Trost für Zweifler und Zauderer, Velsbrück, S. 40.

28 Vgl. Carl Otto Scharmer (2019): Essentials der Theorie U. Grundprinzipien und Anwendungen, Carl-Auer Verlag.

29 Fritz Reheis (2019): Die Resonanzstrategie. Warum wir Nachhaltigkeit neu denken müssen, oekom verlag, S. 209 f.

30 Laut der International Energy Agency betrug 2018 allein der Anteil der Industrie an den weltweiten CO_2-Emissionen 24 Prozent (https://www.iea.org/topics/industry).

31 Florian Koch (2019): »Sozial-ökologische Transformation – Aber wie?«, Arbeitspapier, S. 10.

32 Für weitere Inspirationen zur konkreten Gestaltung von Resonanzmomenten habe ich gemeinsam mit meinem Kollegen Felix Held in der Zeitschrift für Organisationsentwicklung einen Reflexions-Canvas entwickelt: https://www.zoe-online.org/wp-content/uploads/sites/18/2020/06/ZOE_2020_03_-Reflexionscanvas-.pdf

33 Fritz B. Simon (2007): Einführung in die systemische Organisationstheorie, Carl Auer, S. 70 ff. Wer sich hiermit weiterführend beschäftigen möchte, dem seien zudem folgende Bücher empfohlen: Christina Grubendorfer (2016): Einführung in systemische Konzepte der Unternehmenskultur, Carl Auer; Eckard König/Gerda Volmer (2018): Handbuch Systemische Organisationsberatung, Beltz.

34 Mittlerweile interessieren sich auch größere Unternehmen wie die ING Diba Bank, Spotify, die Schweizer Bahn u. a. m. für diese Formen der Strukturierung. Kreisförmige »Betriebssysteme« wie Holocracy, Soziokratie oder kollegiale Führung bieten hierfür einen Rahmen.

35 Die Gemeinwohlökonomie stellt die Wirtschaft in den Dienst des Gemeinwesens. Christian Felber hat mit seinem Buch Gemeinwohl-Ökonomie (Piper,

2018) ein Konzept vorgestellt, in dem marktwirtschaftliche Unternehmen und Initiativen nicht in Konkurrenz zueinander nach Gewinnmaximierung streben, sondern in Kooperation miteinander das Gemeinwohl fördern. Die Gemeinwohlbilanz dient als Werkzeug, um Prozesse und Strukturen daraufhin zu evaluieren und Verbesserungen umzusetzen. Der Initiative haben sich bereits über 2.000 Unternehmen aus dem deutschsprachigen Raum angeschlossen.

36 Laut Neurowissenschaft handelt es sich beim Default Mode Network um ein Netzwerk aus verschiedenen Bereichen des Gehirns, welche aktiv sind, wenn sich eine Person nicht auf die Umgebung fokussiert, wie etwa beim Tagträumen (https://www.sciencedirect.com/topics/neuroscience/default-mode-network).

37 GRI(Global Reporting Initiative)-Standards sind Vorlagen für private oder öffentliche Organisationen, um über deren Nachhaltigkeit zu berichten (https://www.globalreporting.org/standards/).

38 Agile Methoden haben ihren Ursprung in der Softwareentwicklung. Inzwischen werden sie aber auch in anderen Bereichen eingesetzt. Beispiele für agile Methoden sind Scrum, Kanban und Design Thinking. Der Scrum-Prozess läuft in etwa so ab, dass die Vorgehensweise des Teams, die jeweiligen Ziele und die Rollen der Teammitglieder für jeden »Sprint« auf ein Etappenziel hin, welcher üblicherweise zwischen einem Tag und einem Monat dauert, iterativ neu angepasst werden. Bei den Sprint-Meetings werden auch die Stakeholder miteinbezogen. Weitere Informationen dazu unter www.scrum.org.

39 Vgl. Claudia Schröder/Bernd Oestereich (2019): Agile Organisationsentwicklung. Handbuch zum Aufbau anpassungsfähiger Organisationen, Vahlen. Wer mehr zu andersartig strukturierten Organisationen erfahren möchte, dem sei das Buch Reinventing Organizations von Frederic Laloux (Vahlen, 2016) empfohlen.

40 VAUDE wurde 2015 mit dem Deutschen Nachhaltigkeitspreis ausgezeichnet. Zudem gehört das Unternehmen der Gemeinwohlökonomie-Bewegung an.

41 Die Ergebnisse der Organisationentwicklung wurden von Felix Held und mir in dem Artikel »Steps – Ideenmanagement trifft Vertrauen und Social Business« 2017 in der Zeitschrift Ideen- und Innovationsmanagement veröffentlicht (www.ideenmanagementdigital.de/ce/steps-ideenmanagement-trifft-vertrauen-und-social-business/detail.html).

42 Deutscher Bundestag 1994, Enquete-Kommission Schutz des Menschen und der Umwelt, Drucksache 12/8260, S. 23.

43 CA Hallmann et al. (2017): More than 75 percent decline over 27 years in total flying insect biomass in protected areas.

44 https://www.nabu.de/news/2020/07/30hektartag.html

45 https://de.statista.com/infografik/19717/verteilung-des-weltweiten-vermoegens/

46 Vgl. Susanne Götze/Annika Joeres (2020): Die Klimaschmutzlobby. Wie Politiker und Wirtschaftslenker die Zukunft unseres Planeten verkaufen, Piper.

47 Beratungsfirmen, die die wahren Kosten von Lebensmitteln ermitteln, sind zum Beispiel nature & more, Sustainable Food trust oder Soil and More impact.

48 Doreen Borsutzki (2021): Zahlen, bitte!, in: greenpeace Magazin, 21 (1), S. 37.

49 https://www.pik-potsdam.de/de/aktuelles/nachrichten/mutlosigkeit-pik-statement-zum-klimapaket-der-bundesregierung-1

50 Vgl. Murray W. Scown et al. (2020): Billions in Misspent EU Agricultural Subsidies Could Support the Sustainable Development Goals, in: One Earth, 3 (2), S. 237–250.

51 https://www.umweltbundesamt.de/themen/wirtschaft-konsum/wirtschaft-umwelt/umweltschaedliche-subventionen#direkte-und-indirekte-subventionen

52 Forum Ökologisch-Soziale Marktwirtschaft (2020): Zehn klimaschädliche Subventionen im Fokus. Wie ein Subventionsabbau den Klimaschutz voranbringt und den Bundeshaushalt entlastet.

53 https://www.mactechnews.de/news/article/Apples-Steuern-Wenn-aus-1-4-Milliarden-Umsatz-nur-6-Millionen-Steuern-werden-die-es-auch-noch-zurueckgibt-175444.html

54 Die NGO urgewald hat im Herbst 2020 gemeinsam mit anderen Umweltorganisationen in ihrem Report »Five Years Lost« transparent gemacht, dass sich die Absichtserklärungen der Finanzindustrie nicht in notwendigem Ausmaß in konkretes Handeln umsetzt. https://urgewald.org/sites/default/files/media-files/FiveYearsLostReport.pdf

55 https://www.finanzwende.de/

56 https://dip21.bundestag.de/dip21/btd/17/133/1713300.pdf

57 Jürgen P. Rinderspacher: Zeitwohlstand – Kriterien für einen anderen Maßstab von Lebensqualität, S. 8 (URL: http://zeitpolitik.de/pdfs/rinderspacher_zeitwohlstand.pdf).

58 »Das Gesetz bestimmt die Wirtschaftspläne, damit die öffentliche und private Wirtschaftstätigkeit nach dem Allgemeinwohl ausgerichtet werden können.« (Verfassung Italiens, Art. 41); »Eigentum verpflichtet. Sein Gebrauch soll zugleich dem Wohl der Allgemeinheit dienen.« (Deutsches Grundgesetz, Art. 14).

59 Ausführliche Forschung zum bedingungslosen Grundeinkommen betreibt die Politikwissenschaftlerin Barbara Prainsack. Vgl. etwa Barbara Prainsack (2020): Vom Wert des Menschen. Warum wir ein bedingungsloses Grundeinkommen brauchen, Christian Brandstätter Verlag.

60 https://difu.de/presse/1997-11-13/die-zeiten-aendern-sich

61 https://www.bmfsfj.de/blob/94162/387e6d9eb073d335ee8d8ec723fcf7f0/kommunale-zeitpolitik-fuer-familien-leitfaden-data.pdf

62 Eva von Redecker (2020): Alle Zeit der Welt, in: Der Freitag, 24. 12. 2020.